불온한 것들의
존재론

李珍景

人間ですらないもの、
卑しいもの、
取るに足らないものたちの
価値と意味

不穏なものたちの存在論

미천한 것,
별 볼일 없는 것,
인간도 아닌 것들의
가치와 의미

이 진 경

影本剛訳
KAGEMOTO Tsuyoshi

インパクト出版会

本書は、
이진경『불온한 것들의 존재론 : 미천한 것, 별 볼일 없는 것, 인간도 아닌 것들의 가치와 의미』© (주) 휴머니스트 출판그룹, (李珍景『不穏なるものたちの存在論 人間ですらないもの、卑しいもの、取るに足らないものたちの価値と意味』ヒューマニスト出版グループ、2011 年)の全訳である。

不穏なるものたちの存在論

目次

著者より

1

この本でわたしは「存在論」と呼ばれる「壮大な」作業を試みた。しかしこの試みは、しばしばみかけるように、人間という存在者、存在の意味を知る唯一なる存在者、それゆえに卓越し、至高でもある存在者を通してではなく、「不穏なるものたち」を通して行うものだ。不穏なるものたちとは、誰かを心地悪くさせ、不安にさせるものたちだ。しかしここでいう「不穏なるもの」たちとは、簡単に予想できるような、反政府的であったり反骨気質でこり固まった人たち、あるいは闘志を燃やして闘争の場に飛び込んでいくような人びとのことではない。「不穏なるものたち」とはむしろ、「人間ですらないもの」、「生命なきもの」、「卑賤なもの」、「なんでもないもの」、「下等だ」と賤しめられ非難されるものたちだ。

この種の不穏なるものたちを通して試みる存在論とは、人間の高貴さを通して存在の意味を探し出す類のことではなく、わたしたち自らを卑賤なものたちとともに、一つの平面に位置づけ思惟することであり、これらとともに求めようとする存在の意味とは、あらゆる根本的位階さえも消え去った一つの平面において、これらと出会う様相の中で発見されるものだ。それは世の中を、卑賤なものたちでいっぱいになった巨大な存在の海の真っ只中へと、引きずりこまねばならないものだ。したがってわたしたちにとって不穏なるものたちとは、わたしたちを海の中へと誘惑し浸水させるものたちだ。それは、卑賤なものたちを通して、別の生きる道を探すという点で一つの倫理学であり、この道をふさぐものたちと対決する方法を探すという点で一つの政治学でもある。それを通し、あらゆる別のものたちのみならず、あらゆる「わたし」たちに対しても、別のやり方で対面させる、別の種類の感覚がやってくることを…。

2

Q　あなたは不穏性について言うけれど、わたしは、あなたや、あなたが「不穏なるものたち」として選択した障害者やバクテリア、あるいはフェティシスト、そしてプレカリアートが不穏だとは感じない。あなたについてはもちろん、あなたが選択したものたちから不穏さを感じないのは、あなたが試みることに、全く不穏性がないということを意味するのではないか？　それは『不穏なるものたちの存在論』ということの本自体が失敗する運命であることを意味するのではないか？

A　わたしとしては、わたしの「共感」を拒絶する、「どこが不穏なんだ？」というあなたの反問のなかに、ある種の反感、つまり苛立ちの感情や距離感があると感じる。つまり、なにかをやるらしいが、やろうとすることは大したことないようだし、しかしそれを無いこととして、なんでも無いものとして無視するのは簡単でない、というところから出てくる心地悪さのようなもの。わたしがこの本で言おうとする「不穏性」の感情は、まさにこのようなものだ。

もちろんあなたは、わたしが「あちらの人たち」と呼ぶ人たちの中には、誰一人としてわたしたちを不穏だと感じる者はいないと言うことができる。そうだとしよう。しかしながら、それはわたしが経験したことから言うと「知覚不可能性」の問題と繋がったことでもある。以前、反G8運動のために羽田空港で抑留され調査を受けたとき、わたしたちがいかなる団体なのかという質問に、あれこれの事実を全て正直に答えたのだが、言えば言うほど、かれらは理解できないという表情をするのみだった。それよりもっと前に、韓米FTA反対運動が盛り上がっていたとき、わたしたちだけで毎日夕方に「散歩デモ」をするため、警察署に申請書を出しに行ったときも、わたしたちの「正体」を確認しようとする質問に対し、正直にあれこれ説明したが、説明すればするほど理解できないという反応が返ってきた経験がある。わたしたちがいかなる団体であり、何をしているのか、お互いにどんな関係なのかを全て「隠すことなく」説明しても、かれらはわたしたちを全然理解できなかった。言っても分かりえない「秘密」をわたしたちが持っていたということだ。目の前にありのままあらわになっていても、「知覚不可能なこと」がありうるという言葉を、わたしはこのような意味で理解する。

実際、この本でわたしが選択した存在者たち、障害者やバクテリア、サイボーグのようなものから、あなたが直ちに不穏さを感じるとは考えない。なぜなら、それらとしょっちゅう接しているし、それ自体として接する際に、なんらかの不穏さを感じさせるわけでもないからだ。しかしあなた自身が障害者でありバクテリアの塊でありサイボーグでありオンコマウスであると言うならば、わたしたち皆がフェティシストになろうと言うならば、そのとき、事態や感じ方が少し変わるのではないだろうか？　わたしが「存在論的平面化」という方法を反復して使ったのは、この意味もまたふくんでいる。この点で、『不穏なるものたちの存在論』は、かれらがいかにして不穏なるものたちであるのかを「教えてあげようとする」本だというのが、より適切かも知れない。しかしこの本が避け得ない根本的な難点は、それほどまで不穏なるものを作っておきながら、その不穏なるものたちを通して、なんらかの肯定的な生を試みるという点にあるだろう。すなわち、それらを充分に理解するならば、決してそれらを不穏なるものとは感じられないということだ。この点において、この本は、それらがいかにして不穏なるものたちではないのかを述べようとする本でもある。この意味で、わたしはこの本が失敗するしかない運命を持つという、あなたの言葉に同意する。

3

行ったことはないが、砂漠はいつ見ても波で満たされている。風が少しでも吹けば、いや風が吹かずとも模様が変わる砂の波。砂漠のなかには海があるのではないか？　この海がざぶんと揺れる度に、また別の波が作られるのだろうか？　いや、砂漠のなかに海があるわけがない。砂漠が海なのだろう。だから地球が揺れるままに、別の波を、別の世界をつくりだすのだろう。密林が人間の始まりであれば、砂漠は人間の果てだ。ほかの動物たちは生茂った森の中で生きるが、人間は、蚊から猛獣、ベトコンさえも隠れているかもしれない森に耐えれず、森を消しながら生きている。そのようにして時間は絶頂に向かって、そして果てへと向かって進んでいく。人間に終末論があるのは、これゆえだろう。砂漠が育っていることを直視する人びとが、砂漠の中で生きる方法を学べと教えたのもこれゆえだろう。砂漠の中で海を発見せずには、砂漠が海であることを発見せずには、生きられない時間が到来しているのだ。

砂漠から海を発見したとしても、海で生きる術を知らないわたしのような人間は生き残れないだろう。海の中に入ったこともないわたしは、泳ぐことすらままならないわたしは、海から果てしない絶望を発見するばかりだ。水の中で生きる生、水のように液体的な生を生きる術を知るものたちにとってのみ、時間は絶望とは別の果てを持つだろう。だから重たい鉄塊の身体を持つ『攻殻機動隊』の草薙は、納得できない同僚を前にして海に入っていくのだろう。水の中に入る練習、海の中に浸かる練習が必要だと知っているのだ。海の中で呼吸し、海の中で遊泳し、生きていく術を学ぶしか生きる道がないと知っているのだ。しかしなにかに魅惑されたり引き付けられたりせずに水の中へ、海の中へ入っていくことは、わたしのように水に入ったこともないものにとっては、決して簡単なことではない。浸水の練習、そのためにわたしはこの本を書く。海の中で笑いながら生きる術を学ぶために。

二〇一一年九月

李珍景

第一章

不穏性とは何か?

不穏性：気分あるいは感情

不穏性とは、なんらかの思いがけない出会いから「あちらの人たち」が感じる気分だ。偉大さと卓越さの称揚者たち、自身の高尚さと高邁さを誇りにする者たち、自身が世の主人であり世を支配していると信じる者たち、すなわちそのような者たちが、なんらかの戸惑いを伴った出会いを前にしたときの感情だ。そのような誇りと信をあざわらうような訳のわからない笑みを前にして、その偉大さの前で粗末でちっぽけなものを全くはばかることなくさらけ出す堂々さを前にして、その卓越した者たちの光り輝く視線を「無視する」あきれるほどのふてぶてしさを前にして、かれらが感じる不快で心地よくない気分だ。頭を下げるべきところで頭をしっかり上げながら、出てきてはならない奴がはばかりなく姿を見せるとき、非難や悪口を誇らしげに自負する言語で返してくるとき、見下だす者と非難する者と審判する者が感じる不快な感情だ。真、善、美などの高貴なる価値を嘲弄し、「人間」や「民族」や「国家」等といった全ての者に一つの統一的秩序を付与する厳粛なものに落書し、正常と異常を分かつ境界線を何の怖れもなく侵犯し横断するものたちとの出会いにおいて、いわゆる「まともで」正常な人間たちが感じる戸惑いの感覚だ。「これはなんだ？」

また不穏性は、「あちらの人たち」ではないが「あちらの人たち」を信じる者たち、自分は「あちらの人たち」だという感覚をもつ「同調者たち」の感情だ。「あちらの人たち」が称揚する偉大さや卓越さ、そして世の中を支配できる地位を持っていないにもかかわらず、その誇りと信を共有している者たちすべてが、「あちらの人たち」を苛立たせ不快にするような、戸惑うばかりの侵犯の前で、物怖じしない横断と理解できない堂々さの前で、感じる気分であり感情だ。「一体どうしようというのか？」

不穏さという気分や感情は、ふつう考えられるような〔ものとは違って〕、政府に対する批判や体制に対する非難が引き起こすのではない。もちろんそのような場合もある。極めて深刻な抑圧にもかかわらず禁止された組織を結成しようとする者たち、拷問と監獄が待っているにもかかわらず果敢に権力に対抗し転覆させようと襲いかかる者たち、監視と追跡の目を避けて陰を選び増殖していく「毒キノコのようなやつら」などがそうである。しかしこれらの不穏性は、それが国家に対抗し体制を転覆させようとするという事実に起因するというよりは、深刻な苦痛や背負いきれない重荷が待っているにもかかわらず、そのような行為をするという事実を理解できないところから、そのような点において正体がわからない奴らだと困惑せざるをえなくさせるところに起因すると言わねばならない。監視の目が届かない地下のどこかを、際限なく移動し、理解できないやり方で広がっていくという事実に起因すると言わねばならない。左派政党のように国家権力を狙って活動する明示的な組織があるが、もっと言えば国家権力を掌握するために競争し闘う可視的な集団もあるが、誰もそれらを不穏だとは感じない。同じ目標を持って闘うときに発生する感情は、敵対感や競争心であって、不穏さではない。

不穏さという感情は、正体を知りえないところから来る。明らかに目の前にあるが、なにをするのか、なにゆえにそんなことをするのか理解できないときに起こる。正体を「知っているが」どこでなにをするのか見えない時に発生する。「不穏なる人文学」という名を掲げ、ソウル中心部で公開シンポジウムを開いたとき、会場の入口で、人文学とは何であるかを知っているし本もたくさん読んだと自負する老人がわたしたちを捕まえて、「何をする気だ」と問うた時の表情から、納得し難さと心地悪さと不快さの上に困惑まで入り混じったその顔から、何をする人たちなのか、なぜこんなことをするのか、それでどうしようというのかを追及する、その語調から、わたしたちは「あちらの人たち」や、その同調者たちが感じる不穏さという感情を確認できた。わたしは素直に笑いながら「わたしたち」が誰なのか、人文学がなぜ不穏でなければならないのか、不穏さを失った「人文学」とは、付き従って行くものではなく、逆らって行かねばならないものであり、叩き潰して転覆させる対象であると親切に説明しようとしたが、かれの耳は最初から聞いていなかった。かれの口は最初からずっと喋り散らすのみで、かれの目はずっとわたしを、わたしの顔と身体を、上に下にじろじろと非難していた。かれの質問は問うためのものではなく喋るためのものだった。「あんたらは一体何をやらかす連中なんだ?」

〔その老人は〕理解できなかっただろう。誰もが、人文学とは教養と品位のある生活に必要な知識だと言うのだし、小銭稼ぎのコンテンツを開発するために必要な材料だというのだし、だから大学はもちろん区役所や市役所、公共図書館などで先を争って人文学講座が開かれ、韓国研究財団のような国家機関は毎年人文学の祝祭を開いているなかで、つまり死を免れないと思われた危機から抜け出て新しい生命を得ている人文学に、なぜ突然「不穏なる」という言葉をとってつけようとするのか、理解できなかっただろう。わたしたちが誰なのかについて、どれほど親切に説明しても、わたしたちがしようとすることを目の前に明示的に書いて貼りだしても、わたしたちが主張しようとすることをいくつか文章にして説明し、達成しようとする「目的」または「宣言文」を掲げているにもかかわらず、わたしたちが何者なのか、わたしたちがやろうとすることは何なのかを理解できなかっただろう。だからますます困惑し、苛立ったのだろう。それほどまでにわたしたちを不穏に感じたのだろう。しかしかれが感じる不穏さの強度と同じくらい、わたしたちはかれの胸の中へ入り込んだのだろう。

不穏さを反政府的と見ることと対を成している、不穏さに対するもう一つのよくある誤解は、不穏さを規模や可視的影響力の問題として見ることだ。「大した数でもない人びとが集まって不穏さを自負し、なにかを企むことのどこが不穏なんだ？　社会全体を転覆したり改変する力もないくせに、だから支配者たちが別に気にもしていないのに何が不穏なんだ？」しかしこの不穏さは本当に「自己満足的な自慰であるだけなのか？　たとえば組織率、組織員や組織の数、あるいは組織力の規模などでいえば、本当に大したことなかった一九七〇年代の〔韓国の〕労働組合と、「一〇〇万労働者」の組織であるのみならず、力の大きさと影響力では比べるまでもなく、この上なく強い一九九〇年代の労働組合を比較してみよう。どちらがより「不穏」だろうか？　知っての通り、一九七〇年代の労働組合は社会改革や体制転覆を志向することすらせず、社会を改変する力もなかった。にもかかわらず、それは一九七〇年代の韓国において不穏さの象徴だった。その反面、現在の労働組合を不穏だと感じる人は、一度たりとも一九七〇年代の感覚が変わる機会を持てなかった、サムソングループの社長たちしかいないだろう。

一九八〇年代、警察や国家情報組織が大学の小さなサークルまで追跡し解体させようとしたことを見れば、その大したことなく見える組織がかなり不穏に感じられたようである。「アカ」、「毒キノコ」等の隠喩もまた、その小規模の組織を指して言われたものだった。その反面、いまは社会主義を明示的に掲げて、党水準の大規模全国的組織にまで拡張したが、そこにかつてのような不穏さを感じることはないだろう。なにがこの差異をつくるのか？「二〇〇〇年代」という同一な年代を生きている人たちの中でも類似する対照的な事例を容易に見つけることができる。すなわち、大きく見積もっても非正規労働者全体の三・五％程度、非正規職の労働組合所属とだけ考えても、非正規労働者のせいぜい一・五％程度にしかならない組織、つまり闘って勝った経験が殆どなく、勝ったとしても再び同じような闘いをしたくないと考える非正規労働者と、その数や組織率がかれらとは比較にならないほど大きい正規労働者のうち、「支配者」たちはどちらがより不穏だと感じるだろうか？ ここでも答えは組織の数や力の大きさと関係ないように見える。現行の力の大きさや明示的な目標ではなく、理解できないゆえに自分が知りえない何かがあると考えざるをえなくさせること、どこにいくのか、どんな行動をするのかを、予測できないし知ることのできない潜在性が、不穏さの強度と関係していると言わねばならないのではないか？

このような事例にしたがえば、不穏性とは、むしろ数や力のような量的指標に反比例するように見える。しかしより詳しく見れば、初期のとても少ない数であるときには見えないし知覚されないゆえに全然不穏さを感じられなかったが、その規模や力が成長し、心地悪さと不安を惹起しながら知覚され始めれば、可視的であるが理解できないという事実によって惹起される不穏さの感情が、急激に上昇し極大化されると言わねばならないだろう。その行動や動作が、反復しながらパターン化し、予測可能なものになることによって、そしてその存在が常識や通念の中に落ち着き、慣れていくにしたがって、不穏さの強度はだんだん減少するだろう。（図参照）

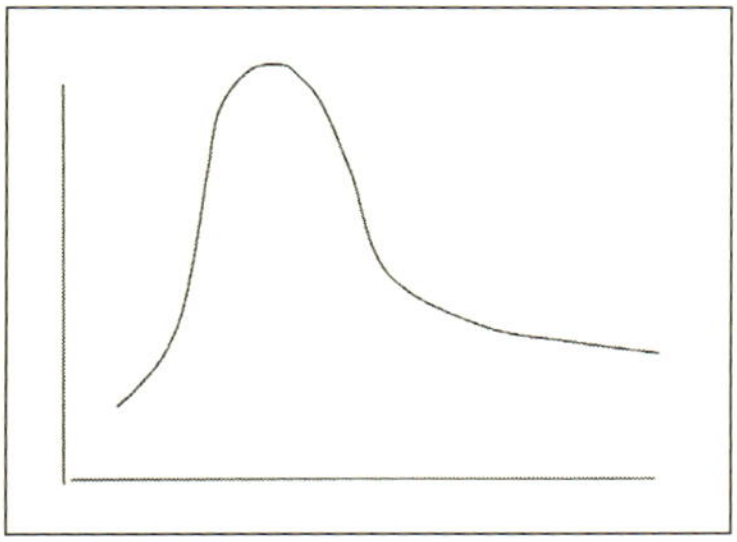

だとすれば、初期の感知できなかった時と、不穏性の強度が上昇し極大値を取るときの違いは、不穏なるものの正体が把握され理解される際に必要な敷居、すなわち「理解可能性の敷居」を表示していると言えるだろう。それ以降、不穏性曲線の曲率はパターン化し、予測可能な程度を意味する安定化のベクトルと、そして再び予測から抜け出て新しい方向へと進んでいく変異のベクトルによって決定されるだろう。

数的に多数化しながらも不穏性が減少するまた別の理由は、慣れていくという側面に加え、それらが組織されながら包摂しうる「実体性」を持っていくというところから求められる。数的に少数である時には、包摂してみたところで無意味であったり、新しく生成されるほかのものによって無効化され、それゆえに包摂できなくなる。労働組合も障害者団体も組織化され、なんらかの「代表性」を持つようになれば、いまやそれだけを包摂したり飼いならせば済むゆえに、不穏性は実質的に減少する。代表性を帯びることによって、集団の不穏性が減少するのは、正確にはこの理由によってである。比較が好きな人々のために、もう一言冗談を兼ねて加えておくと、なんらかのものたちが持つ不穏性の総量は、その曲線を積分してみれば比較できるということだ。

不穏と不安

不穏性の感情は、期待した行動や反応から抜け出る離脱によって、当然だと予想されていた軌跡の、ある撹乱から発生する。わたしたちの思考や行動を規制する「正常な」分割線を横切り、押し入ってくる侵犯を前にするときに感じる困惑からやってくる。しかしそれが全てではない。他方で不穏性は、そのように押し入ってくるものに絡みつかれ、思いがけない場所へ、知らないどこかへ、行きたくなかったどこかへと巻き込まれるのではないかという「不安」からやってくる。遠くかなたにあると感じていたものが迫ってきて、わたしを蚕食し、真っ赤な海へと沈没させるのではないかという予感からやってくる。前者が、見えない隅へ除けておいたものが出し抜けに飛び出てくる現在的出現によって発生したとするなら、後者は、その侵犯によりバラバラにされたいくつもの線がわたしを巻き込んで汚水の中に漬けるような、未来時制を持つある予感によって惹起される。現在的出現からくる戸惑い、到来するかもしれない浸水に対する不安な予感、この二つの相違した感情の複合体を、不穏性と言わねばならない。

とんでもない場所からいきなり押し入ってくる者、あるいは押し入ってきて訳の分からない笑みを見せる者が、不穏性という感情の一つ目の側面を触発するとするなら、その笑みの分からなさと、理解はできないが簡単に忘れることもできない侵入者の曖昧さ、そこに込められたある種の不吉さが、この感情の二つ目の側面を触発する。時間的には前者が一次的であるが、「本質的」には後者が一次的だ。なぜならわたしを蚕食し沈没させるかもしれないという不安が無ければ、横断や撹乱や侵犯は非難や懲治の対象に過ぎないからだ。それは不穏なる対象というよりは、追出したり排除したり再整列させるための否定対象であるのみだ。不穏性の感情は、その否定の対象が、わたしに覆いかぶさってくるような不安無しには、わたしの立場と持つものを蚕食されるという予感無しには、発生しない。

さきに挙げた一九七〇年代の労働組合や現在の非正規労働者のように、明示的目標は全く転覆的とは言えず、現行的な力や数においても決して相手にならないような、本当に「なんでもないもの」たちに対して、支配者や資本家が見せるあれほどまでに過剰な反応は、それがかれらが言うとおり、将来いかなる結果を引き起こすかわからないという不安感ゆえに起こる。つねに一回的な事件に過ぎない侵犯に対して「磐石」な場に立つ者たちが、ヒステリックに過剰反応を見せるのは、そのポテンシャルのためであり、その潜在的能力が、いついかなる形であれ、自分たちをおそってくるかもしれないという不吉さのためだ。不安がヒステリーを引き起こすように、不穏なるものたちは不穏の感情によって増幅された過剰反応を引き起こす。不穏性とは、結果を予測できないという、ある恐れの予感なのだ。

不安を惹起する戸惑いと予感、これが不穏性の二つの成分だ。ここで不穏なものが惹起する感情ないし気分としての不安は、ハイデガーのいう存在論的不安というよりは、むしろフロイトがいう精神分析的不安に近いだろう。わたしが属する世界が背を向けて理解できなくなるという経験の中で、死への先駆によって、わたしに近づいてくる可能性を選択させる存在論的不安(1)とは違って、不穏性の不安は、わたしに親しみのある世界が沈没しながら、思いもよらぬ場所へわたしが引っ張りこまれるかもしれないという漠然とした恐れであるからだ。不安のなかから到来する新しい生の可能性にわたしを任せるというような怖いながらに胸の踊る決断ではなく、つねに否定的な感情をおりまぜて拒否し排除してきたものが、いかなる形にせよ、わたしをおそうかもしれないという、不吉な予感であるからだ。
そのような不安は、フロイトのいう「危険に対する反応」だ(2)。予感される危険に対する恐れの情緒という点では、それは恐れと違わないものであり、むしろ反対にすべて「恐怖症の本質」(3)をなすものだ。ハイデガーは恐怖（恐れ）が対象を持つのに反して、不安は対象を持たないと対比したことがある(4)。不穏性が含まれた不安は、特定対象から惹起されるが、それによって惹起されるなんらかの可能性に対する漠然とした予感という点では、対象を持たない恐れである。もう少し正確にいえば、それは侵犯や横断により、諸対象を区別していた境界が瓦解し、はっきり弁別できていた諸対象が一つへと入り混じる浸水のなかで消滅する事態の予感であり、その事態が惹起する情緒であり感情だ。すなわち不穏性の不安は、対象なき情緒ではなく、あった対象が消滅するところから始まる感情的反応だ。「当惑」がなかった対象の出現から惹起されるのならば、「不安」は、あった対象の消滅から来るものだ。

　諸対象の境界を消し去ってしまうことによって区別が不可能になる「対象の浸水」は、慣れ親しんでいるものを、いきなり不安と恐れを産みだすような不気味なものへと変化させてしまうという点で、フロイトが「不気味なもの（das Unheimliche）」と呼んだものと接している(5)。フロイトはこの言葉の語源を遡り、自分の生まれた家庭ないし故郷のような親しみを表現していた単語（heimlich）が、ほかの人は知りえない秘密めいた（geheimlich）ものを指したが、結局は自らも知ることのできない、心地悪く見知らぬものになることを通じて、その反対語（unheimlich）の意味へと反転したと説明している(6)。このような変化で決定的なのは、よく知っていると思っていたものが分からないものとして、曖昧で区別不可能なものになるという地点だ。たとえば、敵なのか友なのか、攻撃すべきか逃げるべきか(7)判断できないような、不確実で曖昧な状態が惹起する心地悪さと見知らなさ、あるいは不気味さがまさにそれである。精神分析的な不安概念とかみ合うこの概念は、不穏性が不安を惹起する仕組みを、とてもよく見せてくれるだろう。明確だった諸境界を消すことによって、全く見知らぬものをわたしの目の前につきつける侵入、慣れ親しんだものを全く見知らぬものへと変えてしまう横断と浸水。

精神分析学は、不安こそが抑圧を作り出し(8)、抑圧は神経症やヒステリーなどの症状を生じさせるという。動物行動学はこのような恐れと不安が外部に対する攻撃性を生じさせるという。不穏性が惹起する不安は、このすべてを含むだろう。不穏なるものたちに対する強迫症的非難の反復や、とても小さく微細な力しか持たないものに対するヒステリックな攻撃のような、あらゆる過剰反応は、不安と恐れの産物であると言わねばならない。抑圧や攻撃性が取る方向が、ほぼ他者に向かうという点において、精神分析的な抑圧とは別個のものであるが、このような方向転換を説明できる「反動形成」という概念があることは、よく知られている事実だ。

しかし不穏性の不安を、精神分析的な不安に依って説明しようとする試みは、じっさい、あまりにも安易なものだ。精神分析的な不安との類似性〔を論じる理由〕は、不安を存在論的観点から解明しようとしたハイデガーの考えと、わたしたちが論じる不安の概念の間に存在する距離を確実にするためだというのが、より正直な言い方だろう。じじつ、根本的な面において不穏性が惹起する不安は、精神分析のそれと相反すると言わねばならない。なぜならフロイトは、このような不安を「超自我に対する自我の恐れ」(9)と理解するが、わたしたちが論じる不安は、むしろ自分が、自我が信じて同一視してきた超自我が動揺し瓦解するかもしれないという恐れであると言わねばならないからだ。超自我に象徴される世界が瓦解するかもしれないという潜在的危険に対する情緒的反応、それが不穏性に内包された不安の核心だ。

しかしながら、冗談を兼ねて、ふたたび精神分析学の概念を不穏性概念の中に持ち込んでもよいだろう。すでに不穏性の強度が時間の経過にしたがって変化していくという様相を数学的形式で表現したが、それを冗談だと笑って済ませるにせよ、〔不穏なるものが、〕とても不穏なるものとして出現したとしても時間の経過にしたがって、その不穏性が弱くなりだんだんと消えていくことは否定できないだろう。ならば、あらゆる不穏なものは、結局その不穏性を最後まで堅持することに、常に失敗してしまうしかないのか？そうなのかもしれない。しかしその「失敗」が、再び新しい不穏性を試みるための始点を意味すると理解するなら、不穏性とは、失敗する運命をもつがゆえに、永遠に反復するしかない、なんらかの永遠性の中にあると言えるだろう。

そのような際限なき反復を肯定できず、その反対に、あらゆる始まりを失敗の運命の内に無効化するニヒリストのために、精神分析が若干の慰めを提供できるだろう。なぜなら不穏性が惹起する不安や恐れは、時間が経過するにつれて弱くなり消えていくが、逆にそれが表面から消えたと見える場合においても、じっさいは消し去れないものとして残す方法を教えてくれるからだ。知ってのとおり、精神分析学によれば、神経症やヒステリーを生じさせる不安は、意識の記憶から消されていて、しかし意識が記憶できない、決して消し去ることのできない、あるトラウマ的な出来事によって惹起される。ならば、不穏性の消滅を惜しみ、その効果が最大限持続することを望む方たちに、「不穏性の不安」を惹起する侵入と横断の出来事を、消し去れないトラウマ的なものへ作り変えようと提案できるのではないか？　そのときそれは、時間が経過するにつれて忘れられていくだろうが、そうだとしても決して消し去れない傷として残るだろうと、忘れられた限りにおいて決して消えることのない巨大な穴として残るだろうと言えるのではないか？

感覚的覚醒

不穏性の不安は、共感と反感が入り混じった混合的な情緒だ。押し入ってきた思いもせぬ侵入者に対する反感がなければ、不安感が形成される理由はないだろう。二度と見えないところへ追いやりたいという反感。しかしその反感だけならば、不安感は形成されない。顔をそむけたり見えないふりをすれば済むからである。不穏性の不安は、反感の対象となるものが、顔をそむけても再び目に浮かび、目をつむっても再び思い出してしまう情緒的な状態だ。それは不安に、なんらかの共感要素があるためだろう。単なる否定のみでは言い切れない何かが「わたし」を蚕食して入ってきたからだ。

このような点で、不安とは反感的共感あるいは共感的反感であると定義したキルケゴールの指摘は[10]、その不安が存在論的なものに近かったといえども正確なものだった。精神分析的不安もまた同様だ。フロイトは、オイディプス的関係の父に対し、欲望の対象として同一視すると同時に、去勢の威嚇の中で遮断された欲望の憎悪と反感が共存する「複雑な」感情を伴うことを強調した。性的な性格を持つ不安神経症やヒステリーを引き起こす不安においても、同様の両義性を見ることができる。その場合、不安とは、いつか襲い掛かってくるような、あるいは再び襲い掛かってくるような、居心地悪く嫌な場面のトラウマと結びついているが、それが消されずにずっと繰り返すのは、性的リビドーの集中を惹起する、ある導びかれのゆえだろう。反感を持つ場面を反復して呼びおこすのは、知らない間に発生した、ある魅惑、ある共感ゆえなのだ。

超自我瓦解の予感のなかで近づいてくる不穏性の不安もまた、自身が同一視するものの瓦解に対する反感と、自身が憎悪してきたものに対する共感を伴うと言わねばならない。しかしキルケゴールは「共感的反感」と「反感的共感」を区別せず、強いて区別する必要も感じなかった。それはかれが注目した不安が、堕落の可能性の前で選択する自由、堕落の可能性に縛られた自由を意味していたからだろう(11)。それは、罪と堕落へと繋がりうる、なにかを「できる」という可能性が与える恐れと魅惑だ。それは罪なき無垢の世界から罪がある世界へと、善悪が存在する世界へと飛躍する可能性の前で感じるくらっとする感覚であり、口を大きく開けた深淵をのぞく時に発生するめまいのようなものだ。かれが、不安とは「自由のめまい」であると言ったのはこのような理由からだろう(12)。この不安では、自由に飛躍しようとする者が甘受しなければならない恐れと、それをものともせず、なにかしらを選択したときの喜びが、予感というあり方で共存する。すなわち反感と共感が共存する。

不穏性を通して惹起される不安は、何よりも罪の可能性、失敗の可能性、死の可能性と連関するような、自由の不安とは違う。不穏性の不安は、失敗を顧みないときのくらっとするもの、死を顧みずどこかへ飛躍していくときのめまいのようなものではない。それは正体の分からない何かが、わたしに押し入ってくることによって惹起され、どこへ引き込まれていくのか分からないという予感、深淵のような水中に浸けられるかもしれないという予感だ。そこでも心地悪さと嫌さというような反感があるが、簡単にふり払えない無意識的共感がある。しかしいつのまにか巻き込まれていく共感のなかでも、それを拒否し、追いやろうとする反感が支配的な場合があり、あるいは反対に戸惑いに似た反感を持ちながらも、考えもしなかった世界へと導く魅惑や、そのような共感にもっと強く引きこまれる場合もある。両者ともに不安を伴うが、全く違う方向へ進んでいくだろうことは、簡単に分かるだろう。両者は別の種類の不安なのだ。

共感しつつも反感が支配的なことを共感的反感と言うなら、反感しつつも共感へと導かれることを反感的共感と区別して定義しよう。共感的反感は、結局は反感の内で、侵入者たちを抽出除去し、横断によってバラバラになり瓦解された分節と区画の線を収拾し復旧させる。バラバラにされた境界線の破片を拾い集めて分節と分割の線をもう一度描く。引きずり降ろされた位置から、少しばかりは「卓越した」ものを、少しばかりは偉大なものを、もう一度抽出して、それを基準にして諸対象を再位階化する。そしてまた別の侵入を阻止するために区画と抑圧、排除と選別の体系を稼動する。

その反面、反感的共感は、侵入したものに巻き込まれ、以前の境界線が消えた世界へと、あるいはほとんど別の線が引かれた世界へと引き込まれることだ。侵入者に対して不安感を持ちはするが、見知らぬ顔で「再」出現した侵入者に魅惑され、それにしたがってあらゆる境界を揺るがして消し去る汚い海へ浸水することだろう。特異点に引きずり込む水の流れにしたがって、引き込まれるということだろう。めまいのような魅惑の中で、その不安な期待のなかで、その思いもよらぬ世界で待っていることへ向かって、新しい冒険と新しい生に向かって行くことだろう。堕落と失敗が待っている、あの汚い海の中へと。キルケゴールがいう不安の概念を、「堕落」へと向かうこの不穏な魅惑のために変換させて使わねばならないのではないか？

予感的情緒であるこのような不安の後で、一番最初に待っているのは、おそらく「感覚的覚醒」だろう。ベンヤミンはアウエルバッハ（Auerbach）を引用して、新しい様式（Stil）を具現した詩人たちには、かれらを新しい世界へと引渡す神秘的な恋人がいたと指摘する(13)。神秘的冒険へと導く特異な愛の、拒否しえない魅惑によって恋人を導く神秘的恋人が。ここでその魅力が、分かりえない「神秘な」ものである理由は、それが既存の感覚的惰性を抜け出たものであり、それゆえ詩人たちをそこから抜け出させるものであったからだ。それは神秘的冒険を、すなわち既存の感覚から抜け出た世界に向かう愛と冒険を、生を触発する特異性なのだといっても良いだろう。

特異性に魅了されるとき、わたしたちは盲目になる。既存の通念や慣れ親しんだ感覚を消し去り近づいてくる「神秘な」特異性に巻き込まれるとき、わたしたちは知ってきたことを忘れ、見てきたものを見れなくなる。目が見えない身体になり、知りえないどこかへ行く。それは必ずしも「恋人」や「愛」といった高尚で美しいことのみに該当するわけではない。目をいっぱいに満たす明る過ぎる光も、左右をわからなくする漆黒のような闇も、わたしがどこにいるのか分からなくする黒々した深淵も、そしてその明るさや闇、深淵へと導く不穏な侵入者も、わたしたちの現行の感覚を消しながらやってくるという点において、充分に「神秘」である。それは、わたしたちが見れなかったものを見えるようにし、考えることすらできなかったことを考えさせ、知りえなかったことに向かって進み出させる。新しい様式、それは単に詩のみに出現するのではない。新しい世界、それは新しい様式で捕捉された別の世界だ。どこかに別の世界としてあるのではなく、立っているその場所で出会う別の世界だ。新しい生、それはわたしたちが浸水したところから、その汚い深淵からわたしたちへゆっくり近づいてくる新しい様式の生であるだろう。

不穏なるものたちがわたしたちの慣れ親しんだ感覚のなかへ、思いもしない形で侵入してくるとき、わたしたちは「感覚的覚醒」に至る。覚醒とは見えなかったものが見えるようになる出来事だ。ならば、感性の分割と関連させ、このような覚醒について定義できるだろう。すなわち感覚的覚醒とは、既存の慣れ親しんだ感覚では見えなかったものを、見て、感じ、感知するようになる出来事である。通常、このような覚醒は薬物によって成されてきた。普通の目では見えなかったものを見るために植物を利用したインディアンや、かれらにしたがい新しい感覚世界を経験するために薬物を利用したヒッピーたち、あるいは少なからぬ芸術家たちがそうだっただろう。ベンヤミンは「宗教は人民のアヘン」というマルクスの文章をもじって、このような薬物的覚醒と宗教を連結させる(14)。薬物と同じくらい宗教が人びとを魅惑し新しい世界へと導くのは、このような覚醒の力ゆえなのかもしれない。

薬物的覚醒は、薬物から覚めれば再び既存の感覚へと戻っていくという点において薬物の内部にあり、常に暫定的だ。ベンヤミンの言うように、このような薬物的覚醒の限界は、再び宗教的覚醒へ連結させることができるだろう。宗教もまた、その内部においてのみ、神への信仰を共有することを前提としてのみ、新しい覚醒が提供する世界をもたらす。ベンヤミンの言う「世俗的覚醒」が、これと区別して定義されねばならないのなら、それは〔薬物的・宗教的覚醒の条件である〕取りあえず飲んでみろ、取りあえず信じてみろ、要するに取りあえず入ってみろという要求を経ないままに、新しい感覚へと覚醒させることであらねばならない。薬物や信仰を仮定せずとも、思いもしなかった世界を見えるようにすること、そうやって世の中の秘密を見えるようにすること。

不穏なる者たち、いかなる同意も求めずに、わたしたちの境界の中へ押し入ってくるものたちこそ、この世俗的覚醒を可能にする契機だと言えるだろう。なんらかの「合一」によるエクスタシーを通さずとも、感覚的覚醒に至る道、つまり現在見えているものたちに隠されて見えなくなっているもの、あるいは存在者に隠されて見えなくなっている存在を見る感覚的覚醒の道が、不穏なる者たちを通して可能になると言えるのだ。不穏さのなかでも、わたしたちを捕んで離さない魅惑を通して、それに巻き込まれるわたしたちの「くらっとする」不穏性を通して、わたしたちは薬物を用いずに、宗教を用いずに、感覚的覚醒に至れるのではないだろうか？　それは新しい世界、新しい生に向かって「神秘的」冒険を始める出発点を提供しうるのではないだろうか？　不穏なるものたちが惹起する心地悪さと不安さを肯定できるとき、それらに魅惑され、それらが導く未知の世界へと引き込まれていくとき、もっとも最初に発生するのは、おそらく感覚的覚醒だろう。

このような感覚的覚醒が古い世界の外を見せるのだと言ってもよい。どこかでマルクスが人間学的用語を混ぜながらいった言葉、すなわち、革命を夢見る者たちが世界を引っくり返す前に、まず「人間」を変えねばならないという言葉は、このような意味だっただろう。人間の革命、それはなによりもまず自身の身体を、自身の感覚を変えねばならないという言葉として理解せねばならない。「私的所有の廃止はあらゆる人間的なセンスと属性の完璧な解放である。」(15)革命のため、現実より一歩先に樹立せねばならないのは、まさに「感性のコミューン権力」であるという谷川雁の言葉(16)もまた、まさしくこのような意味だっただろう。このような感覚的覚醒が来る前に、思いもしなかったことに、世界がまず変わるという出来事もあるだろう。その場合、革命を肯定する者たちが、その変わった世界のなかで一番最初にしなければならないのは、つまりすでに間近に迫った革命の中で最も至急で切迫していることは、まさにこのような感覚的覚醒なのだと言わねばならないのではないか？　既存の世界を引っくり返す革命的出来事、それが権力を掌握する者の単純な交代を意味することとは別のある「根本的」な出来事ならば、それは世界を秩序づける古い境界線を急激に瓦解する転換点であることに間違いない。それはその古い境界線のほとんどすべての場所で、なにかに惑わされて眼が見えなくなった者たちが、不穏性に感染した人民たちが、全面的に侵入してくるような出来事なのだろう。境界を維持してきたこれまでの感覚を引っくり返す全面的な感覚的覚醒の出来事として迫ってくるだろう。おそらくこれこそ、革命を夢見る者たちが不穏なる者たちに簡単に魅了される理由だろうし、革命の政治学が不穏なる者たちの存在論に簡単に侵食されるしかない理由なのだ。

註

(1) ハイデガー『存在と時間』カチ、一九九八年、二五六頁、三五〇―三五五頁(細谷貞雄訳『存在と時間』ちくま学芸文庫、上巻三九五―六頁、下巻八三―九二頁)。この部分は「形而上学とは何であるか」では、「人間が無自体と直面するような気分状態」となっている。不安という「存在者全体が後ろへ退くことによって発生する耐え難い」気分を通して、それを通して現れる無を通して、反対に「すべてのものがわたしたちにむかって近づいてくる」ことだ。(ハイデガー「形而上学とは何か」『里程標1』ハンギル社、二〇〇五年、一五九―一六〇頁(辻村・ブフナー訳「形而上学とは何であるか」『ハイデッガー全集 第九巻 道標』創文社、一九八五年、一三二―一三四頁)。

(2) フロイト「抑圧、症候、そして不安」『抑圧、症候、そして不安』ヨルリンチェクドゥル、一九九八年、二九三頁(大宮・加藤訳「制止、症状、不安」『フロイト全集 第一九巻』岩波書店、二〇一〇年、七七頁)。

(3) 同書、二四四頁(同書、三五頁)。

(4) ハイデガー『存在と時間』二五三―二五四頁(『存在と時間』上巻、ちくま学芸文庫、三九〇―三九三頁)。李基相(ハイデガーの韓国語訳者)は恐怖(原文は공포)と恐れ(原文は두려움)を区別せずに「Frucht」の翻訳語として使用している。ハイデガーにおいては、それが区別されていないためだ。しかし韓国語で恐れは明確な対象があるなし

にかかわらずともに使わるために、わたしは恐怖と不安を曖昧に一つに結ぶ言葉として「恐れ」を使う。

（5）韓国語訳では「恐ろしい―見知らなさ」と翻訳される。しかしこの訳語は意味は伝達されるが、嚙み砕きすぎた意訳のように思える。unheimlich という同じ言葉をハイデガーも不安と関連付けて使っているが、「不気味だ（섬뜩하다）」と翻訳されている（*Sein und Zeit*, Max Niemeyer Verleg, 1993, pp. 188-189; 李基相訳〔韓国語版〕、『存在と時間』二五七―二五八頁（『存在と時間』上巻、ちくま学芸文庫、三九六―四〇〇頁））。「不気味なもの」が訳語としてより適切なので、本書では今後この訳語を用いる。

（6）フロイト「恐ろしい見知らなさ」『創造的な作家の夢想』ヨルリンチェクドゥル、一九九六年、一〇六―一〇七頁（藤野寛訳「不気味なもの」『フロイト全集　第一七巻』岩波書店、二〇〇六年、一四頁）。

（7）これは動物が生存を持続するために下さねばならない最も重要な判断だ。植物が運動なしに独立的生存を可能にしたのとは異なり、動物はそうできないために運動性を発展させ、その結果、運動性に必要な神経体系が発展した。ベルグソンは意識を与えられた状況における動物の選択ないしは躊躇と連結させる。（ベルグソン『創造的進化』アカネ、二〇〇五年、二三一頁（合田・松井訳『創造的進化』ちくま学芸文庫、二〇一〇年、一八五頁））。ベルグソンは、知性もまた、これと関連して発達した人工的な道具製作能力に起因すると見ている（同書二一四頁（同書一七九頁））。

（8）フロイト「抑圧、症候、そして不安」二四六頁（『フロイト全集　第一九巻』三五頁）。初期のフロイトは、性欲の抑圧が不安を生じさせると見ていたが（「神経衰弱症から「不安神経症」という特別な症候群を分離させる根拠に関して」『抑圧、症候、そして不安』）、後には不安が抑圧を生じさせると訂正した。

（9）フロイト、同書二六七頁（同書五六頁）。

（10）キルケゴール『不安の概念』ハンギル社、一九九九年、一五〇頁（斎藤信治訳『不安の概念』岩波文庫、一九七九年、六九頁）。

（11）同書、一七三頁（同書、八二頁）。

(12) 同書、一九八頁〔同書、一〇五頁〕。

(13) ベンヤミン「超現実主義」『ベンヤミン選集五巻　歴史の概念について』キル、二〇〇八年、一四九頁〔野村修編訳「シュルレアリスム」『暴力批判論 他十篇』岩波文庫、一九九四年、二〇二頁〕。

(14) 同書、一四七頁〔同書、一九九頁〕。

(15) マルクス『経済学哲学手稿』理論と実践、一九八七年、八九頁〔『マルクス＝エンゲルス全集　第四〇巻』大月書店、一九七五年、四六一頁〕。

(16) 谷川雁「幻影の革命政府について」『谷川雁セレクションⅡ　原点の幻視者』日本経済評論社、二〇〇九年、五九頁。

第二章

不穏なるものたちの存在論

不穏性の気分を惹起するものが存在する。謀反を夢見るわけでも、抵抗の刃を研いでいるわけでもないのに、不穏性を惹起するものが存在する。視野に入ってくるだけで、思惟の場に上がってくるだけで、浸水の予感を惹起し、「あちらの人たち」を不安にさせる奴らが存在する。それは存在するという事実のみで、決して否定できない存在の場所を持つことのみで、不穏な感情を触発する。穏やかな気分を享有する安定した場所から抜け出て、その場所の区画と分割を横切り、撹乱する場所に存在するという事実によって、その場所に存在するという事実が視野にはっきり入ってくるだけで、「あちらの人たち」を心地悪くさせ不安にさせる、そのような存在者たちが存在する。

「不穏なるものたち」は数えきれないほど多い。それは多いだけでなく「数えることができない」。数えることができないのは、それがよく見えないからであり、見えたところで数えられることがないからだ。なぜなら存在者を区別する分類表の格子が粗いだからだ。それがそれほどまでに多いのは、確固さをもたらす格子が分割できないものを分割した場所が多いからだ。見えなかったものが突然見えるようになったとき、あるはずがないと思っていたことや、あると思いたくなかったものが目の前に可視化されたとき、それは感覚の安定性を撹乱し、思考の安定性に亀裂を刻む、不穏なるものとしてやってくる。不穏なるものはたくさんある。見えない場所にたくさんある。だからあちらの人たちは、それを見ないようにするし、それが見えないようにする。

この本で「不穏なるものたち」として選択したものは、数多い中の、ほんの一部に過ぎない。書こうと思えば、他の不穏なるものを更に追加していける。しかしここに選択したものは、単に数多くの中から任意に選んだいくつかではない。言い換えれば、ある存在者の特性を羅列して、思惟の舞台に載せようとしているのではない。哲学的虚栄がややあるかもしれないが、わたしはこれらを通して不穏性を持つ特定の存在者だけでなく、「存在自体」を思惟する一つの道を探りたい。不穏性を「存在それ自体」の次元で思惟したい。人間という「卓越した」存在者ではなく、卑しく取るにたらないものたちを通して、存在自体を思惟する方法があるのだと示したい。そうするためには、存在論が対面し、対決せねばならない概念的場所がいくつもある。ここに選択したのは、その複数の場所を明確に定義している存在者たち、その場所で存在者を分割し分類する通常の慣習的な境界を瓦解させる存在者たちであり、それゆえにそれが存在することを現すだけで不穏性を惹起させる、そのような存在者たちの最小値である。

存在と存在者：存在へいかに接近すべきか？

存在者が喋るときに存在は沈黙する。即時の言葉、わたしたちを存在者と出会わせる言葉を通し存在者が現れ、存在者の実在性が、その価値と用途あるいは意味が、全面に開かれる。たとえば「人間」という存在者が目の前に現れるとき、それがなんらかの意味や行動を要求するとき、そのようにして現実を即時に現すとき、人間の「存在」は後方へと退き、沈黙する。人間という存在者に隠され、人間を人間として存在させているものは、見えなくなる。ギンナンも、タヌキも、明け方の闇に響く山寺の鐘の音も、道路を疾駆する自動車もまた同様だ。

存在と存在者は違う。存在者が存在しないときにも、存在者は存在者だ。「その山には熊が一匹もいない」という言葉は、熊が存在しないことを意味するが、この場合においても「熊」は明らかに熊という存在者である。特定の規定を持つ限り、存在者は存在するかどうかにかかわらず存在者だ。存在するかどうかにかかわらず表象される名詞的な実体だ。その反面、存在は動詞的だ。存在する限りにおいてのみ存在すると言える。「知りえない何かがある」という言葉のように、いかなる存在者なのか規定できない場合にも、存在するものは存在する。

しかし存在は、知りえない時にも、それはなんらかの存在者の存在であり、存在者が実際にいようがいまいが、それは言われる瞬間、存在するものとして扱われる。両者はそのような緊密な隣接性のなかでお互いに絡まっている。存在を思惟しようとする「存在論」の試みが、なんらかの具体的存在者を通して行われねばならないのは、このような理由による。存在者たちについての思惟が、整然とした根本を引っくり返す「抜本性（radicality）」を持ち、それが存在という深淵を通過するのも、このような理由によるのだろう。しかしながら、存在は存在者の「本質」ではなく、存在者は存在の「現象」ではない。存在は存在者を通して喋ることはなく、存在者もまた存在が持つなんらかの形象ではない。存在が現れるようにするためには、存在者が喋ることを中断せねばならない。存在者が言葉の後方へ退かねばならず、言葉が存在者と距離をおいて遠ざからねばならない。言葉が存在者につきしたがって喋ることをやめ、わたしたちが慣れ親しんでいる存在者の形象を消すときにようやく、存在が現れるのだ。

存在を思惟した思想家たちは詩人の言語からそれを発見した。黄昏に血のような色を塗り、星が位置するところに目玉をはめ込む詩人の言語を通して、慣れ親しんだ形象とともに存在者が消される。それは存在者を、存在者たちの世界を、言葉なき沈黙のなかへと追いやる。「詩は沈黙だ。」(1)存在はその沈黙のなかでおぼろに現れ始める。「詩は、詩のなかで言語として表現できないものを言う……。詩は明かしてくれる。しかし詩は、隠すことを以て現してくれる」(2)わたしたちが、その見ることのできないものへ目を向けるのは、まさにこのときなのだ。この点では、存在の真理よりもむしろその不可能性に向かって暗い道を降りていくブランショも(3)、脱隠蔽の方式で自分に声を掛けくる存在の真理に向かって耳を開き、自身を任せようとするハイデガーも変わらない。

その沈黙のなかで、用途と意味を失った無為(Désœuvre)の言語のなかで、存在は自らを現すが、日常の言語に飼いならされた目では依然として見えない。そこには、近づくことを止めた言葉のみが、世界を沈黙させる言語があるだけだ。わたしたちが存在の「声」を聞くのは、沈黙の中でそれを聞き、言葉にし直す哲学者や思想家の、もう一つの言語を通してだ。その言語は、即時の現実を現す存在者の言語だろうか? あるいは存在者と離れ沈黙で話す存在の言語だろうか? 存在者の世界と決別した詩的言語が、やはり別の決別の道を行く別の詩的言語を通して、わたしたちに近づいてくることは、難しく思える。沈黙を通して語る存在の言語を、また別の沈黙の言語を通して聞き取るには、わたしたちの耳は存在者のざわめきが溢れていて騒がし過ぎるのだ。ブランショのような詩人が散文の言語を、物の用途や存在者の画然さに距離をとりつつ、そのようにして遠ざかっていく方法によって、それに近づく言語を選択したのは、このような理由による。それは不可能な「媒介」、不可能な中間地帯だろう。語りながら沈黙の中へと後戻りする、近づきつつ遠ざかる言語に従って沈黙する存在へと、深淵のような無へと引き込まれる幸運を味わう。それは希少な幸運であろう。

別の道、反対方向の道もあるのではないか？　存在者の沈黙を通して語る代わりに、存在者の言語を、それが指し示す世界に付いて行って入り込み、それを一層騒がしくしていくことで、存在者の声を聞こえなくする道が。自分の現存を現すいかなる存在者の言葉も、ほかの音に入り混じらせ区別できなくし、その百色騒音のなかで存在者に向かう道、すなわち世界へと容易く至る道を消してしまう道が。わたしの声とわたしに近づいてくる声が、区別できないほど入り混じり、結局わたしの声が「わたし」の位置を喪失し、わたしの声であることを取りやめ、わたしもまたわたしであることを取りやめる場所が。それゆえ、無数の音がわたしの声に割り込み、わたしの声のように話し出し、わたしを通してそれらが現れる瞬間がありえるのではないか？

障害者の声がわたしの発声した周波数に乗っていき、サイボーグの形象が喋るわたしの顔に重なり、それゆえわたしの口は絶えず何かについて喋ってはいるが、決してわたしのものだとはいえない複数の声がある。何かについて喋っているが、そのすべてのものが、いつのまにかわたしを浸水させ、わたしについてのものになってしまう多形的転倒がある。障害者ではないと強く信じていたわたしが、いつのまにか障害者になって喋り、バクテリアについて喋っていたわたしが、いつのまにかバクテリアに巻き込まれて喋るという転倒があるのだ。わたしが障害者について喋ると信じているが、じっさいわたしの発声はすでに障害者の声に蚕食されていて、わたしがサイボーグについて喋っていてもいつのまにかわたしにサイボーグが重なり入り混じった何かになってしまうとき、そのときわたしたちは無数のものが「わたし」の位置をいっぱいに満たしていることを、そのようなやり方でその〔わたしの〕位置を空にすることを発見するのだ。わたしの位置に流れ込んできたあれこれの存在者たちが、自分の固有な形象と境界、自身の位置を失いながら入り混じり、別の何かになることを見ることができるだろう。あらゆる音が入り混じった音、それはあらゆるものが入り込むことによって、あらゆるものが消滅する百色騒音である。なにものかの音ではないあらゆるものの音、あらゆる外延的境界を消し、一つへと入り混じった存在者とは、もはや存在者とは言えない何かになるだろう。

詩人をうらやましがるが決して詩人になれず、無為の言語に感嘆するが決して無為の言語を夢見ることのできない者が、存在者の彼岸にある沈黙に至るために見い出すべき道とは、沈黙の反対側へ向かうこの道ではないのか。詩的な静けさや孤独の沈黙とは反対に、このうるさい騒音を反復して入り混じらせ、最大限押し進めることによって、沈黙の中の存在に到達する道を見い出さねばならない。わたしたちが生きる世界の喧騒と決別するのではなく、存在者の安定性を瓦解するまで喧騒を押し進めることを通して、近くにありすぎるがゆえに抜け出ることができない、つまり皮膚になってしまったこの世界からの出口を探索するのだ。存在者の用途や意味を消すのではなく、それを限りなく拡張することを通して、あらゆる用途や意味が消滅し、それゆえにあらゆる用途と意味が許容される所まで押し進めなくてはならない。ティトレリの家を訪ねようと裁判所の正反対の道を行ったKがふたたび裁判所に至ったように(4)、騒音さえもすべて包み込むような音の平面に到達することによって、沈黙のなかで存在が語る場所へ至れるだろうと、夢想的に信じながら。

しかしそれが、存在者を沈黙させる詩的言語として聴く音と、同じ音だとは言えないだろう。存在がなんらかの単一性を持つ場合にさえ、その存在の声が単一であると仮定するほど単純なことはない。沈黙によって存在者の形象を消しながらやってくる声と、入り混じらせることによって存在者の形象を消しながらやってくる声は、むしろ反対方向へわたしたちを導くと見たほうがよいだろう。おそらくそれは、ジョン・ケージが「四分三三秒」間の沈黙を通して聞かせる音よりも、あらゆる騒音が入り混じった「一〇代の暴動（Teenage riot）」を扇動したソニック・ユース（Sonic Youth）の音に近いのかもしれない。沈黙の魅惑を通して存在の声に耳を傾けるよりは、言っても聞こえない沈黙に閉じこめられた存在者たちの声を増幅させて入り混じらせ、いつのまにかわたしたち自身を蚕食し、わたしたちの目の前でざわめく別の音へと変調（modulation）させたい。そのようにして、わたしたちの存在自体を錆びさせるかのように蚕食してくるものたちに潜在している不穏性を、目に見えるようにしたい。ここで存在論という巨大な名前を掲げたにもかかわらず、無数の存在者のなかで「不穏なるものたち」と命名されうる「小さな」ものたちに手を差しのばすのは、このような理由からだ。この場合の存在論とは、「人間」を意味する人称的普遍性を通して人格／人称を超越した普遍性に到達しようとするものであるよりは、人格を持たない「取るにたらない」ものたちを通して、それらを一つへまとめながら「わたしたち」を沈没させる、なんらかの一般性を描くものになるだろう。

ある学人が雲門に問うた：「お坊様、仏とは何でしょう？」
雲門が答えた：「厠の尻拭き棒である」（『無門関』、二一）

存在論の場所

存在は無の深淵のなかにある。その深淵は、存在者の形象が深い闇に埋もれて消える場所だ。存在者たちを区別し分類する一切の尺度と根拠が知りえないほどの深さへと埋没していく場所だ。ある存在者をほかのものと区別させる全ての形象が、目のくらむほどのあまりにも明るい光の中で消え去る場所だ。あらゆる存在者が自らの存在者としての固有性を失って消滅し、なんらかのものを「それ」へとあらしめる全ての規定性が消滅する。それゆえ、あらゆる存在者が自らの固有さを失って「存在」する場所だ。存在とは存在者の形象と声が消される場所、なにも見えず、なにも聞こえない場所にある。

存在とは、あらゆる存在者に共通しているなんらかの性質を意味するのではなく、あらゆる存在者を一つにまとめる類（上位範疇）を意味するわけでもない。存在は、むしろそのような共通の性質が消えてなくなる場所、そのような類的同一性が消える場所にある。「存在する」という事実のみを残し、あらゆるものが消える地点で、「ある（存在する）」という動詞が発見されるが、その場合「ある」という言葉は存在者ごとに、あるいは毎瞬間ごとに、別の何かである。「あそこにりんごがある」、「この方程式は根が存在する」、「才能がある」、「余裕がある」、「いい考えがある」などから「ある（存在する）」という言葉の共通性を探すことに何の意味があるのか？　あまりにも違った「ある（存在）」があるのだ。「ある」という言葉は驚くべきことに、これらあまりにも違った言葉を、あまりにも多様な「ある」を、すべて盛り込むことができるのだ。「存在する」とは、どんな特定の規定も持たないがゆえに、あらゆる特定の規定をすべて盛り込むことができるのだ。すなわち「存在する」という言葉が、一つの単語として使われうるのは、「ある」という共通性のゆえではなく、いかなる共通性も持たないがゆえにあらゆる差異を盛り込むことのできる未規定性のゆえだ。存在とは、すべての存在者の規定性が溶け込む一つの巨大な深淵なのだ。

存在は、ありとあらゆる規定や区別、あらゆる本性が消し去られるとき、わたしたちに近づいてくる。しかしそれは以前のあらゆる規定や本性に代わる、別のなんらかの規定や本性として近づいてくるのではなく、あらゆる規定が消えて、あらゆる本性が消滅した「無」として近づいてくる。それゆえ、それが近づいてくる時さえ、近づいてくることが分からない。それゆえ、それについて語ろうとする時にさえ、わたしたちは語る方法を探し出せない。いかなる規定もないものについて、語るべきどんな言葉も持たないものについて、語るべき方法を知りえないからだ。存在に目を向けた人びとが、否定の言語をもって、深い沈黙をもって語るしかなかったのは、このような理由だったのだろう。

音に飼いならされた耳に沈黙は聞こえないし、形象に慣れきった目に形象なきものは見えない。容易く存在が忘れられたり見えなくなるのは、これゆえだろう。それは特別な忘却と言うよりは、その反対に、とても一般的な忘却、自然な忘却と言わねばならない。物を見るとき、それを見えるようにしてくれる光は見えないように、あるいは存在者の声が聞こえるとき、それを聞こえるようにしてくれる沈黙は聞こえないように、存在者が見える時、存在は見えない。存在がその名称とは反対に「無」や「不在」として近づいてくるのはそれゆえだ。存在とは「ある」であるが、わたしたちが存在者の「ある」を見る場所で消える「ある」なのだ。それは「ない」であるが、単に「ある」の反対を意味する「ない」ではない。それは無としてあるのだ。形象なき形象であり、音なき音なのだ。

　わたしたちが存在者に目を向けている限り存在は見えない。それは存在が、存在者の存在する場所にないからではなく、反対に、存在者が存在する場所にあるからだ。深淵は存在者がないどこかに別に存在するのではない。したがって存在を言うために存在者がない場所を探してはいけない。存在者がない場所には存在もない。存在とは存在者がある場所、存在者が見え、存在者の声が聞こえる場所にある。問題は形象がある場所から形象なきものを見ることであり、音がある場所で音なき沈黙を聞くことだ。「全ての形象あるものから形象なきを見るならば、すなわち如来を見るなり（若見諸相非相　即見如来）。」存在者がある場所、そのあらゆる場所が深淵なのだ。

　存在者は存在せずとも存在者だ。なんらかの規定をもつ名詞的な実体は、「恐竜」や「火星人」のように実際に存在せずとも、あれこれの動詞と結合する可能性を持つ存在者として扱われる。存在についての思惟が、存在者を追跡してみたところで道を探し出せないのはこれゆえだろう。存在するということは、むしろ存在者において発生する、ある動詞的な事態だ。「わたしが存在する」、「あそこに木が存在する」ということが意味するのは、なにが「わたし」という言葉に「存在する」という言葉を使えるようにしてくれるのか、なにがあの木を存在させてくれているのかを問うことだ。「存在する」という動詞的な事態を可能にしたのは何のおかげなのか？　この質問を通して、むしろわたしたちは「存在する」という事態に、「存在」に近づけるのだ。この「なにか」が、何をどう存在させてくれるかが、「存在する（ある）」という言葉に、その時ごとの別の意味を満たす。「リンゴがある」、「余裕がある」、「才能がある」、「よい考えがある」の「ある」は、それらを有らしめるものによって、その意味が変わってくる。

ある存在者を存在させること、それはその存在者の規定でもなく、その存在者の本性でもない。存在を本性にする存在者を定義したところで、それが存在するようになるわけではない。たとえば神の存在に対する存在論的証明がそれだ。「神は完全なる存在であり、完全なる存在が存在という性質を欠如するなら、決して完全だと言えない。したがって神は存在という性質を定義上持つ。すなわち神は存在する。」これをすこし世俗化してみれば完全な美人の存在を簡単に証明できる――完全だという言葉が存在を欠如しては「完全だ」と言えないゆえに完全な美人は存在する。このようにして、わたしたちは完全な天才、完全な人格者、完全な悪魔、完全な動物、完全な世の中など、あらゆる完全なものの存在を証明できる。しかしだからといって、そのような存在者が存在すると信じるほど純真な人が、果たして今の世の中にいるのだろうか？

存在するということは存在者ではなく、その外部にあるなんらかの条件に依っている。その条件によって「木がある」、「美人がいる」、「才能がある」などについて認めたり認めなかったりする。なんらかのものが存在するということは、むしろこのような点で、それを存在させる諸条件と同じ外延を持つと言わねばならない。このような条件が変われば「ある」は「ない」に代替されねばならないからだ。特定の条件と関係なく、一つの動詞として「存在する」という言葉を使えるのならば、それは存在者を存在させる条件全体を包括する限りにおいてであろう。存在が存在者と違い、いかなる規定性も持たない未規定的なものであるのは、このような理由からだと言い直すことができる。存在が特定の規定を持つならば、なんらかの存在者を存在させてくれる特定の条件だけが込められているからだ。したがって、存在とは存在者を存在させてくれる条件自体、その条件の絶対的な未規定性だ。

存在のこの未規定性は、あらゆる規定性が欠如した空っぽの状態というよりは、むしろあらゆる規定性によって満ちているものだと言わねばならない。サンショウウオに対しても、本に対しても、バイオリンに対しても、それらが存在できるようにするには、そのすべての規定を可能にしなくてはならず、それらが頼ることができるものなら、あらゆる規定を含みこむことができなければならないからだ。存在の未規定性、それは規定の絶対的な欠如ではなく、絶対的過剰を意味する。あらゆる存在者へと、あらゆる規定性へと開かれた絶対的過剰。沈黙とは音の不在ではなく、あらゆる音を含ませることのできる深淵だ。明るさのみを意味する色の不在とは、いかなる色でもないが、あらゆる色が混ざるときにつくられる未規定性を意味することを、わたしたちはよく知っている。

　存在者のあらゆる規定性は存在の未規定性のなかにある。それは存在の絶対的未規定性へと続いていく道だ。無数の道が、存在者たちと同じくらい多くの道が、存在へ向かっているのだ。すべての道は存在に通ず！　そして同じ道など二つとないのだ。存在者たちがそれぞれの規定性を持つ限り、あらゆる道はそれぞれ異なる長さと湾曲を持つ。そしてその道は、絶えず出会い、分かれるのだ。いや、道がどこかへといくこと、どこかへと通じる軌跡だというのなら、道とはその出会いと別れによって、合流と分岐によって定義されると言わねばならないだろう。

　存在者たちもまた同じである。サンショウウオや本、バイオリンのような存在者の「実質的」規定とは、そのそれぞれと別の存在者との出会いと別れによって規定されるものなのだと。その出会いと別れがサンショウウオをサンショウウオたらしめ、本を本たらしめるのだ。その出会いと別れが違うものになればサンショウウオはもはやサンショウウオではなくなり、本は本でなくなる。バイオリンはサラ・チャンやチョン・ギョンファ〔二人ともバイオリニスト〕と出会えば楽器としてのバイオリンであるが、ナムジュン・パイクと出会えば楽器ではなく犬のようにずるずる引っ張られるパフォーマンスの小道具になる。バイオリンが弓と出会えば楽器として存在するが、それなくしては楽器として存在できない。サンショウウオは湿地と出会えばサンショウウオとして存在できるが、それと隔てられればもはや存在できない。本は人と隔てられればもはや「本」になれない。本は火と出合えば着火材になる。新しい出会いと別れは、以前のそれをもはや存在できなくさせ、以前とは違う存在者が存在するようにする。したがって、すこし強く言ってもよいだろう。存在者とは、別の存在者との出会いと別れによって存在するのだ、と。

単数としての存在、未規定性としての存在は、そのあらゆる出会いと別れが成される場だ。そのあらゆる存在者が存在する場であり、そのあらゆる存在者が出会いと分岐によって生成し消滅する場であり、別の存在者へと変換される場だ。その未規定性の深淵が無数の規定性を包括しているというのは、このような意味である。しかし存在は、その多くの規定性を包括しているが、その規定性を作ったり変えたりはしない。それは存在者たちが交差し、分かれていく動きによってなされる。存在はそのような交差と別れを可能にする条件であり、その出来事が発生する場であるが、出会いや交差に割り込まないし、巻き込まれない。それはただ可能なすべてのものを許容するだけだ。存在の深淵はいかなるものも支えず、いかなる方向へも押し進めて行かないが、あらゆるものが入ってこれるように開かれている。

存在論の場所は存在者が見えないどこか遠く離れたところにある「深淵」ではなく、まさに存在者がいる場所であり、その存在者たちが出会い別れる場所だ。ある存在者をして、その存在者たらしめる出会いと別れ、それがその存在者として存在を持続できるようにさせる条件、そしてその条件を可能にする、また別の条件の連鎖だ。存在に近づくのは、まさにそれぞれの存在者を「支えている」、この交差と分岐の集合からはじまる。もちろん模索がはじまり、それがたどっていく交差と分岐の結び目が変わっていく度毎に、わたしたちは互いに別のかたちで存在に近づいて行くだろう。そのようにして別の複数の存在論が存在するのだ。

逆にそのような別の仕方によって、複数の存在論はわたしたちに、わたしたちの存在に、なんらかの方向と規定を付与する。いかにして別の存在者と出会うのか、あるいはいかなる別の存在者と出会うのかは、それぞれの存在論が存在へ達するために選択した道によって違ってくるからだ。わたしたちの存在とは、わたしたちの存在の持続とは、あるいはわたしたちの生とは、常にその時ごとに自分が手探りして見つけてきたそのような方向によって、存在を思惟する出発点によって、すでに先立って規定されているのだ。

存在へと達するただ一つの道があるのではなく、可能なる無数の道がある。そしてすべてを余すところなく現わすただ一つの連続的真理の道があるのではなく、無数の失敗のなかで、つねに「じゃあもう一度!」と言って、再び始めることのできる無数の断絶と分岐によって満たされた道があるのだ。途切れた道のあいだの、ふたたび踏み出すことで進み始めねばならない、いくつもの不連続があるのだ。わたしたちが考える存在論が〔どこにあるのかと〕存在論の歴史をめくるなかで、存在の声を聞く哲学者や思想家の重く厳粛な作業よりは、自らの出会う存在者を通して変形される生に、つまり「もう一度」新しい出会いと別れを探しに行くわたしたち自身の軽い足取りの近くにあると信じるのは、このような理由による。存在論が存在と同じくらいわたしたちに近いのはこれゆえだ。

したがって存在論は、レヴィナスが考えたものとは違い、倫理学と対立するものではなく、その反対に、常に既に倫理的だ。それは、「存在」という言葉の超歴史的包括性によって表象されるものとは違い、最初から歴史的だ。それはまた、存在という言葉の果てしない抽象性によって表象されるものとも違って、常に既に具体的な生き方と繋がっていて、変換のための集合的行動を含蓄するという点において、いつでも充分に政治的なのだ。

何からはじめるべきか？

「何からはじめるべきか？」を問うことは、政治においてと同程度に哲学においても必然的であるのみならず、重要な問題だ。なぜならデカルトが指摘したように、真なるものから始めなければ、あらゆる思惟や推論の結果は真になりえないからだ。しかし真なるもの、「真理」とは、すでに何らかの思惟の結果到達したものでしかない。なんらかのものが真であるか偽であるか（を判断すること）は、真と偽についての適切な尺度や思惟なくしては不可能だからだ。なんらかのものが真であるということは、そのものが最初から真である根拠を前提するという循環論的な難点があるのだ。デカルトはすべてのものを疑うやり方で、この出発点を探そうとした。「われ思う、故に存在する」という命題がそれであったことは、よく知られている事実だ。

ヘーゲルは学の始元（出発点）が何でなければならないかを明示的に問う。始元をなすものは、なんらかのものを仮定してはならないから、直接的に自明なものでなければならない。しかし出発点が「根拠」になるのなら、それが「真理」でなければならない。真理とは、認識の旅の終着点において到達できるものだ。したがって最初の出発点は最後の到達点だという逆説が出現する。ヘーゲルはこれを循環論理という弱点として把握するのではなく、ひとつの「円」を描く認識の発展として理解する。したがってヘーゲルは、純粋知である論理学を、いかなる内容も持たない「純粋存在」から始めるが、それは実際のところ、なんらかの思惟の帰結点を意味するものでもある。後に満たされるであろう、しかし実際はすでに見えないままに満たされている出発点なのだ(5)。

このような循環性の難点は、なにかを新しく始めようとする者にとって避けえないことだろう。ハイデガーもそうだった。ハイデガーにとって、この難点はより難しく、根本的だった。「存在とは何であるか?(Was ist 'Sein'?)」を問うとき、そこにはすでに「である/ある(ist)」という言葉が使われており、これはその言葉に対する答え——ハイデガーは「了解」と言っている——が前提されていることを意味する。すなわち問おうとすることが、すでに前提され使用されているという循環論理の難点が、質問自体に内蔵されているのだ。したがって、存在に対して質問する、すべての存在論は、常に自らが理解している「である/ある」の了解の方法を、すなわち存在了解の方法を前提していたのだ。しかしハイデガーはこの難点を避けようとするのではなく、すべて引きうけることで解決しようとする。存在に対して質問を投げかけるとき、その質問に含まれている存在了解の方式を削除するのではなく、その存在了解の方式を探索し、詮索することで、却って存在とは何であるのかに近づけるというのだ。

たとえば北米先住民にとって呪術が何であるのかを理解しようとする際、かれらが呪術について持っている了解方式の中へ入っていかねばならない。かれらが理解する呪術が、いかに非科学的なのかを論理的に判断するのは、あらゆるものが科学でなければならないという態度から呪術を理解するやり方に過ぎない。先住民たちにとって呪術がいかなる意味なのかは、かれらが呪術を理解し使用する方法の中へ入りこむことによってのみ知ることができる。同様に、わたしたちにとって存在とは何かということは、そんなことを問おうと考えることすらせず存在を理解している通常の方式を離れてしまえば、絶対に答えられないということだ。存在に対する理解は、そのような曖昧で平均的な存在了解からはじまるという点で、そのような循環は、むしろ存在了解に近づくための出発点だ(6)。もちろんこれは、存在の意味とは人間たちの存在了解を通して近づかねばならないという考えが前提になったものではある。先住民の呪術に近づこうとするなら、かれらの呪術了解のなかへ入っていかねばならないように、（人間の！）存在の意味に近づこうとすれば、人間の存在了解のなかへ入らなければならないのだから。

こうしてハイデガーは「現存在（Dasein、人間）」の曖昧で平均的な存在了解を通して存在に対する探索を始める。存在者たちを研究するあらゆる存在論は、現存在自体の存在的構造に基礎するとハイデガーは見る。そのようにして選択された存在論の出発点は、「わたし」や「わたしたち」が属しているなんらかの存在者、つまりハイデガーが「現存在」と呼ぶ存在者に、特権的位相を付与することになる。だからハイデガーは、現存在という「卓越した存在者」の存在意味についての研究——かれはこれを「基礎存在論」と命名する——が、あらゆる存在論の基礎になると見るのだ(7)。

ヘーゲルの「形式」のレベルであれ、ハイデガーの「内容」のレベルであれ、どこにおいても始まりの問題があり、どこにおいても循環は避け得ないように見える。しかし本当にそうなのだろうか？　それは循環を前提とする体系、循環を前提とする思惟の地平の中で提起される問題なのではないか？(8)

思惟の一貫性を放棄しない限り「体系」が無くなることはないだろう。しかし最初と最後がしっかり噛み合い、新たに高まっていく循環を描く体系とは、ヘーゲルが考える体系のみだ。ヘーゲルだけではないだろう。哲学者たちは、多くの場合、一つの完結した体系をつくろうとした。しかしすべての体系がそのように完結するとき、なんらかの思惟が完成するというのは、単に一つの恣意的な仮定に過ぎない。カフカは自らの長編小説を「終わらない小説」、「終わりなき小説」として書きたがった。『城』や『訴訟』は、それ自体として充分に完成されているが、完結されてはいない。完成は完結ではなく、その逆も同様だ。完結した形式が完成された体系を意味するのではない。小説のみがそうなのではない。あらゆる体系的思惟が循環の形式を持つというのは、間違った思い込みである。あらゆる始まりは、最後に到来する完成した到達点でなければならないというのは、原因があらゆる結果を含まねばならないという、神学的な因果性概念の残滓であるのみだ(9)。

ハイデガーの解釈学的循環もまた、ある種の完結性を含蓄しているように思われる。その循環は存在の意味を既に知っているものの充分に意識できておらず、充分に現れていないゆえに、「解体」の方法によって現わさねばならない意味の「地平」の内にそれを取り入れる。そのようにして、あらゆる存在者の意味を、既存の解釈的地平の内に帰属させる。この場合の存在論は、その地平の内で意味があると見なされる存在者についての思惟に制限され、その地平の内で特権的な意味を持つ存在者の思惟に閉じこめられる。もちろん「歴史」という名によって区別される相違した諸地平を通して解釈的可能性は複数化されるが、その地平の差異に対する理解は、その諸地平を扱うハイデガー自身の前理解〔Vorverständnis〕の内で、言いかえるなら、かれが属する地平の内でなされるのだ。この場合、循環は解釈する者の地平の内で、その地平に含まれる尺度が循環するというものになる。こうなると、いかなる歴史的地平の差異さえも、かれが位置を占めている地平との差異になり、結局はそれを通して作動する特定の地平の同一性の内にあるようになり、それが稼動させる尺度によって分類された差異以上のものにはなりがたい(10)。

したがって、「循環」は不可避であるという考えは、特定の体系、特定の思惟に属するものに過ぎず、あらゆる体系、あらゆる思惟に属するものではない。そのような循環が不可避であると受け入れる瞬間、わたしたちはそのような循環の体系、思惟を受け入れるのだ。

循環観念なしに、あるいは循環観念に反して問い返さねばならない——「何からはじめるべきか?」を問う以前に、わたしたちが間違いなく思惟しているのであれば、わたしたちはそのような思惟を「何からはじめるようになるのか?」を問わねばならない。それは、理解と解釈をさせる地平を、思いのほか速く壊しながら、押し入ってくるなんらかの出来事によってである。思いもよらぬ場所で、理解できないがゆえに当惑を惹起する、ある突発的な出来事。わたしの「前理解」の外にあるがゆえに理解できず、わたしの地平の外にあるがゆえに考えることのできなかった、ある突発的侵犯の前で、目の前にあっても見ることのできなかったあるものとの出会いを通して、わたしたちは思惟し始める。「思惟は非自発的なものに限ってのみ思惟でありうるし、思惟の内に強制的に惹起される限りにおいてのみ、思惟でありうる。」(11)

目の前にありながら見えなかったものたちを見えるようにし、考えられなかったものを考えざるを得なくする突発と侵犯を惹起すること、既存の地平の片隅に与えられた見えない場所から掴み出し、目の前に全面的に立てること、まさにここから始めなければならない。そのような突発的侵犯を通して「わたしたち」自身が立っている地平を壊すこと、「わたしたち」の精神を枠付けている体系を瓦解させること、これを通して、地平や体系の内で、なんらかのものたちに付与された意味や規定を消し去り、根本的な無規定性の内へと押しやっていくことから始めねばならない。侵犯する外部者を通して地平の内の解釈的循環を撹乱させ、その循環の中でつくられる解釈の体系を瓦解させ、その循環を通して繰り返して戻ってくる存在了解を、別の方向へと向けなければならない。その地平の内で、卑しく取るにたらないと見なされてきたものたちを、卓越し高貴だと信じられてきたものと入り混じらせ、その存在了解の内で思惟するだけの価値を得られなかったものが、まさに思惟するだけの価値があることを示さなくてはならない。価値があると信じていたものと、価値がないと信じていたものを一つにたばね、地平や体系の内部と外部を混ぜ、ひとつの巨大な海の中へと浸水させねばならない。これによって思惟は存在の平面へと近づけるのだ。

しかし卓越したものと卑しいもの、排除したものと排除されたものを一つにたばねるこのような「平面化」は、両者の対立を止揚する弁証法的な総合とは何ら関係がない。なぜならこれは両者の長所を一つにたばねることによって高めるのではなく、高尚で価値があると見なされてきたものを、それが排除し蔑視してきた卑しいものと根本的に違わないと言い、「汚い水」の中へと引き下げることであり、積極的規定を一つにまとめるのではなく、あらゆる規定を消し去ることであるからだ。また、そのような浸水を通して、なんかの解釈の地平が新たに出現するとしても、それを瓦解させるまた別の突発と侵犯が無限に可能であり、それゆえに完結されることがない体系、反復して瓦解しうる地平のみが許容される。ここには外部者を通して自身を発展させていく「理性の狡知」ではなく、理性によるあらゆる包摂と捕獲に反する「外部者の際限なき抵抗」があるのみだ。

「不穏なるもの」は、このような始まりを永遠に反復させる外部者たちの名だ。常に与えられた地平の外にあるがゆえに、常に〔弁証法によって〕高まろうとする理性を浸水の力によって引き下げるがゆえに、不穏なるものとして見なされるものたちだ。不穏なるものを「奴ら」の前へ出し抜けに突き出し、再び出し抜けに突き出すような、反復的な始まり方が「前衛的」だということは、理解しがたいものではないだろう。しかしこれは「ヴァンガード」という言葉よりも「アバンギャルド」という言葉に符合する意味において前衛的だ。たとえば音楽的な音でないと見なされる騒音を音楽の中に引き入れる試み、芸術作品ではないと見なされてきたものを芸術の中に引き入れる試みが、芸術という理解の地平を繰り返し壊したのであり、芸術に対する感覚や思惟を根本的に変えてきたことを、わたしたちはよく知っている。また思惟する価値がないと思ってきたもの、卑しく取るにたらないものを思惟の「中心」に押し込もうとする、このような試みが、「政治的」であることもまた、理解しがたいものではないだろう。たとえばランシエールは、見えないものを見えるようにし、資格なきものの資格を主張する、このような活動を、「政治」と定義したことがある(12)。

無数の相違した存在論がある。「何からはじめるべきか？」は、この場合、わたしたちが「いかなる存在論をなすべきか？」と問うことだ。したがってこの質問は政治的だ。わたしたちは最初から選択せねばならない。それは、存在論が、かのごとく最初からわたしたちの生を方向づけるものであるのなら、たとえそれが始めなおしの軽さを含んでいるとはいえ、始める時毎に実は生を賭けさせるなにかがあるのだ。だがここで、また再び循環に出会う。なぜなら、「いかなる存在論？」を問うことは、存在論的行路の帰結を問うことであるが、それを質問するときすでに選択すべき方向を、すなわち結論を持っていることを意味するからだ。それは質問に、すでに答えが前提されていることを意味するのではないか？　それを始めるときに答えられるのであれば、実は知っている結論を含んだ存在論をあえて選択し、押し進める理由は、一体何だというのか？

しかし存在論は定義上、わたしたちの存在を、あるいはわたしたちの生を包括するが、じっさいわたしたちは存在論の中に生きているのではない。その反対に、存在論がわたしたちの生の中にあり、その生によって方向付けられ、理論化される。その生は思いもよらないものたちと対面する過程である。存在了解の地平を壊す出来事の反復、それがわたしたちの生だ。その生が、その生へ侵犯して入り込むその突発的な出来事が、わたしの思惟をして存在に対する問いを投げかけさせ、それを方向づけ、あるいはその方向を変えてしまう。

そのようにして、わたしたちは自ら選択した出発点から、自ら選択した方向に行こうとするが、無規定的存在の深淵のなかで出会いぶつかるものたちにまきこまれ、わたしたちは考えすらしなかった方向へと進んでいく。そうなることで、わたしたちは存在者から始まるわたしたちの思惟、つまりわたしがすでに持っていた答えでは到達しなかっただろう場所へ行くことになる。存在へ向かう線を描く前には、わたしたちの思惟が到達できなかった場所へ向かって。それはもちろん一種の「総合」であるが、わたしが持っていた答えと、わたしに近づいてくる思いもよらぬものとの「弁証法的止揚」ではなく、〔その反対に〕わたしにぶつかってくるものたちによって「わたし」の方向が撹乱され、そのようにしてぶつかってくるものたちが交差して出会うことでなされる、思いもよらぬ総合である。わたしとあなた、あるいは一人称と三人称の総合ではなく、無数の「それ」らの交差のなかで発生する総合、「わたし」という人称が消えてしまう「非人称的」総合だ。わたしはその総合のなかへと、思いもよらぬ線にしたがって、巻きこまれていく。

わたしたちは目的をもって始めるが、決してその目的地にたどり着けない。存在論のなかでわたしたちがきちんと進んで行けば、わたしたちは終には道を失うのだ。道を失わない者は、きちんと思惟しておらず、目的地に到達した者は目的地にたどり着けなかったのだ。存在者にさえぎられて見えも聞こえもしないものを、それを見ることも聞くこともできずして設定した目的地が、どうして存在を見聞きさせてくれうるだろうか？　したがって、目的をもって始めるということ、答えを知って質問するということは、循環を描く円形の軌跡とは無関係だ。思惟の軌跡は曲線を描くが、その曲線は最初へ戻らず、円として閉じることはない。それはむしろ循環から離脱するものであり、円形の軌跡が閉じないようにねじるのだ。自動記述法の線のように、自分が描いたのに自分では思いもよらぬ線、あるいは無数に曲がりくねった線、結局それは、あらゆる方向をとる線の集合というのが、より適切だろう。

しかしわたしたちは、たとえそれが捨てられるためのものであっても、方向を掴んで始めねばならない。否応なしにそうなっているのだ。まさにそれゆえに、「いかなる方向？」、「いかなる存在論？」を問わねばならない。存在論の場所が出会いと別れならば、「いかなる出会い？」、「いかなる場所？」へ入り込むべきなのか問わねばならない。出会いの出来事を通して、わたしが見えなかったものを見て、思いもよらない場所へと行けるような、そのような出会い――一人称はもちろん、三人称で喋るときさえ、実際は「わたし」の口で喋っているのではなく、その反対に「わたし」と言うときさえ、実際はわたしではないそれが、無数の「それ」らが押し寄せてきて、わたしの口で言わしめる、そのような思惟の言語――わたしに近づいてくる新しい可能性を通して、わたしの生の方向を定める場合においても、わたしが慣れ親しんだ世界の呼びかけにわたしを任せるような存在論ではなく、わたしがわたしと別の世界に属すると思っていたものたちに、取るにたらず大したことのないものたちに、避けたく遠ざかりたいものたちに、いつの間にか巻き込まれ、わたしが属していた世界を離れさせる、そのような存在論。それは思いもよらないもの、わたしの思い通りにならないもの、わたしが持っていた前提から抜け出ているもの、しかしながら実際はわたしの存在を可能にしてくれている条件であり、わたしが凭れているもの、一括りにして「外部」と呼べるものたちを通して、存在者の存在を、わたしが属する存在者たちを、そしてわたしの存在を思惟する、そのような存在論だろう。

不穏なるものたちの存在論

「偉大なもの」に対する賛辞は、そうなれないものに対する批判を裏に隠しているし、「卓越したもの」に対する驚嘆は、そうなれないものに対する軽蔑をひそかに現している。「偉大なもの」は「卑しいもの」の闇なくしては見えず、「卓越したもの」は「平凡なもの」を背景にして浮上する。したがって、偉大なものはどれほど大きく膨らんでも卑しいものを絶対に含めることはできず、卓越したものはどれほど大きく広がっても平凡なものを包括できない。偉大なものをモデルとする普遍化、卓越したものから始まる普遍化は、あらゆる存在者を包括する一般性に決して到達できない。あらゆる存在者の規定を盛り込むことのできる存在論的深淵に到達できないということは、存在者から存在へと進んでいく決定的飛躍を遂すことができないことを意味する。それは単に、特定の存在者の周辺を、燦爛と光る旗をもって、ぐるぐる回る道に過ぎない。

偉大な普遍性、それは偉大で卓越した存在者のいくつかの固有性（property）を、普遍者の超越的位置へ高めうるのみだ。それが一般性に至れない限り、普遍性は、多くの哲学者が考えたように、すべての個別者を包括できない特殊者に過ぎないのだ。排除されたり除外された個別者たちに対して、際限なく「普遍性」へと同一化することを強制する、たちの悪い特殊者。

その反面、なんらかの「卑しいもの」たち、なんらかの「平凡なもの」たちは、しばしば偉大で卓越したものたちをさえ蚕食し、存在の巨大な深淵のなかで、あらゆるものを抱き寄せる大洋のような水の中へと浸からせる。その卑しさや「平凡さ」とは、偉大で卓越した存在者さえも、実際は振り払えないまま隠し持つものであり、いかなる存在者であれ大概は持っているものだからだ。しかし卑しいもの、平凡なものから始めることが、存在論的一般性に至れるのは、誰もが持っているがゆえに特別に言及する必要もない、ありふれた共通性の量的多数性ゆえのみではない。それは「性質／所有物（property）」という存在者のありふれた表象であるがゆえに、存在の沈黙に目を向けさせるというよりは、その反対に、目を覆うなにかであるからだ。

その点で、あらゆる卑しいものが存在の深淵に至る、飛躍の地点を提供することはできない。「なんらかの」卑しいもの、決して偉大で卓越したものとは考えられないが、決して通常ともいえない、なんらかの特異性を持つものが、卓越したものを含むあらゆる存在者を蚕食していくとき、わたしたちを存在論的一般性へと導く。大概の場合は、「卑しい」という否定的感情によって避けられてきたゆえに、わたしたちの視線を引きよせられなかったなんらかの特異性の「平凡さ」が、逆にあらゆる「平凡なもの」のなんらかの特異性を見せてくれるとき、それゆえ平凡さの日常的視線では見えなかったものを見えるようにしてくれるとき、わたしたちはあらゆる存在者の、なんらかの特異性と対面することになる。

たとえば障害者は、「健常者」という通常で平均的な存在者と対比される、とても特異な存在者であるにもかかわらず、見下しと同情の両価的感情を伴う拒否の視線のなかで、卑しく「取るにたらない」ものになり、それゆえ目の前にいても見えなくなった。この画然とした特異性は、だれも注目しないがゆえに特異なものではなく、むしろ「平凡なもの」、「日常的なもの」になってしまう。反対に、人間の偉大さと卓越性を称揚しながら、それを通して存在を思惟しようとする瞬間、障害者は人間の偉大さを毀損し蚕食する「欠陥」として見なされるのだ。それは人間の偉大さを脅かすもの、その偉大さの普遍性を破壊するものとして把握され、その偉大さの普遍性のために除去され消されなければならないものになる。障害者の存在を消して見えなくするために、ファシストたちは優生学的生物学を動員し、直接的に除去する試みまで行ったことがあるが、そのような試みが、たんにナチという例外的集団によってのみなされたと信じるのは、とても純真で無知なことだ。ファシストと対決した側として表象される自由主義のアメリカでも同じ時期に障害者の出産を阻止しようとする試みが「正常な」法廷判事たちによって、正常な国家によって繰り返し行われたことは、今ではよく知られている事実だ。しかし特別な生物学的「措置」や法的「処分」のみがそうだったと見るのであれば、かなり不充分である。障害者たち、この特異的存在者が見えないようにするために作られた無数の「施設」、かの悪名高い収容所と全く違わない「保護施設」が、どこにでもあるというのは、誰でも知っている事実ではないか?

人間の偉大さや卓越さからはじめる普遍化とは、それに含まれえないものたち、それによって暗い否定の色が塗られた対象を、消しさり除去するやり方によって、自らの包括性を完成させようとする。これは、人間という主体から「情念的な（pathological）もの」を除去することによって、言いかえれば「病理的な（pathological）もの」を消去することによって、先験的主体という道徳的な普遍性に至ろうとしたカントにおいても同種だった。この先験的主体とは、ラカンの言葉のように、「享楽 Jouissance」という「実在的」

対象が除去された主体という意味での「空っぽの主体」というよりは、むしろ現実的特異性が卑しい欠陥と見なされて除去された主体という意味での「空っぽの主体」であると言わねばならない。

「人間」という名の普遍性が、市場において発見される「等価性」によって、主語の位置にある「わたし」を、わたしではない「あなた」へと、あらゆる人へと書き換えることができるという事実から発生したものだと言っても、そのような「等価性」の基準に到達していないものたちの存在を否定するのは難しい。偉大なもの、卓越したものが存在者の普遍性ないしは「基礎」になる限り、それを基準にして偉大さが足りないもの、卓越さが足りないものが生じることは防ぎえない。いや、それらの存在を、必ず必要とする。それは自らの「普遍性」に包括したもののなかで、際限なく二流三流のものを、繰り返し作り出す。排除され、消されねばならないものたちが再出現するのだ。偉大で卓越したものを特別に打ち立てるということは、偉大になれないものたちに対して、近づかねばならず同一化せねばならない目標として〔偉大さを〕提示することを意味する。それゆえに、卓越したものは、二流三流がなければ、何かですらないということだ。

したがって、なんらかの存在者の卓越性や偉大さを出発点や「基礎」に据える存在論は、わたしたちが近づいていくべき道ではなく、別れねばならない道であり、必要であれば対決して断絶せねばならない道なのだ。このような理由からわたしたちは、実質的に人間を意味する「現存在（Dasein）」を、あらゆる存在論の可能条件としてとらえるハイデガーの存在論とは、最初から決別せねばならない。『存在と時間』においてハイデガーは、存在了解をもつ現存在こそが、簡単に言い直せば存在の意味について理解しているる人間こそが、他のいかなる存在者と比較しても極めて優れた存在であると見たのであり、それゆえあらゆる存在論は、現存在の存在を扱うことから始めねばならないし、それを基礎とせねばならないと言う(13)。

このような考えは、卓越した存在者である人間を基準にして、別の存在者を位階化する。たとえば世界形成的、世界貧乏的、無世界ということを理由に、人間、トカゲ、岩を存在論的に序列化する(14)。これは存在論の名で作られた位階であるが、これこそ実は、大多数の人間が、自らを他の動物や生命なきものと比べて優越であると信じる通念的位階の反復であることは明白だ。「物」の存在論的意味に注目する後期ハイデガーの立場からも、人間とは、死の意味を知るという点で卓越した存在論的地位を持つがゆえに、「死にうる‐者」という特別な位置を付与され、四方域の合一という課題を遂行する特権的な地位を持つ者として見なされるという点で、変わりはない。物は、その死にうる‐者たちが、神にそれらを捧げる行為を通してのみ、ようやく「物」になれる(15)。これによって「事物化した」物と、そうではない物の間に位階が再び発生する。卓越さの存在論は、あらゆる存在者のあいだに卓越さの位階を樹立する。このような存在論が存在の深淵に至れるのかは疑問であるが、万が一至れたとしても、それはおそらく深淵の闇の真っ只中で、卓越さの貧弱な明度によって区別される存在者の位階を、再びそこに刻みつけようとするに違いない。

その反対に「取るにたらないもの」、「粗末で卑しいもの」の特異性から始めるとき、あらゆる位階は崩れ、すべての卓越したものは、取るにたらないものたちの「汚い」海に浸けられるだろう。たとえば人間が猿と一つの種であり、そこから発生したということが明かされた時、人びとの感じた侮辱感は、卓越し優越した存在としての自分の特権的地位に対する確信が猿として表象される動物の世界に〔落ちたときの〕、汚いと言って嫌悪感をあらわにすることに躊躇しなかった卑しい海に落ちたときの、当惑の表現だろう。それは、猿という卑しい存在者が人間という高尚で卓越した存在者へと押し入り、その境界を瓦解させる出来事であったと言ってもよい。

卓越性の存在論が、些細なものを追いやり、消しさり、除去するのとは反対に、卑しく些細なものたちの存在論は、卑しいものたちが卓越したものたちの頑強な壁を壊し、押し入っていく軌跡を描く。そうすることによって、それを卑しく些細なものたちの世界へと引きずりこむ。互いに根本的に違うと信じていたものたちの壁を壊し、それらを一つに束ねる。それは「一般性」の海へと他のものたちを引きずりこみ、沈没させる。しかしそれは特異性を除去し「平均化」するのではなく、逆に猿という言葉で表象されていた特異性、見たくないし認めたくなかった特異性によって、人間という存在者を捕らえることだ。

しかし卓越性と偉大性への信は、それが壊れたところを修復し、再び新しい壁を打ちたて、新しい位階を創案する。たとえば、進化論が否定できない確固とした位置を占めて以降、猿によって動物の世界へと巻き込まれた人間は、動物たちの間に「進化」という名で新しい位階を打ち建てたのだ。すなわち人間は、もっとも進化した動物のなかにおいても最も進化した種としての位置を占めるのだ。自分と似ている動物を逆の順番に配列した絵が、進化の系統図になるのだ。しかし、現在、バクテリアという、さらに卑しく、さらに下等なものが、その位階の壁を打ち壊し、人間をずっと深い生命の海へと引きずりこんでいる。後に再び扱うが、真核細胞とは、捕食されたにもかかわらず死なずに生き残ったバクテリアが、自分を食べたバクテリアと共生する出来事から出現したものであることを知るならば、ミトコンドリアや葉緑体のような細胞小器官が、そのようにして食べられたバクテリアであることを知るならば、そして多細胞生物とはバクテリアたちが集まって作った巨大な「群体」であることを知るならば、あらゆる生命体の身体は、巨大なバクテリアの群体という点で同じであるということもまた、理解するに難しくはないだろう。ありふれた「下等」／「高等」という進化的位階によって分類されるあらゆる生物が、実際はバクテリアという最も「下等」な生物と、根本的には一つにまとめられるしかないと言うとき、最も進化した種の立場に自らを位置づけ、誇らしげに自らの存在の卓越性が自然の偉大さを示すと信じる人間の自尊心は、バクテリアの海の中に沈み、溺死する。〔人間は〕その場に生命あるものとないものの位階を大慌てで建て直すが、それは、生命と非生命の境界が消滅する出来事を通して、存在者の巨大な一般性のなかに巻き込まれることを阻止できない。そこから、あらゆる存在者を一つにまとめる巨大な一般性が、巨大な存在論の海が出現するだろう。

偉大さや卓越さ、あるいは高貴で支配的な位置を占めてきた者を、卑しくて汚い海の中へ引きずりこむものたち、境界を壊しながら思いもよらぬ特異性でのしかかってくるものたちが「不穏なるもの」になる理由は、これである。人間が、誇らしい通念のなかで印したあらゆる境界を消しさり押し入ってくるもの、そのようにして人間を、自分たちが属する取るにたらず些細で卑しい世界へと引きずりこむものは、全て「不穏なるもの」なのだ。卑しく些細なものたちから始める存在論、小さく卑しいものに「依拠」して思惟する存在論、わたしたちはそれを「不穏なるものたちの存在論」と呼ぶだろう。

存在論は人間を通して人間でない存在者の存在を扱えるか？　わたしはそう思わない。それはハイデガーのように、ただ人間の存在を扱いうるにすぎない。それが人間ではない存在者を扱う場合にも、それはもっぱら人間の存在了解、そのように理解された存在の観念を、別の存在者に対して覆いかぶせるにすぎない。あるいはその欠如を発見するのみだ。なんらかの卓越した存在者から始め、それを基礎にする存在論は、別の存在者の卓越性ではなくその欠如のみを発見する。そうではなくて、存在論とは、人間の存在すらも、人間でないものたちの存在を通して思惟できなくてはならないのだ。それは人間でないものの特定の規定を人間に対し延長し適用させることではなく、その特異性を通して、人間という存在者に固有だと思われることを消し去ることを以て、存在者すべてを包括する、なんらかの一般性に到達するものになるだろう。

いかなる存在者であれ、自らの特性／所有物（property）に対しよく与えがちな卓越性や優位性の観念を笑い飛ばせないのなら、存在論はけっして存在の深淵へ、音なき沈黙に到達することはできないと、わたしは信じる。沈黙はいかなる音も特権化せず、いかなる音でもあるがままに聞こえさせる。百色の騒音とは、いかなる周波数の音であれ特別ではなく、いかなる周波数であれ特権的位相を持たない音、すなわちあらゆる周波数の巨大な集合である。存在論がなんらかの「一般性」を持ちうるのであれば、それはあらゆる存在者を包括できるという外延的な意味のみならず、存在に近づく道を方向付ける特異な存在者さえもが、決して特権的な卓越性や位階を持たないという意味を、やはり含むと言わねばならない。存在論的一般性において、あらゆる存在者は、それぞれ自分なりの位相と意味を持つ。それは全ての存在者が、その位相や意味にはいかなる位階もなく平等であるという、根本的な「平等性」を意味する。これを「存在論的平等性」と呼んでもよいだろう。

バクテリアのように最も「下等」で最も取るにたらず些細な生命体が、人間にのしかかり、そのあらゆる卓越性と偉大さを「汚い」水で汚染させてしまうとき、わたしたちを盲目にさせていた人間という存在者の光は消え去り、人間の特権的な声は消されるだろう。人間さえもあの不穏なるものたちの世界へ引きずりこみ、光り輝く「卓越性」の明るさを消すとき、その光に隠されて見えなかったものたちが現れるだろう。あらゆる存在者の声が一つにまとめられていく騒音のなかで、わたしたちは特定の存在者ではない存在に、あの見えないものに、ようやく目を向けることができるだろう。人間に眩んでしまって見れなかったものが、存在者にさえぎられ聞こえなかったものが、ようやく奥深い闇のなかから、おぼろげながらに、見え、聞こえて来るだろう。

註

(1) ブランショ『文学空間』チェクセサン、一九九八年、三一六頁(グリンビ版、三三六頁〔『文学空間』の韓国語訳は二種あるので両方の頁数を記載している〕)〔粟津・出口訳『文学空間』現代思潮新社、一九六二年、三一六頁〕。

(2) 同書二一六頁(グリンビ版二三五―二三六頁)〔粟津・出口訳、同書二一六頁〕。

(3) 「最初のもの、それは始まることではなく再開始であり、存在すること、それはまさに一番最初へと、たった一度でさえ存在できないこと、その不可能性だ」(同書二三五頁(グリンビ版三五七頁))〔粟津・出口訳、同書二四六頁〕。

(4) カフカ『訴訟』ソル、二〇〇五年。

(5) ヘーゲル『大論理学』一巻、チハク社、一九八三年、五七―六二頁〔武市健人訳『ヘーゲル全集6a 改訳 大論理学上巻の一』岩波書店、一九五六年、五七―六五頁〕。

(6) ハイデガー『存在と時間』カチ、一九九八年、二〇―二一頁〔『存在と時間』ちくま学芸文庫、上巻、三五―三七頁〕。

(7) 同書二九―三〇頁〔同書、五〇頁〕

(8) ドゥルーズはこのような循環が「円環のイメージ」と結合しているため、これは真なる開始能力の欠如を立証していると批判する(ドゥルーズ『差異と反復』金サンファン訳、民音社、二〇〇四年、二九〇頁〔財津理訳『差異と反復』上巻、河出文庫、二〇〇七年、三四七頁〕)。

（9）「彼ら〔哲学者たち〕は、最後にくるものを――悲しいかな！　なぜなら、それは全然あらわれてくるはずのないものであるから！――「最高の概念」を、言い換えれば、最も普遍的な、最も空虚な概念を、蒸発する実在性の最後の煙を、初めとして初めに定立する。これもまた彼らの畏敬するやり方の表現にすぎない。すなわち、高級なものは低級なものから生長してはならない」。（ニーチェ『偶像の黄昏』〔ニーチェ全集一五巻〕、ペク・スンヨン訳チェクセサン、二〇〇二年、九九頁〔原佑訳『ニーチェ全集第一三巻　反キリスト者・ほか』理想社、一九七五年、三八頁〕）。

（10）このような差異の概念が、差異を差異として扱うことができず、同一者に帰属させることになるという点は、すでにドゥルーズが細かく探求している（ドゥルーズ『差異と反復』一章参照）。

（11）ドゥルーズ『差異と反復』三一〇頁〔『差異と反復』上巻、三七一―三七二頁〕。

（12）ランシエール『政治的なもののへりで』、ヤン・チャンニョル訳、キル、二〇〇八年〔"*Aux bords du politique*" 未邦訳〕。

（13）ハイデガー、前掲書、二七―三〇頁。

（14）ハイデガー『形而上学の根本概念』イ・ギサン／カン・テソン訳、カチ、二〇〇一年、三一〇頁以下〔『形而上学の根本諸概念』創文社、一九九八年、三〇四頁以下〕。

（15）ハイデガー「物」『講演と論文』イ・ギサン他訳、イハクサ、二〇〇八年、二二二―二二四頁、二二九頁〔"*Vorträge und Aufsätze*" ハイデッガー全集七巻、未邦訳〕。

第三章

障害者：存在、障害の陰にあるもの

障害の陰

存在は障害の陰の中にある。「障害者」に陰を落とす濃い暗さのなかにある。「障害」という言葉で表象される障害者の不完全性ほど、存在を確実に現すものはない。障害者を通して、存在はわたしたちに手を差し出す。かれらの曲がった手を通して揺れながら、びっこを引く足でよろけながら近づいてくる。存在はかれらが座る車椅子に乗ってやってくる。かれらが流す涙に乗って「降りてくる」。

存在は目を背ける仕草のなかで消える。びっこを引く歩き方を見ようとしないわたしたちの視線によって消える。よろめく生が成年になるまで続いてくれたという安堵感が、かろうじて生を支えてきた補助金の中断という災難に変わるような世界、その世界の明るい光のなかで消える。自身が存在するという事実が、子どものゆらぐ生にとって災難となってしまう世の中、その世の中を耐えてきた日雇い労働者の絶えた息とともに消える。

しかし存在は、障害者に対する同情や、障害に対して寄せられがちな悲しさの感情とは、かけ離れている。同情や憐憫の視線は、存在から大きく逸れていく。健常者という存在者と同じほど大きな距離をとって逸れていく。それは特定の存在者の形象に上乗せされた、見る者の感情に過ぎないからだ。障害者の体を通して存在は自らを静かに現すが、障害者を見るさい障害に目を奪われるならば、存在は見えないだろう。存在は障害の陰にあるのであり、障害にあるわけではないからだ。障害者の存在ではなく、ただ障害者を見ることができるだけだ。障害者という、ひとつの存在者を。障害者は、他のどんな存在者よりも存在が近くに現れる場であるが、ここにおいても、存在者が喋るさい存在は沈黙する。わたしたちの目が障害者にとらえられない時にのみ、その現れと出会うのだ。

じっさい、世の中との不和が存在する場において、わたしたちはみな障害者だ。世の中と、なんらかの居心地の悪さや苦痛をもって出会う限り、つまりその世の中で存在することから、なんらかの不一致や食い違いを感じる限り、そのまま放置すれば世の中でこれから生きていけないかもしれないという間隙がある限り、わたしたちは障害者として世の中と対面する。世の中との不和によって、揺らがされ、よろけるのだ。いや、不和とは揺らぎでありよろけること、まさにそれだ。したがって、世の中に不和が存在する限り、その不和の中で自分を発見する限り、その世の中に生きる者たちは、すべて障害者であると言わねばならない。

その不和の陰ごとに存在がある。その揺るぎのなかで、そのよろつきがつくる小さな隙間のなかで、存在は自身の存在を知らせてくる。しかし揺らぎよろつくこと、一人では歩けなく、一人では食べられないこと、だから生きるために、存在するために誰かが横にいなければならないのは、現在のように各自が自分の生存を維持せねばならない世の中、市場と呼ばれるこの無情な世界においては、決定的な無能の徴表として見なされる。他人に頼って生きねばならないがゆえに、他人を居心地悪くさせるがゆえに、「迷惑」という、とても否定的な名で呼ばれる。他人の助けなしには生きられない者、障害者とは、他人に「迷惑をかける者」なのだ。

「迷惑をかける者」

迷惑をかけること、それは何よりも他人の居心地を悪くすることだ。だから人びとを居心地悪くさせるすべての場で、迷惑をかける者たちに対する非難が登場する。バスに障害者が乗り降りすることは、そのバスに乗る他の人々の居心地を悪くする。まして、何人かの障害者が乗り降りすることは、その居心地悪さをはっきりと浮彫りにする。障害者が迷惑をかける者であることを確認させる。かれらはバスに乗る度ごとに、バスに乗った人びととの不和を確認する。

しかしそれはバスとの不和のせいだ。障害者が乗り降りできないように作られたバスによる不和。障害者によって「健常者」たちは、自分が属すると感じられなかった不和の中へと引きずりこまれる。〔それゆえ「健常者」たちは〕そのような居心地の悪さと不和へと自分たちを引きずりこむ障害者を非難する。「迷惑をかける者たち」という言葉によって。障害者はバスに乗ってはならないのだ！　それは「正常な」社会、「健常者」たちの世界では、前提された公理とでも言えるのか？　あるいは法という人為的形式の「普遍性」が、強制的に導入した義務なのか？　そうでないならば、そのような公理や義務の確実性を確信できないのなら、障害者とバスの不和を非難する人々、つまり結局のところ障害者はバスに乗るなと要求する人々が、障害者に迷惑をかけているのではないか？　遅れることの不便とは比較もできない、乗ることすら不可能にする迷惑を。かれらもまた迷惑をかける者だという点で、障害者の一種である。迷惑の「程度」で比較するのなら、どちらがより大きな迷惑をかけているのか？

「迷惑をかけること」に対する批判が、どこよりも明示的で頻繁な場所は東京だろう。他人の部屋に音楽が漏れたり、大きな声を出せば、「迷惑をかけること」なのだ。だから東京はどこに行っても静かだ。犬もそれを知ってか、あまり吠えない。だからどこであろうと大きな音を出すのが怖い。外へ出ることのできない音たちが、体積にして一立方メートルにもならない身体のなかで、あちこちぶつかりながらぐるぐる回る。発車しようとする電車に乗るために身体を駆け込ませることを非難する駅員の案内放送、あの堅苦しいイラついた声も「ほかのお客様に「迷惑をかけること」」に集約される。だからなのか、二〇〇九年東京で開かれたメーデーイベントの討論会のとき、障害者の施設や政策がちゃんとしていると思っていた先進国で、「迷惑をかける者」だと批判される悲しみと苦痛を、貧しい障害者たちが人々の前で吐露するのを聞いたとき、堰を切ったように、悲しみの言葉が横へ横へと伝染し、増幅していくのをみるとき、一方では戸惑いつつも、他方では自然に受け入れることができた。その静かで平和な都市で、あの息詰まる大気に合わせるために声を殺し足先で静かに歩きながら生きるわけにはいかないと感じるならば、まして何か叫びたいような不満があるならば、すべてが「迷惑をかける者」になるしかないのだ。これは東京だけの話ではない！

しかし、より根本的な質問が襲ってくる。「いや、この世の中で他人に迷惑をかけずに生きる人がどこにいるというのか?」はるばる広島や大阪から来たフリーター労組をしている人たち、あるいは東京にかれらを呼んだ友人たち、明日かれらの行進を「保護」する警察たち、かれらの中で他人に迷惑をかけずに生きられる人が一体どこにいるというのか? わたしも同じだった。わたしが慣れない地である東京に暮らせたのは、立場と部屋を用意して招待してくれた方がいろいろと面倒なことを喜んで引き受けてくれたからであり、わたしがこの日集会に参加できたのも、わたしが乗ってきた電車を運転し、ここまで乗せてくれた誰かがいたからであり、このような集会を開くためにいろいろと煩雑な仕事を進んで引き受けてくれた誰かがいたからではないのか? わたしがいま生きているということ、生きてこうやって動いて活動しているということは、わたしの生存に必要なことを進んでしてくれる誰かがいるからだ。今朝ご飯を食べたのは、米を生産している誰かに迷惑をかけたおかげだし、今日着てきた服は、理由がなんであれ服をデザインした誰か、縫いあわせてくれた誰か、糸を作ってくれた誰か、綿花を栽培してくれた誰かに、迷惑をかけたおかげなのは間違いない。わたしが存在するということ、それはわたしが存在するさいに必要なものを提供してくれた誰かがいたからであり、わたしがその誰かに迷惑をかけているおかげなのだ。

このような点では、わたしも、広島から来た人も、コスプレをしてフリーター運動をする雨宮さんも、集会を組織するためにイベントを構想し、電話やメールで連絡をまわしたフリーター労組の山口さんや布施さんも、いまこの場にいるのは皆が他人になにかの迷惑をかけることができたからだ。わたしもかれらも、生きて活動しているのは、存在すること自体で、常に既に他の誰かに頼ることができるからであり、他の誰かに迷惑をかけることができるからだ。すなわち、わたしもかれらも「他人に迷惑をかける者」であり、したがって障害者なのだ。

「迷惑」を消し去ること

わたしやかれら、数人だけのことか？　あらゆるものを持っているがゆえに、他人に頼っていないように見える財閥や権力者ほど、他人に莫大な迷惑をかける者もいないだろう。かれらが持つ巨大な富は、毎日毎日無数の労働者が過労におわれながら工場で商品を生産してくれること無くしては、ありえないだろう。「政治家」たちの権力は数多くの人びとの税金に依っているし、その税金によって動いている官僚たちや「使い走り」たちがいなければ存在しえないだろう。わたしが知るには、そのような人びとのなかで自分の食事を「一人で」作る能力を持つ者はおらず、自分が着る服を洗濯したりアイロンがけをすることすら自分ではしないだろう。かれらは日常の生や毎日の小さな行動ひとつひとつにおいて、誰よりも多くの迷惑を他人にかけながら生きる者たちだ。かれらは、ご飯を作ってくれる人がいなくなれば、洗濯をしてくれる人がいなくなれば、他の人なら自分でやっている日常の生存さえも、まともに解決できない深刻な障害者であろう。

にもかかわらず、かれらは自分が他人に迷惑をかけているとは考えない。労働者が労働を少しでも減らそうとすると、何をするんだと怒鳴りつけ、ご飯を作ってくれる家族が時間どおりに用意しなければ口汚く非難する。自分が迷惑をかけている者たちに迷惑を強要しているのだ。いったいこの納得しがたい「ふてぶてしさ」はどこから来るのだろうか？　なぜかれらは自分がかけている迷惑を知ることができず、なぜかれらは他人に迷惑を強要し強制するのだろうか？　しかしこの質問はたんに資本家や政治家、一家の家父長などにのみ該当するのではない。わたしたちもやはりあらゆる日常生活の中で、常に既に他人に迷惑をかけながら暮らしているが、障害者と違ってその事実を知ることができていないという点では、かれらと同様なのだ。なぜそうなのか？　なにが常に反復しているそれを見えなくさせているのか？

数日前に財布を忘れてしまって、バスの運転手に事情を話し、お金を払わずにバスに乗ったのだが、わたしはそのとき自分が運転手に迷惑をかけていることを明確に自覚した。そのことによって、それ以前にも運転手のおかげでどこかへ移動できていたということを再確認できた。しかし、いつものように財布を持っていれば、バスに乗ってお金を払う瞬間、わたしが迷惑をかけているとは考えなかっただろう。運転手のおかげでわたしが目的地へいけるという考えが、そもそも起こりさえしなかっただろう。障害者は介護者やボランティアの手を借りて、炊かれたご飯を食べるとき、かれらに迷惑をかけていることを知る。わたしも誰かが作ってくれたご飯を食べさせてもらうとき、作ってくれた人に迷惑をかけていると明確に自覚する。しかしご飯を食べたあとに、ご飯を作ってくれた人に代金を払う瞬間、いやむしろ、代金を払うと考えてご飯を注文して食べる瞬間、わたしはわたしがかけているすべての迷惑をすっかり忘れるのだ。いや、代金を払うという考えが、払う前から、わたしがかける迷惑を消し去るのだ。わたしが払う代金が、わたしがかける迷惑、わたしが世話になることを、交換に置き換えるからだ。だから代金を払うあらゆることに、わたしたちは誰かに世話になっただとか、だれかに迷惑をかけるとは考えないのだ。

資本家も同様だろう。自分の目的のために他人をわざわざ集めて仕事をさせているにもかかわらず、迷惑をかけると考えないのは、自分がかれらに賃金を支払うという事実があるからだ。じっさいは、自分が「賃金として」支払うよりも多くのお金を稼ぐために仕事をさせているにもかかわらず（「余らなければ、利得が無ければ、雇用して仕事させる理由がどこにあるんだ？」）、最初から意図的に迷惑をかけるために他人を雇用しているにもかかわらず、かれは自分が他人に迷惑をかけているとは毛の先ほども考えないのだ(1)。さらには、支払わねばならない賃金をちゃんと支払っていないにもかかわらず、そのように考えないのだ。その反対に自分を、放っておけば飢え死にするような人びとに「仕事を与える」者であると錯覚する。未来の支払い可能性が、現在のあらゆる迷惑を消し去るのだ。

反対に労働者たちは、自分が資本家のために、他人のために仕事をしているにもかかわらず、そのことが分からない。〔労働者にとって〕資本家は、自分に対し明示的に迷惑を強要する者であるにもかかわらず、多くの場合はそれを知らない。なぜなら自分がかれの雇用に、かれが支払うと仮定されたお金に頼らないと生きられないからだ。そのような点で労働者は、自分が「世話になりながら生きる者」、言い換えると、迷惑をかける者であることを、よく知っている。資本家という他人なしでは生存できない者であると。このような点において、労働者は、障害者と同じくらい障害者なのだ。他人たちの存在に対する敏感さ、自分を支える他人たちに対する鋭敏な感覚を持っている。かれらが「連帯」と呼ぶものに簡単に巻き込まれる理由はそれゆえだろう。あるいは自分たちが要求を掲げるごとに、その要求のために他人のための労働を中止する時ごとに、言い換えると他人がかけてくる迷惑を受け止めることを中断する時ごとに、世の中に不便さをもたらす者だとして非難されることもまた、障害者と似ているのだ。正当な要求をもって自分を現す時ごとに、世の中との不和を現す者であり、不和を通して別の者の障害を現す者なのだ。

交換が支配的な社会、お金が支配する社会においては、誰であれ他人に世話になりながら生きているということ、迷惑をかけながら生きているということを、知ることが難しい。しかしお金のない者たちは、否応にも他人に迷惑をかけて生きるということを自覚して生きている。なぜなら迷惑を取り消す手段がないからだ。わたしたちの迷惑は、つまりわたしたちが何かに依っているということは、このように支払手段の不在、支払能力の欠如を通して現れる。反対に、多くのお金を持つ者たちは、自分が常に他人に頼って生きているということ、迷惑をかけながら生きているということを、決して知らない。支払能力があるという事実が、自分がかける全種類の迷惑を、予め消し去っているからだ。だから支給せねばならない給料をきちんと支払っていない場合においても、自分たちが迷惑をかけていることをわかっていない。「後で払えばいいじゃないか！」という、仮想の支払いが、おおよその場合支払われないだろう返済が、現在の借金さえも消し去るからだ。

破産した企業を再生させるために数兆ウォンにいたる「公的資金」を投与することにさえも、この巨大な実質的な迷惑に対してさえも、迷惑をかけていると感じないという資本家たちの驚くべき無感覚は、これと無関係ではないだろう。逆にいえば、潰れた企業につぎ込むとてつもないお金については「迷惑」と考えないにもかかわらず、生活保護のような自分たちの生活を営むための小さなお金については申し訳なさを禁じえず迷惑だと思う人民たちの感覚、それゆえ「基本所得〔ベーシック・インカム〕」や失業手当のような生活の最小条件を保障する所得を要求することさえも、行き過ぎた要求であると思って躊躇したり難詰する過敏さもまた、これと無関係ではないだろう。

障害者たちのなかでも、このような差異は厳然としている。他人にかける迷惑を消し去る手段を持たない貧しい障害者たちは、自分たちの障害を常に痛感しながら暮らし、自分たちが迷惑をかけていると常に意識している。その反面、支払能力がある富裕な障害者であれば、他人に迷惑をかけながら暮らすということを意識しにくいだろう。かれらにとって障害は、お金で治癒できない不和の中にある生物学的不幸だとか、あるいはお金の力が届かない限界地帯に属する個人的な苦痛であるのみだ。お金が持つ「迷惑を消し去る」機能は、交換が支配する世界において障害を消し去る力になる。お金とは障害を「治癒」する力なのだ。「障害の問題は階級問題」という、ある障害者活動家の鋭い発言を(2)、理解以前にまず近づいてくる直感を、これとは別のものとして理解する方法を、わたしは未だに知らないのだ。

陰のなかの宇宙

障害者、かれらは世の中との不和のなかで、わたしたち皆が迷惑をかけながら生きていることを現す者たちだ。交換形式の中で迷惑が消し去られるとしても、迷惑をかけていることは否定できない。わたしではない別のあるものに頼り、ようやく生きていくことができるなら、誰もが別のなにかに迷惑をかけているということだ。それはたんなる不和の有り様としてのみそうなのではない。不和がない場所においても、わたしたちは皆、常に既に障害者だ。不和が見えない場所においても、よく歩き、よく跳び、よく食べ、よく闘う場所においても、わたしたちは皆、誰かに対して迷惑をかける者、障害者なのだ。

能力の欠如による障害と、能力がある「障害」を区別するべきだと言うかもしれない。しかし一人ではご飯を作れず洗濯もできないような欠如や無能がある場所において、わたしたちが障害者なのは明らかだが、炊事であれ洗濯であれ、自分の日常を一人で立派に解決する能力がある場所においても、わたしたちは間違いなく障害者なのだ。土や、その中の微生物、水や太陽の光、さらには光合成に必要な二酸化炭素、あるいは畑を耕す鋤や、それを引いてくれる牛を、みずから作ることができない限りにおいて、農業を生業とする農民すら、誰かに対し常に既に迷惑をかけて生きる障害者なのだ。農業をやり、糸を編んで服をつくり、洗濯のための洗剤や洗濯機をつくり、生存に必要なものをすべて一人で作って調達できるような、卓越した能力の中においても、わたしたちは障害者なのだ。

わたしたちは皆、障害者だ。あらゆる存在者は、常に既に他の数多くの存在者に頼り、それらに「迷惑をかけながら」生きるしかないのだから障害者だ。なにかに頼って存在することがあらゆる存在者の避け得ない運命ならば、あらゆる存在者は運命的に障害者である。この場合、障害は、存在それ自体と結合したものだという点で存在論的障害である。この点において、あらゆる存在者は「同等である」。すなわち、存在論的障害者という点において、同等に「一つ」にまとめられる。障害者は、この頼っていることを通して、あらゆる存在者を一つにまとめる、一つの「範疇」だ。障害者とは、このようにして一つにまとめられた、あらゆる存在者を指し示すのだ。障害者を通して、わたしたちは一つの「存在論的一般性」に到達する。

健常者である自分は障害者ではないという思い込みは、つまり障害者の非自立性と対比して自分は自立的だという確信は、世の中との不和を感じることのない正常な状態においても、一人で立っていると確信する自立的な状態においても、実際は常に既に誰かに対して、数多くの誰かに対して凭れかかっていることが見えないことに起因する誤認である。自分が差し出すお金は、自分が他人にかける迷惑を消し去るにあたって充分だというとんでもない幻想が、そのような誤認を見れなくする。この誤認にしたがって引かれた分割線に、簡単に「実証性」を付与し、それが事実だと信じさせる。

分割線を引くならば、むしろ迷惑をかけるやり方に存在する根本的差異によって引かねばならないだろう。〔つまり、一方では〕迷惑を消し去る手段を持つがゆえに、自分が意図的にかけている迷惑すら知ることができず、自分が金もうけをしつつ存在できるよう支えてくれる者たちの世話になっていることすら感知できない者たちと、〔他方では〕かれらからお金を受け取るという理由によって、自分がかれらにしてあげている仕事とはかれらが自分にかけている迷惑なのだと認識できず、むしろその反対に、お金を受け取れるように仕事をさせてくれるから、かれらに対して感謝の心を感じている者たちの間において。言い換えると、迷惑をかけているにもかかわらず、なにかを施していると錯覚する者と、迷惑をかけさせてあげているにもかかわらず、世話になっていると感じる者の間において。常に既に他者にもたれかかり存在するという点においては同様に障害者であるが、大きく相反するやり方でもたれかかっている相違した障害者たちの間において。

よく「敵対」と命名されるこのような関係は、なによりも身体を売ってでも他人からお金を受け取らねば生きていけないような、そのような世界とともに誕生したことを、わたしたちは知っている。資本主義、この世界は、あらゆる存在者を一つにまとめる存在論的平面に消すことのできない敵対の裂目を入れる。互いにもたれかかっている者たち全体を、敵対の縄で結び、分割する。存在者と世界の間の不和に、敵対の焚き木をくべるのだ。しかしこの敵対は、迷惑をかける方法により存在者たちを区別してはくれるが、すべての存在者が迷惑をかける者であることを、皆が障害者であることを、消し去ることができない。敵対は障害者という名の存在論的一般性を破壊できない。それは障害者たちの間にある敵対であり、障害者という名の一般性の中にある敵対であるだけだ。

敵対がはっきりしている場においても、そうではない場においても、存在とは存在者が存在できるようにしてくれる何かである。それゆえに存在は、存在者がみずから存在するように見える場においては見えない。存在者が存在できるよう支えてくれるもの、それは存在者がそれなくしては存在できないように見える場において、ようやく目に見える。それは存在者が一人で歩きたくとも歩けない場、一人では立てず、一人では生きられない場、その存在者だけでは決して存在を持続できない場で、最も簡単に現れる。そのままでは歩けない足を支えてくれることで、そのままでは食べられない手に代わってくれる手において、そのままでは動けない腰を支えてくれることで、言葉をかけてくる。障害者とは、存在が簡単に自分の姿を現す「特別な」場所であると言うならば、それはこのような理由によるのだ。存在はそのようにして、あらゆる存在者へ障害を現してやってくる。その障害のなかにある不和を差し出しつつやってくる。

　しかし存在は、障害者という存在者ではなく、障害と呼ばれる状態を意味するのでもない。むしろその反対に近い――障害者が動けるようにしてあげるもの、存在し活動できるようにしてあげるもの。障害者が座っている車椅子、その車椅子の車輪と車体、その車輪を作っている工場の機械と労働者たち、その車輪のゴム、そのゴムを採取した人びと、ゴムの木を育てた大地と微生物等々。それだけではないだろう。かれの今日の朝食、その朝食をつくった人、そのご飯とおかずの材料になってくれたものたち、その材料を育てた太陽と雨、その材料を運んでくれたものたち、それらを載せたトラック等々。これらすべてのものにもたれかかり、それらが支えてくれることによって、障害者は存在し、動き、活動できるのだ。果てしなく増えることが明らかな、このあらゆるものの巨大な連鎖が、その障害者を存在させ、活動させてくれるのだ。存在とは、なんらかの存在者を存在させる、このすべてのものの巨大な連鎖なのだ。

　したがって存在とは、存在者たちそれぞれが対面する固有の不和のなかでも、生きることを可能にするものであり、つまりあらゆる存在者が障害と命名される、ある欠如を埋めてくれて、それが障害であることを忘れさせてくれるものだ。それは、障害が現れるときに障害とともに現れるが、障害に視線が留まっている限り見えないのだ。このようにして存在は障害の陰の中にある。それは障害者ではなく、障害者が「迷惑をかける」者たちだ。しかしそれは、ある障害者が世話にならねばならなかった一つの存在者、ないしは複数の存在者たちではなく、そのような存在者たちがまた迷惑をかけている者へと、再び、そしてまた再び、無限に繋がる系列全体だ。存在は存在者ではなく、存在者が存在するために迷惑をかける者たちの全体なのだ。それは存在者ではなく、一つの存在者が存在するさいに関与した存在者たち全体と言わねばならない。その時ごとに、別の系列を描くであろう存在者たちの連関全体、厳密に言えば宇宙全体にまで拡張される存在者たちの関係全体である。あらゆる個々の存在者に宿る、障害と命名される陰に宿っている、宇宙全体なのだ。それぞれの存在者ごとに別系列の線によって描かれる、別の姿の諸宇宙の全体だ。

　存在者の形象から抜けだして言うならば、存在とは、ある存在者が別の無限に多い存在者に、宇宙全体にもたれかかって生きていて、迷惑をかけて生きねばならないという事実自体である。いかなる存在者も、そのすべての存在者が支えてくれることによって、ようやくはじめて存在できるのであり、その存在を持続できるということだ。自分が全く知らないものたちによって、自分が全く凭れようとは思いもしなかったものたちに凭れかかり、自分が迷惑をかけていると全く思っていないものに迷惑をかけながら、存在するしかないという事実だ。それは存在者ごとに凭れねばならないものがそれぞれ異なっているがゆえに、いかなる線も、いかなる連関も、予め持っておらず、それゆえに知りえないし見えない「迷惑をかけるであろう」可能性自体、障害の陰をなす巨大な空白地帯そのものであると言わねばならない。存在とは、知らない場所で思いもよらぬことをしてくれているがゆえに「他者」と呼ぶにふさわしいものたちが、数多くの他者が、それぞれの存在者を「外から支えていること」を意味すると言わねばならない。

障害の贈り物

迷惑は、「与える」を意味する動詞とともに使われる場合にさえ、何も与えはしない。反対に、迷惑とは与えようと思わないものを受けとることだ。「与える」というやり方で、なにかを「持っていく」ことだ。他者の意思を聞かず、多くの場合は他者の意思に反して持っていくことだ。しかしそれは強奪や泥棒ではない。それはなにかを受け取って持って行くが、他人のものを奪うことではないからだ。他人が持ちたくないもの、他人が避けたいものを、与えるという点において、迷惑が「与えること」であることは明らかだ。それは否定的なものを与えることであり、そのように与えるやり方によって、なにかを受け取るということだ。与えるやり方で受け取る、奇異な贈与だ。

迷惑が持つこのような否定性と、与えることによって受け取るという逆方向性を確実に現すために、迷惑は「かける」という否定的な動詞とペアになって使われる。「世話をしてもらう」の場合、「してもらう」という言葉が肯定的意味を伝達する受動性を持っているのとは反対に、「迷惑をかける」の「かける」は否定的意味を伝達する能動性の形式を取る。「世話をしてもらう」が債務直前の申し訳なさというような、何かを返してくれるだろう感謝の認識を込めているなら、〈他方で〉「迷惑をかける」は、意図がないだけに感謝の認識もなく、ただ単に持ち去っていくように見える。いずれにせよ、「かける」という言葉は、迷惑の無礼さを、その無礼さを伴いつつ、能動的に持ち去ることを明示する。

障害者は、このような持ち去りが不可避であることを示す。障害の陰にある「存在」は、この持ち去りが、持ち去る以前に、常に既に存在することを示す。それは持ち去る者によって、あるいは持ち去る時ごとに、常に別のかたちで満たされる空白という点において、欠如以前にある空白なのだ。それは、欠如としての空白ではなく、果てしなく満ちているという空白なのだ。それは特別な善意なきままに、その空白を、常に既に満たしている他者たち、その他者たちの巨大な連鎖によって、満ちているのだ。

知らずに迷惑をかける場合だとしても同じである。迷惑をかけているという自覚なきままにもたれかかっていて、それゆえに自らを「障害者」と〔は違うのだと〕区別し対比する存在者たち、あるいは支払いによって迷惑を忘却する数多くの障害者が、「障害者」と命名される者たちと違う点は、自らが迷惑をかけていると考えない、ということだけだ。意図がなくても迷惑は迷惑であり、意識できなくても迷惑をかけることは迷惑をかけることだ。一人で孤立して存在しうる存在者がいない限り、あらゆる存在者は迷惑を‐かけながら‐存在し、他のものにもたれかかり‐存在する。「存在」という空席を満たす無数の存在者たちに与えるという形式において、なにかを持ち去るやり方で存在する。かれらは、自らがまさしく障害者であることを認識できない障害者であるのみだ。したがって「障害者」という名によって、あらゆる存在者は一つに結ばれる。障害者とは、他者からなにかを持ち去るという必然性を通し、一つに結ばれた存在者たちの名である。そのような方法で、あらゆる存在者を一つにまとめる、存在論的一般性の名なのだ。

存在者の存在を見ることとは、障害の陰にある存在を見ることであり、その存在を通して存在者のよろめきを、その存在者が迷惑を‐かけながら‐存在していることを、もたれかかり‐存在していることを見ることだ。それは「迷惑をかける者」を通して、それらが迷惑をかける者たちの連鎖を通して、見ることだ。「迷惑をかける」を「迷惑をかけさせてあげる」として見ることだ。存在者ではなく存在を見るということは、迷惑をかける者たちから目を転じ、その者が迷惑をかける相手を見ることを可能にする者たちの巨大な連鎖が、迷惑をかける者に与えるものを見ることだ。その時、もたれかかることと持ち去ることは、意図なき「与えること」へと転換する。それは見る方向を転換することであり、「かけること」を「与えること」に変えることだ。

存在者から存在へと目を向けることは、かみ合った存在者たちのあいだで視線の方向を換えることと、根本的に異なる。存在者たちのあいだで、ある者が与えることは、ほかの者が持ち去ることを意味し、ある者が迷惑をかけることは、ほかの者が迷惑をかけさせてあげることを意味する。この場合、与えることと貰うこと、かけることとかけさせてあげることは対称的であり、一種の「ゼロサムゲーム」である。その反面、存在と存在者の間には、巨大な非対称性がある。存在は、それぞれの存在者を存在させてくれていて、それが存在するさいに必要な条件を与える。存在者たちの巨大な連鎖が、それぞれの存在者たちが存在できるように支えてくれるのだ。存在者はそのような「与えること」にもたれかかっている。しかし存在者は存在に何も与えない。それは持ち去るだけだ。もちろんそれぞれの存在者もまた、なにかを与える。しかしそれは別の存在者に与えるのであって、存在に与えるのではない。別の存在者が存在できるようにする条件を形成する巨大な連鎖に加担する場合においても、言い換えると、その存在者の「存在」に加担する場合においても、それはこの連鎖が支えている、なんらかの存在者に対して与えることであって、存在に与えるわけではない。そこには対称性もなく、ゼロサムゲームもない。

存在は存在者に存在を与える。これは存在者に与えられるなにかであり、また存在者が与えるなにかである。このような与えることを「贈り物」と言うことができるなら、存在者が存在するということは、巨大な存在者たちの連鎖が与える贈り物であると、あるいは「存在」が与える贈り物であると言えるだろう。

迷惑とは迷惑をかける者に存在が与える贈り物なのだ。かれらが迷惑をかける者たちが、かれらがもたれかかっている者たちが、かれらに与える贈り物なのだ。しかし、そこにはいかなる意図もないという点において、「贈り物」とは言えないかもしれない。存在を与えることにも、迷惑をかけることにも、意図はない。かけることや与えることから「意図」が消えるとき、そこに掛かっていた善意の符号とともに、迷惑にまとわりついている否定性の記号もまた消える。「贈り物」という名の下に簡単に付け加えられる善意も、あるいは「迷惑」と「かける」という言葉にまとわりつく否定的悪意もない。知っていながら「迷惑をかける」ときにさえ、いかなる悪意も、いかなる意図もない場合が大部分なのだ。

障害者を、つまりあらゆる存在者を存在させるものは、いかなる善意もなく、それぞれの存在者に、その存在者たちが迷惑をかけている者たちが与える贈り物なのだ。反対から言えば、障害者のように他者へ迷惑をかけながら存在するということは、いかなる「悪意」もなく、与える考えもない者たちから、なんらかの贈り物を貰うことなのだ。いかなる善意も悪意もないという点で、言い換えると与える意図もなく与え、持ち去る意図もなく持ち去るという点で、それは「無頓着な」贈り物だ。贈り物であることをやめた贈り物だ。この「無頓着さ」の中で迷惑をかけることは、存在が与える贈り物を貰うことなのだ。障害と命名されるなんらかの欠如を満たしてくれるもの、それゆえあらゆる障害者をして自ら障害者であることを忘れさせてくれるものが存在ならば、存在とは、あらゆる存在者に対して与えられる恒常的な贈り物であるに違いない。障害者は迷惑という名の門を開き、贈り物の世界へ導くのだ。存在が贈り物になる世界へと。

障害がある場所に贈り物がある。あらゆる存在者は、自らが迷惑をかけるあらゆる他者から存在という贈り物を貰い、自らに迷惑をかけるあらゆる他者に存在という贈り物を与える連鎖に加担している。わたしが迷惑をかけている者たちは、わたしを存在させてくれている者たちであり、わたしの外からわたしが存在できるよう支えてくれている者たちだ。かれらの支え、これがわたしを存在させているのであり、わたしが存在できるよう何かをしてくれているのだ。

わたしが存在するということは、それらがわたしに与える贈り物だ。ハイデガーに倣い、存在することとは「それが存在を与える（Es gibt Sein）」ものだと[3]言ってもよいだろう。しかしここで存在を与える「それ」とは、存在と時間を一つへと、その固有さの内において取り出してくれる神秘的な「出来事（Ereignis）」でも[4]なく、あるひとつの調和し合致した世界[5]でもない。それはむしろ不和の中で存在する、宇宙的スケールの巨大な三人称複数で書かねばならない——「それらがわたしに存在を与える（Sie geben Sein）」。この複数の主語は「それが……を与える」と「……がある」を同時に意味する（Es gibt Sein）、ドイツ語だけの言語的等価性の間に亀裂を作り出して、そこに押し入ってくる。それらが、言い換えるとわたしが迷惑をかける数多くの他者が、わたしに存在を与える。その他者たちのその時ごとに違う様相をもつ巨大な連鎖が、それらの関係自体が、わたしに存在を与える。もしその存在を手渡すことがなんらかの「出来事」であるなら、それは巨大な障害と不和が現れる出来事だろう。つまり敵対によって激化した障害と不和が現れる。なぜなら存在者を支える存在とは、存在者全体の宇宙的連鎖なのだと言ったとしても、その連鎖は常に障害を、敵対によってますますよろめく障害を手渡し、激化した不和を現しつつやってくる連鎖であるからだ。もしも「合致」というものがあるならば、それは常に不和を現す合致であろう。存在者たちを敵対のなかで一つへと集める合致。

不和の敵対のなかでも存在は贈り物だ。存在者が存在を持続しようとする限り、存在を与えることは贈り物だ。したがって、存在が敵対を超過するように、贈り物は敵対を超過する。その贈り物の世界において、わたしもまた「それ」らに贈り物を与えながら存在する。存在が誰かに贈り物として与えられる場において、その存在を支える存在者の連鎖のなかで、わたしはそれに贈り物を与える。数多くの「それ」のように、わたしもまた存在を贈り物として与える連鎖に巻き込まれている。与えてやろうという、なんらかの意図を持たないまま、そのような無頓着な贈り物の贈与に加担する。あるいは障害と命名される存在を贈与する連鎖に、敵対の中の存在を与える贈与の連鎖に加担したのかもしれない。いかなる意図もなく、無頓着なままに、障害の贈与者になるだろう。

しかし純真でない人びとは、やはり問うだろう——存在が贈り物だということ、わたしたちすべてが常に既に他者たちの贈り物を通じて存在していること、あるいはわたしたちすべてが他の誰かにとって贈り物になり、その存在を与えているということ、それは快く美しい考えであるが、本当に世の中がそれほど美しいと信じるのは、世の中を余りにも知らないからで、ひっきりなしに残酷な苦痛がやってくる世の中を、あきれるほど美化しているのではないか？　障害の陰から贈り物を見るならば、わたしたちが瞬間ごとに自分の存在からその贈り物を感じて認識できるのなら、生はいつでも美しいだろう。それは自分に与えられた世の中を惨めに苦しく生きるよりも、明らかによっぽどよい生活だ。本当に瞬間ごとに楽しく嬉しく生きるならば、それが他人に対してもまた、楽しさと嬉しさを与える可能性が相当大きいことも間違いないだろう。苦痛も喜びも分かち合うほど、大きくなるからだ。しかし、誰がこの楽しく美しい話を純真に信じられるのか？　わたし自身も、瞬間ごとにそれを自覚し認識できるとは言えないはずなのに。おそらく多くの場合はその逆であって、このような考えは、自分の生から、わたしたちが暮らす世界からどれほど離れたものであるのかを思い起こさせるだろう。純真な肯定、無邪気な信、今それは、幼い子どもにすら発見することが困難な、本当に希少なものだ。だがそこで問題は、わたしたちが純真であるからではなく、そのように純真になれないからだと言わねばならないのではないか？　そのように、純真なまま世界に、存在に対面する能力がないということ、それゆえわたしたちは過剰に賢く、過剰に世の中をたくさん「知っている」ということ、それが不幸の原因なのかもしれない。

しかし純真さを憂慮する人びとのための答えが更に必要だろう。贈り物という名で存在を、世界を理解するこのような思惟は、世の中をプレゼント包装のような美しい色で飾ることではない、と。敵対と不和、あるいは苦痛が存在する世界において存在とは、その敵対のなかの存在、不和のなかの存在を与える。それは障害を与え、苦痛を与える。障害の贈り物、敵対の贈り物、苦痛の贈り物……。「障害すなわち贈り物」という言葉が、障害に塗りこまれた暗鬱な色調を消し去るなら、「障害の贈り物」という言葉は、贈り物という言葉に塗りこまれた明るく美しい色調を消し去る。障害がさほど特別なものでないように、贈り物もまた、さほど美しくはない。存在者の存在、それは闇のなかにあるが暗くなく、光のなかにあるが特別に明るくはない。存在とは祝福であるが苦痛でもあるのだ。さきほどの純真な考えが贈り物の存在論を通して言うことのできる最大値だとすれば、決して純真だと言えないこの考えは、それを通して言える最小値であろう。

敷居と障害者

存在論の平面に障害者はいない。あらゆる生命体はそれ自体で完全なる生命体だ。カラスに羽があることが完全さの証拠ではないように、ヤギに羽がないのは不完全さの証拠ではない。大きな羽があるから遠く飛んでいくハヤブサやカモメが、羽がなくて飛べないダチョウやニワトリより完全だという理由はない。羽があるものは羽があるままに、羽がないものは羽がないままに完全なのだ。なぜなら生命体は飛ぶための存在ではないからだ。飛ぶことは生命体が存在するひとつの方法だ。ときには生きていく長所になるが、ときには反対になりもする。同様に、足が二本のものは二本のままに、四本あるものは四本のままに、あるいは六本あるものは六本のままに、完全なのだ。目があるものは目があるままに、目がないものは目がないままに完全だ。目が二つのものは二つのままに、五つのものは五つであるままに完全だ。

一つの種に属する諸個体のなかでも同様である。「チョウの場合、体中の酵素が冷たい温度で活性化される種は暗く湿気の多い年に盛んに繁殖するが、他方で、酵素が熱い温度のとき最もよく機能を発揮する種はおだやかで乾燥した年に繁殖する。どちらとも完璧なチョウだ。ただ環境によっては、あるチョウの能力が適合しない場合があるというだけだ。」⑹毛の多いイヌや、毛のないイヌも同じである。毛が多いイヌは毛がないイヌよりも寒いところで繁殖するさいに有利だろうが、暑い場所では反対になるだろう。

あらゆる生命体について同じことが言えるだろう。あらゆる生命体は、それ自体で完全だ。形や特性はそれぞれであるが、それ自体としては、どんなものであれ長所でも短所でもない。いかなる環境と出会うかによって、それは長所にもなるし短所にもなる。生命体それぞれが持っている特性や属性のなかで、いかなるものもそれ自体として欠陥ではない。逆に、合わない環境では欠陥になる。それは、その個体を特徴づける特異性の一断面に過ぎない。いかに「卓越」して見えるものも、どれほどよく見えるものも、条件によっては致命的な弱点になりうるのだ。

ダーウィンは、もちろんかれが明示的にこのような観点で考えたのかを知ることはできないが、形態的であれ機能的であれ、「不完全な」ものが生存において、はるかに有利である場合があると示している。例えば、マデイラに生息する甲虫《こうちゅう》五五〇種（現在ではもっと多いことが知られているが）のうち二〇〇種が、全く飛べないほど翅が「不完全」であり、固有の二九属のうち二三属は全て飛べなかった。甲虫が全部そうであるわけがない。別の場所なら「完全な」翅を持つ甲虫がはるかに多かったはずだ。しかしマデイラに翅の「不完全な」甲虫がこれほど多かった理由は、そこは海に囲まれていて風が強く、翅が発達して飛ぶ機会の多かったものたちは、強風で海に落とされ死ぬ場合が多かったからなのだ(7)。反対に、翅が粗末で飛べなかったものは、海へ飛ばされる機会が少なく生存に有利であり、その結果、この地域では翅があるものは淘汰され、翅が退化したものたちが適応して生存できたのだ。翅なきものが、より「完全」だったのだ。翅の形態的・機能的「完全性」という特性が、強風と隣り合う海という条件と出会えば、生存において「不完全な」特性となるのだ。

カブトムシの前足が無くなる場合がしょちゅうあるということも同じ脈絡から理解できるだろう(8)。ダーウィンはある器官を使わなかったゆえに退化したと言ったが、個々の甲虫やカブトムシが翅や前足を使わなかったせいでなくなったわけではないだろう。何代にもわたって、翅があるものや前足があるものは淘汰され、それらを持たない「不完全な」ものたちが生き残る過程を経ながらそうなったのだ。このような諸事例は、形態的ないしは機能的「完全性」が、生存にいつも有利なわけではなく、「適者生存」という言葉に込められた最上級表現である「最適者（fittest）」というものは、そのような完全性からかけ離れていることを示す。

それ自体として完璧でない生命体はない。ただ、それが生きていく条件によって、より有利なものと不利なものが区別され、より完全なものと不完全なものが区別されうるだけだ。健常と障害の区別もまた同様である。それ自体として「健常」であるものはなく、またそれ自体として「障害」であるものもない。この意味において、もう一度言わねばならない。生命の平面には、それ自体としての欠陥もなく、それ自体としての長所もないのだ。逆に言ってもいいだろう。それ自体として「完全な」ものはなく、欠陥を持たないものはない。あらゆるものが障害者なのだ。

人間の場合にも同様だ。『淮南子』が伝える有名な「塞翁が馬」の故事において、わたしたちはそれ自体として福であるものもなく、それ自体として禍であるものもないと知っている。馬に乗って足が折れたことが、逆に生存に有利でありうることを知るのだ。この使い古された例をわざわざ用いなくとも、頭がよくて計算がはやいことが生の福ではなく禍になる場合は、しばしば見かけることだ。視覚の不在が聴覚や触覚のような別の感覚の発達につながることもよく知られている。目がいいということによって、目の前にあるものしか見えなくなり、それゆえ決定的なものを逃してしまうという話を、どれだけたくさん聞いたことか？　人間がしばしば賛辞を送る動物の運動能力は、植物と違ってその場にいるだけで食べていける「能力」がないという事実によって進化したのではないか？

失語症の患者たちは単語や文章を理解する力を失くすが、語調や表情などの「剰余的な」ものにとても敏感になり、だから誰かが嘘をつけば直ちに把握する能力が生まれる。視覚さえ喪失した場合にも、かれらは語調とリズム、抑揚と高低などを通して言葉の真実性を把握する。俳優出身のアメリカ大統領の演説を聴き、飾られた表情と誇張された話し方、不自然な語調などを通し、かれらは内容を聞けもしないその演説の虚飾を見破って爆笑する(9)。真実を見破る能力という点においては、言語によく通じた人よりも、かれらがはるかに優れている。にもかかわらず、言葉を喋れない人が「患者」や障害者として見なされ、そうでないということだ。そこにおいて、喋ることと聞きとることは、真実を見破るさいに「障害」になるということだ。い人は「健常者」だと見なされるのは、表面的に言葉を喋るのかどうかのみを問い、真実を見破る能力についてては関心を持たないからだ。そのようなものさしで計る世界、そのような特徴のみを要求する環境だからだ。

それ自体として障害者である存在者はない。人びとが特定の形態的図式や機能という観念を尺度として、「完全性」／「不完全性」という言葉を割り当てる、生命体のあらゆる身体的特異性のなかで、それ自体として不完全なものはない。あるいは、それ自体として完全なものもない。精神的特異性もまた同じだ。障害は、ある生命体が、「環境」と呼ばれている、その生命体が生きねばならない条件と出会う場所で発生する。いくら完全な翅だとしても、その条件と合わなければ致命的な欠陥になる。現実的な「障害」とは、生命体が持つなんらかの特異性と、それが置かれている生存条件のあいだで、なんらかの不和が惹起される時にはじめて出現する。生命の流れを阻止するような、ある敷居と向き合うとき、そのときに現れる。

「障害」という単語は、よく自然学的な「損傷（Impairment）」と定義される。解剖学的・生理学的構造や機能の喪失、または異常性。ここに心理学的損傷が加えられもする(10)。しかし機能の喪失や異常性は、正常な機能という対概念を通して定義され、分類されるものにすぎない。損傷に対するWHOの定義には以下のような言葉が付け加わる。損傷は「一次的には、一定の資格を持つものが、一般的に受けとられる基準にしたがって身体的・精神的機能を判定することによって規定される」。[11]これは資格を持つ者が変わっていくに従い、あるいは一般的なものとして受けとられる基準が変わっていくにしたがい、障害の概念が大きく変わりうることを意味する。たとえば眼鏡なしには一メートル先の文字が見えないわたしは、生理学的障害者であることが明らかだが、現在の「一般的基準」は、これを障害とは言わない。眼鏡という安い手段によって簡単に乗り越え可能な敷居だからだ。もしこの敷居が高ければ、つまり眼鏡という手段が無かったり、あるいはとてつもなく高いお金を支払わねばならないなら、わたしは障害者として「判定」されていただろう。その反面、ボルネオの中部地域に住むプナン族にとって、双子は大きな欠陥をもつ「障害」と見なされるがゆえに、二人のうち一人を外部に養子に送らなければ飢え死にするのだ。かれらの論理においては、盲人は妊娠中の性交によって「男の刀に突き刺され」、子どもの目が損傷したからだと考えられているように、双子もまた父母が妊娠中に性交を自制できなかった結果として説明され、盲人以上の社会的不名誉を甘受せねばならない「損傷」なのだ[12]。遊牧民であるマサイ族にとって障害という言葉は、正常や標準から身体的・精神的に逸脱した人ではなく、日常的生活において他人の助けに依存せねばならない人を意味する。ところがここには、他人の助けを必要とする老人もまた含まれるのだ[13]。かれらが、「障害（disabled）」という言葉を翻訳するとき用いるオルマイマ（olmaima）という言葉は、短い足によって全身を揺らしながら、重々しく、ゆっくり歩くトカゲを意味する。しかしここには、骨折や別の理由で一時的にびっこをひく人も含まれる。他人の助けなくしては超えることが難しい敷居、これが障害を定義しているのだ。

障害は障害者が持っている本性でも、いかなる特徴でも、いかなる欠陥でもない。反対に言わねばならない――障害が、障害物が、ある存在者を障害者にするのだ。与えられた世界を生きていく際に、なんらかの不便さと不和を惹起する敷居が、存在者を障害者にする。障害とは、それぞれの存在者がもつ特異性が、特定の条件、特定の環境と不和になるときに現れるものだ。終日座禅をする禅室においては、腕がないこと、起き上がれないことは、別に障害にならないのだ。

障害者は障害物によって定義され、障害は敷居によって定義される。敷居はどこにでもある。敷居がある所には不和がある。敷居に躓いてころぶ者がいて、敷居を越えられない者がいて、敷居のせいで移動できない者がいる。しかし「敷居」という言葉に、いつの間にか乗ってやってくる、視覚的な幻想もまた、もう一つの敷居である。飛び出した敷居、絶壁や河川のように凹みのある敷居、あると知覚される敷居の数と同じくらい無いと見なされる敷居がある。風という敷居のせいで死ぬ甲虫がいて、言葉の敷居によって真実が見えなくなる者がいて、目の前に見えるせいで本当に重要なことを感じられない者がいる。

敷居と革命

不便さのある場、いまのままで「合致」するには困難がある場は、すべて敷居のある場なのだ。敷居は、人間や生物が自然と出会う場にあり、人間が人間と出会う場にもある。絶壁の下の虚空の前で人間はすべて障害者だ。広い海を前にして人間はすべて障害者だ。この虚空の敷居を越えるために、ある人は綱渡りの術を創案し、ある人は翼がなくても飛べる術を創案した。この海の敷居を越えるために、ある人は船をつくり、ある人は泳ぐ術を習う。あるいは人間が誇張された自尊心を込めて発音する「文明」とは、すべてこのような敷居を越えるため創案したことの集合だと言うべきではないか？　文明とは、自分が「正常」だと錯覚している数多くの人が実質的に対面しなければならなかった、自分のことでもある障害を超えるための試みを意味すると言うべきではないか？　だとするなら、文明および技術がある場には、かつて敷居があったのであり、数多くの人を障害者にさせる障害があったと言わなければならない。障害こそ「文明」の前提条件だったのだ。

障害の敷居が、環境と生命体、自然と人間のあいだにのみあると信じる人はいないだろう。生存における、誰かの助けなしには超えられない敷居が思い浮かぶ。立ち上がって歩いて移動する通常の動作と行動のなかにある敷居が。しかし単に身体的特異性に属するその特徴が、とりわけ「障害」だと見なされるのは、その敷居にひっかかる人たちの数的規模にしか理由がない。人びとが、敷居を越えられるように技術や装置を作りながら、かれらを考慮しなかったのはこれゆえだ。だから距離の敷居、速度の敷居を越えるために作られた道路や自動車などは、逆にかれらに対する敷居の高さを増加させるものになる。また「健常者」の速度が速まれば、ゆっくり移動するしかない「障害」は、いっそう大きな欠陥として押しやられていく。「障害」を持つ者にとっては、高さという敷居を越えるための階段が、なによりも困難な敷居になるのだ。

人びとの移動を防ぐ敷居は、道路や建物にのみあるのではない。人びとが必要な資源に接近できないようにする人為的な敷居、自らが仕事をして食べていこうとしても仕事をする条件に接近できないようにする人為的な敷居がある。他人が接近できないように巡らされた高い囲い、それはただエンクロージャーという有名な出来事に限定されない。「私的所有」という名の法的「権利」は、その敷居を越えることを阻む、もう一つの敷居を付け加える。この敷居にひっかかって倒れる者たちは、また別の障害者になる。他人の「慈善」なくしては生きられない浮浪者や物乞いのような障害、あるいは他人の雇用なくしては生きられない無産の障害。資本や国家などの捕獲装置は、欠けたところのない、それ自体として完璧な身体を切断し、不具の体へ、片腕や片目の者へしてしまうことによって、ようやくはじめて作動できるという指摘(14)は、このような点においてとても適切である。これは障害の問題が「政治学」に属することをはっきり示すものだ。

マルクス主義の階級概念とブルジョア社会学の「階層」概念を根本的に区別するのも敷居概念だ。階層とは経済的な所得などの差異によって人びとの集団を区別することだが、その集団間には単なる量的差異があるだけだ。すなわちそれは、所得増減があれば誰でも移動可能なことを前提とする概念だ。それに反して階級という概念は、労働者たちがいくら労働を頑張っても、いくら活動を頑張っても、越えることのできない敷居があることを含意している。労働者の労働が剰余価値を生産し、それが資本家の手に入り、資本になっていくにしたがい、両者の溝はより大きくなる。その溝は、私的所有によってつくられた敷居の上に、漸増的な方法で、もう一つの敷居を積み上げる。階級理論は敷居の理論である。それは障害の政治学に属する。

これだけではない。性的範疇間に存在する敷居、学べた者と学べなかった者の間に存在する敷居等々。文明、あるいはより広く見れば文化とは、すなわちこのような敷居の体系だと言ってもよい。文明とは、いつも自負しているように、自然の敷居を越えるための試みの集合であると同時に、人間と自然のあいだに、そして人間と人間のあいだに、際限なく設置され付け加えられる、敷居の体系なのだ。

革命とは敷居を除去しようとする集合的運動だ。果てしなく続いていく敷居の体系を、そして敷居ごとに凹んだ溝を除去するための集合的実験だ。それは自然と人間、人間と人間の間に定着した敷居の体系を解体し、自由に移動できる「平滑空間」を創出するための集合的試みだ。考古学者たちがいう強い意味においての生産力の革命が、自然の敷居を失くそうとする試みであったなら、マルクスがいう生産様式の革命とは、私的所有という敷居、階級という敷居を除去するための試みであったと言えるだろう。別の側面では、同性愛者やトランスジェンダーなどの形象によって表象される性の革命とは、性という名で作られた人間のあいだの敷居を除去しようとする試みなのだと、その敷居を越えて自由に移動し自由に接近できる平滑空間を作ろうとする試みなのだと言えるだろう。教育革命、もしこれが定義できるのであれば、これはおそらく知識ある者とない者のあいだに定着している学力や学閥の類、あるいは「専門家」という名の官吏たちが作動させる領土と領域を分割する敷居を除去し、思惟と活動が自由に流れ、自由に出会おうとする集合的試みであるといえるだろう。

根本的に一つである存在論の平面に、敵対が入り込んでいるのはそれゆえだろう。敵対、それは敷居を維持しようとする者と除去しようとする者のあいだに存在する関係だ。敷居を維持することを通して、他の人びとが手を出せないような領土や利得、「有利さ」を維持しようとする者と、その敷居を越えてあらゆる領土を脱領土化し、誰もが簡単に入れる共有地に作りかえようとする者の間の対決を、避け得なくする関係だ。しかし、すべてが障害者であり、すべてが完璧な存在という点において、「一つ」に結ばれうると知れば、敵対が、しばしば「あちらの人たち」が主張するような、敵対する者たちの間の対称性を意味するとは到底言えないのだと、困難なく理解できるだろう。なぜなら敵対とは、利害関係が相反する二つの集団の対称的な対立ではなく、敷居を設置し維持することにより流れと移動を阻止しようとする者と、敷居を除去することにより流れと移動を自由にしようとする者の対立であるからだ。敷居による接近の阻止を通して自らの「有利さ」を維持しようとする者と、敷居を除去し「有利」と「不利」の分割を取り除くことで、皆が有利になるようにしていく者の間に存在する対立であるからだ。敷居によって自分が所有する領土を固守しようとする者と、敷居を超えてあらゆる者に領土を開放しようとする者の対決であるからだ。革命が根本的に脱領土化運動なのは、これゆえである。

註

(1)「剰余価値」とは迷惑の経済学的形式だ。剰余価値が、等価交換の形式のなかで忘れられ見えなくなるものについての分析であるという点で、マルクス『資本論』は、資本主義的関係の中で現れる迷惑についての経済学的理論だと言ってもよいだろう。

(2) 朴敬石「わたしたちはみな少数者だ――朴敬石と高秉權の対談」『R 少数性の政治学』一号、グリンビ、二〇〇七年、二一五頁。

(3) ハイデガー「時間と存在」、シンサンヒ、『時間と存在の光 ハイデガーの時間理解と生起の思惟』ハンギル社、二〇〇〇年、一五三―一五四頁。

(4) 同書、一七八―一八三頁。

(5)「〔死んだ者たちに捧げる――著者〕注ぎものの進物には、いちどきに大地と天と、神々しい者たちと死すべき者たちがとどまる。……注ぎものの進物には四つの一つへの折かさなり(Einfalt)がとどまる。……〔酒――著者〕甕の本質は一重の四角形を逗留へと導く、純粋で贈与する集いとして存在する。」(ハイデガー「物」『講演と論文』、イハク社、二〇〇八年、二二三―二二四頁〔次の論文中の日本語訳文を参照した。工藤達也、「哲学の焦点としての物について：存在論的、暗喩的言説に関する一考察」『獨協大学ドイツ学研究』、六五号、二〇一二年、九八―九九頁〕）。

(6) ジョアン・ラフガーデン『進化の虹』プリワイパリ、二〇一〇年、三八頁〔Joan Roughgarden, "*Evolution's Rainbow*", University of California Press,2009.（未邦訳）〕。

(7) ダーウィン『種の起源』サムソン出版社、一九九〇年、一六四頁〔渡辺政隆訳『種の起源（上）』光文社古典新訳文庫、二〇〇九年、二三八―二三九頁〕。

(8) 同書、一六三―一六四頁〔同書、二三七―二三八頁〕。

(9) オリバー・サックス『妻を帽子と錯覚した男』サルリムト、一九九三年、一二五―一三〇頁。〔高見・金沢訳『妻を帽子とまちがえた男』晶文社、一九九二年、一五二―一五九頁〕

(10) WHO、*International Classification of Impairment, Disabilities and Handicaps*, 1980, p.27.

(11) 同書、p.27.

(12) アイダ・ニコライセン「人であるものと人でないもの――中央ボルネオのプナン・バの人々における障害と人であること」、イングスタッド、ホワイト（編）、『わたしたちが知る障害とはないのだ』、グリンビー、二〇一一年、八一―八四頁〔『障害と文化　非欧米世界からの障害観の問いなおし』、明石書店、二〇〇六年、七三―七六頁〕。

(13) オウド・ターレ「子どもは子どもである――ケニアのマーサイにとっての障害と平等」、同書、一一二―一一五頁〔同書、一〇四―一〇八頁〕。

(14) ドゥルーズ＝ガタリ『千のプラトー』研究空間ノモ資料室、二〇〇〇年、二一一頁（"*Mille Plateaux*", Minuit, 1980, p529)〔宇野邦一ほか訳『千のプラトー（下）』河出文庫、二〇一〇年、一五五―一五八頁〕。李珍景『ノマディズム』二巻、ヒューマニスト、二〇〇二年、四七三―四七六頁。

第四章 バクテリア：わたしたちは皆バクテリアだ

存在と生成

存在者の存在は思いもよらぬ失敗から始まる。失敗による漂流から始まる。食べたと思ったが食べていなかったことを知る時、食べたものが食べられていないままわたしを蚕食し始めるとき、それによってわたしの身体が変性され始めるときに始まる。あるバクテリアが別のバクテリアが死なずに生き残っているとき、しかし、かといって吐き出すこともできないとき、その致命的失敗によって食べられたものが食べたものの一部になったとき、まだ名前すら持たないあるものが存在し始める。食べられたものに蚕食されたことによって変性した、食べたものの新しい身体が出現するとき、その変性した身体の思いがけない漂流がはじまるとき、わたしたちはその後、なんらかの名を得るであろうそれが存在し始めたことを知る。それは何かが死んだという点では存在の終わりでもある。食べられたバクテリアは生き残ったが、実際は死んだのだ。食べたバクテリアもやはり死んだわけではないが、実際は死んだのだ。食べ食べられたまま共存するこの事態の果てにあるのは、いかなるバクテリアでもない、完全に別の存在者の存在であるだろう。

死んではないが死んだという逆説的な死のなかで、原核生物の「単純さ」を超えて、あるものが存在し始める。食べたと考えるとき、食べられたままわたしを蚕食して入ってくる何かによって、その蚕食から抜け出ることのできないわたしの身体から始まる。「わたしのもの」として持っていると信じている が、持つことのできないものとしてわたしに属し、そのようなやり方でわたしに押し入ってきたものによって、だからいつの間にかそれに巻き込まれていったわたしの身体から始まる。失敗から始まるのとは反対に、失敗の裏面に隠れた思いがけない成功から始まるのだと言ってもいいだろう。草を食べていたある動物が、どんな理由からなのか、別の動物の体を食べて消化に成功したとき、そのように食べられたものが分解され消化され身体のなかに浸み込み、それによって細胞の新しい代謝が始まったとき、ある新しい存在者が存在し始めたのだ。知覚される前に存在し始めたのだ。わたしが以前には食べなかったものを食べ始めたとき、あるいは以前に読んでいたものと全然別のものを読み始めるとき、それによってわたしの身体や「魂」のなかに前にはなかったものが入り込み始めたとき、「わたし」ではないなんらかの存在者が存在し始めたのだ。知覚不可能なところで始まり、だんだんとその姿を拡張させていくなんらかの存在者が、またもや「わたし」と呼ばれる存在者にさえぎられて見えないなんらかの存在者が、存在し始めたのだ。

ここで新しく存在し始めたもの、新しい存在者は見えない。食べる側の存続にさえぎられ、食べられた側の消滅にさえぎられ、新しく出現した存在者は見えないし知覚されない。存在者すら知覚されない場において新しく始まった存在が知覚される可能性は、さらに少ないだろう。食べ食べられる出来事に、生と死の画然とした境界にさえぎられているがゆえに見えない。生きているが生きているといえなくなり、死んだが死んだといえなくなる変換、蚕食し蚕食され、お互いに絡まりあっていく過程が新しい身体の存在を始めさせる直接的な「理由」であるが、その理由は食べる身体の存続にさえぎられ、食べられる身体の消滅にさえぎられ、見えないのだ。それは二つの個体の個体性が消滅してから始まる変換であり、新しい個体性が出現して始まる過程であるゆえに、二つ以下の個体性を持つと同時に一つ以上の個体性を持つが、二つと一つを分かつ境界にさえぎられ見えないのだ。

このような存在者の存在を、存在者を外から支える宇宙的連鎖や、その連鎖へやってくる存在と同じだとは言えないだろう。むしろこれは、あまりにも巨大であるがゆえに見えない存在とは違って、あまりにも小さいがゆえに見えないのだ。これは彼方の陰のような外にあるがゆえに見えない存在とは違って、あらゆる存在者の直接的身体をつくりだし、ここにあるが見えないのだ。死や生によって分離され区別される存在者の個体性に、つまり分割できない最小の単位の実定性にさえぎられて見えないのだ。それはもちろんそのような出会いを支えるものたちによって可能なものである。しかしその場合においても、そのような巻き込まれによって始まる存在者を支えるのは、また別の宇宙であるだろう。この巨大な連鎖の中の存在もまた、そこで終わり始まるのだ。

存在者の存在は成功と信じていた失敗、あるいは失敗したと当惑していた成功から始まる。成功や失敗と呼ばれる「結果」によって隠された出会い、すなわちそこから始まる。出会いによって出現するなんらかのものの存在において、以前には無かったなんらかの個体の出現において。これはしばしば「生成」と命名される。生成が、そのような出会いによって以前にはなかったものが出現する出来事を指すなら、存在とはそのように出現したなんらかのものが持続していることを指す。存在とは生成の結果を表示する、なんらかの個体の持続である。なんらかの規定をもつ存在者の持続だ。この規定によって命名されるなんらかの状態の持続だ。

存在者の存在とは「持続」の形態で捉えられた生成だ。たとえばある旋律が存在するということは、ベルクソンが指摘したように、相違した音が混合し共存する「純粋持続」(1)である。いや、旋律でない一つの音自体がすでに数多くの倍音の混じったものであり、その混合の様相が際限なく変化するという点で、それ自体として一つの持続である。音や旋律のみではないだろう。あらゆるものが、一瞬さえも同一でなしに際限なく変わっているというとき、いかなる状態であれ実際は純粋持続のような変化の持続であり、存在するということもまたそのような変化の持続の別の言い方であるしかないだろう。ベルクソンのいう「持続」が生成であり変化であることを知るならば、このように言い換えてもいいだろう——存在の本質は生成である。

したがって生成のみが存在する。なんらかの個体の「出現」とその個体の「持続」という区分の中で生成と存在は対比されてきたが、それゆえしばしば前者は不連続的飛躍であり後者は連続的状態であると対比されてきたが、両者ともに生成という点ではひとつの平面の上にあると言わねばならない。出会いの動詞的側面が「生成」と呼ばれ、出会いの結果を表示する名詞的側面が「存在」と呼ばれるというように、両者を再び対比することもできるだろう。しかしこの場合にも、名詞形態で捉えられるあるものの「存在」もまた、実際は「存在すること」を、「存在の持続されていること」を意味するのだと付け加えなければならない。すなわち名詞的形態の存在とは「存在する」という動詞的側面が忘却されたものに過ぎないといわねばならない。逆にこう言わねばならないだろう——存在とは名詞的形態の中でさえ一つの動詞的出来事だ。したがって動詞的形態によって表現される生成のみが存在するのだと言いなおせるだろう。存在とは生成の一つの側面であり生成の別の名前なのだ。

「あること」の他にいかなる規定もない純粋存在と、いかなる規定も内容もない純粋無という対立項が実際は同一であるというのはそうだとしても、それを存在の中の無と無の中の存在だと書き換え、一つが別の一つの中に消滅すると言いながらそれによって生成を定義することは[2]、「論理学」とは相容れない不当な飛躍だ。なにもない純粋存在や純粋無からは消滅するものなどないからであり、生成されるものもまた無いからだ。純粋存在と純粋無という対立する二つの概念の同一性は、二つの概念をいくらかき混ぜてみたところで、出会ったり衝突するものは何もないということを意味する。それは一つの同一な概念であるだけだからだ[3]。そこでは、なんらかの出会いを通して発生する生成は出現しないだろう。

したがって、存在と無の両者の統一が生成であると言うのは適切ではない。生成とは、ある出会いや衝突によって一つの状態から別の状態へと移行することだ。相違した個体が混合することで以前の状態が消滅し別の種類の状態が出現することだ。決して無ではないものが混じり、以前の規定性を失い、新しい規定性が出現するのだ。存在とは、そのようにして新しく出現したものの持続である。したがって存在と生成を依然として対比して用いるのなら、存在から生成へ移行するのではなくむしろ生成から存在へ移行するのだといわねばならない。

純粋存在をあらゆる規定の削除によって無と定義することから始めると、突然の飛躍を避け得ないことを、レヴィナスからも発見できる。かれはすべての存在者を消し去ることをもって、眠ることのできない闇のような、「存在者なき存在」、「ただある（Il y a）」から始めるのだが、この一隅に眠ることのできる場が出現することで、「名」を持つ主体が定立するという(4)。しかしなにも無い闇のなかで主体の場が出現しなければならない理由を探し出すことは困難であり、眠れない闇が眠れる場を差し出してくれる理由もまたよくわからない。かれはあらゆる存在者を消し去ることによって、真っ暗な闇のみがある「ただある」に到達しようとするが、実際はきちんと消し去りきれず、闇の中になにかをひっそりと残していたのではないか？　眠れない闇のなかの一隅に、すでに眠っている誰かを隠匿していたのではないか？　そうでないならば、眠れる主体の出現とは、納得できない、とんでもない飛躍だと言わなければならないだろう。

純粋存在とは、あらゆる規定性を削除した無ではなく、数多い規定性に満ちた、それゆえに何か一つの規定では言い表すことのできないような無であろう。それは生成や存在者の出現を説明する、なんらかの背景ではなく、既に行われたなんらかの生成、その結果の持続であるのみだ。存在よりも生成が先行しないのなら、純粋存在は生成になりえない。存在が生成の別の名であるときにのみ、それは生成と繋がることができる。存在と生成を対立させるのではなく、生成を通して存在を理解すること、存在と無の弁証法によって誕生するなんらかの総合として生成を位置づけるのではなく、論理的にも歴史的にも存在に先立つ、常に新しく始まる「起源」として生成を位置づけること、それのみが存在と生成を繋げる綱であるだろう。存在さえも生成として定義されねばならない理由はここにある。

存在者の存在を解明しようとする思考が、しばしばあらゆる存在者に先立つ最初の誕生や「宇宙論的起源」に向かって遡っていくのは、これゆえだろう。しかし「宇宙論的遡及」と呼ばれるこの推論が、恣意的に遡及を止めたり創造者という仮定された出発点へ帰着するのは、存在者の「出現」を、それの「持続」を可能にする生成という出来事を、毎度更新される際限なき「起源」を見ることができないからだ。それは宇宙論的遡及を経なければならない最も遠くにある起源ではなく、なんらかの存在者の身体のまさにそこ、最も近いところにある「起源」である。

生成を通して存在者の存在を見ることに含まれるもう一つの含意は、その誕生地点が本来的に異質性と偶然性、異種混淆性ないし外部性を持つということだ。これは血統に愛着をもつあらゆる起源神話に共通する純潔性と純粋性、同質性と内部性が事実上不可能であることを露わにする。例えばヨーロッパの創世神話で神が創造した唯一のカップルであるアダムとイブがそれだ。存在者の起源を最初の存在者へ遡及する古典的方法の典型的な事例であるこのカップルは、神に直接繋がっているという点で、かれらの子孫である人類の特権性を含意する。また、なんらかの出会いや混合ではなく、最初から「完全な姿」の一組として始まったために、血統の同質性と純粋性を保証する。しかしアダムとイブが生んだ子どもたちが誰と結婚するかを問う瞬間、その偉大な創造の瞬間は、完全な存在者である創造者のとんでもない失敗になったり、近親相姦という根本的タブーを犯すことで始まった道徳的堕落の起源になってしまう。近親相姦を避けるためには、つまりレヴィ＝ストロースの言うように家族関係が単一性を持つ呼称の体系になるためには、神は少なくとも三組の男女を創造せねばならなかった。しかしそれは血統の純粋性と同質性、選ばれた者の特権性の放棄を対価として支払わねばならない。なぜなら異質な血の混じらない結合（別の「性」を持つ者と〈結合〉しなければならない）、偶然と恣意のない結合（三人のうちの誰を選択して始めるかは偶然的で恣意的だ）は、ありえないと認めねばならないからだ。

存在者の誕生、それは実際瞬間毎に成され続けている。それは異質で偶然の出会いによって、思いがけない失敗によって、とんでもない場へ漂流する線を引きながら成される。生成を通して存在者の存在を思考することには、存在者の存在とはこの異質性と偶然性と外部性を常に既に含んでいることが含意されている。この異質なものたちが出会い結合し、一つの個体へと個体化することを通して、そのような個体化の持続を通して、その持続が生産する共同性によって、存在者は存在することができ、その存在を持続することができる。ある存在者を存在させること、それは異質的なものたちが出会い結合することで行われる個体化のことだ。それは汚されることを恐れる純粋性や同質性を持たない。存在者の存在にはなんらかの同質性のようなものがあるという、純粋性や内部性のようなものがあるという幻想は、出会いという起源の異質性や構成要素の異質性を忘却し、それらの持続の中でつくられた共同性を同質性であると錯覚した結果であるのみだ。それは、その同一性を維持するために、異質なものや外部的なものを追放し切り離すという、際限ない排除と厄払いなくしては、決して維持できない幻想なのだ。

個体化と個体性

個体（individual）は死を通して別の個体と分離されている。死は個体の間を流れる、超えられない河である。だからなのか、よく言われることがある。決して代わってやれないこと、それが死なのだと。魂を賭けて愛する者だとしても、決して一緒にすることができないこと、それが死なのだ。しかし代わりになることができないのは死だけなのかと反問することもできる。だれかがわたしの代わりにご飯を食べてくれるだろうか、だれかがわたしの代わりに病んでくれるだろうか？　わたしが書かなければならない原稿を誰かが代わりに書いてくれるだろうか、わたしが読まねばならない本をだれかが代わりに読んでくれるだろうか? 死の代替不可能性、それは明らかに誇張されたものなのだ。

しかしながら個体が死の単位であることは間違いない。すぐそばに一緒にいても、死は個体にやってくる。「個体」という言葉の生物学的含意がそうだ。これ以上分割できない(in-dividual)最初の単位、二つに分割すれば少なくとも片方が死ぬか両方が死ぬという、なんらかの実体、それが個体であり個人なのだ。このような点で、個体は生の基本単位だとか生命の基本単位ではなく、死の基本単位だと言わねばならない。確実に生は、個体の生は、個体を超えている。個体は別の個体とともに生きる。個体が生きるためにしなければならない数多くのことは、だれか別の個体が代わりにしてあげることができる。代わりに大工作業をし、代わりに戦争をしてあげるというように。生は個体を超えて、個体の出会いの中で存在するが、死は諸個体を分割する。

死によって分割される個体の各自性についての考えは、実存主義者たちだけのものではない。それはすでにわたしたち自身のものでもあり、生命を研究した一九世紀の生物学者たちのものでもある。わたしたちの通念でも、一九世紀の生物学者たちの観念の中でも、個体とは何よりも有機体であった。生命とはひとつの実体を支える諸器官(organ)の統一体であり、生命という「目的性」のためにいくつかの機能をする諸道具(organ の語源だ!)が有機的に統合されている全体、それゆえに分割すれば生存を維持できない実体、それが有機体なのだ。個体が個人という言葉を意味するものとして使われたのは、生物学的観念が人間の通念と重ねられて、同一視されやすかったからだろう。

このような有機体の観念が、社会をひとつの統一された全体として見ようとする哲学や社会学での中心的モデルになったとき、有機的個体の概念が個人を超えてなんらかの新しい実体へと昇格したとき、意識されえなかったことだが、個体概念にある致命的難点が思いがけず持ち込まれる。なぜなら社会が個人へと分割可能な個体である限り、それは個体概念の自己否定を含意するからだ。有機的全体性を強調することが、その分割可能性を防げるのだろうか？　そうはできなかったようだ。このような「分割不可能性」に対して、社会や「共同体」へと還元不可能な個人の固有性を強調する立場が、これの対極地点を形成する。全体主義と個人主義、全体主義と自由主義の対立が、二〇世紀まで続く主な対決の言辞を成してきたことを、この難点を通して理解できるだろう。

難点は個体の拡張に限定できるものではなかった。生物学の歴史は反対方向へ進みながら、同型の難点を現している。なによりもまず、一九世紀中盤、植物・動物は細胞で構成されていることが発見され、有機体はこれ以上分けられないものであることを中断した。細胞は有機体を細かく分割し、生命の基本単位の席を占めた。それ以降、細胞の分離培養が可能であることが明らかになることによって、「分割すれば死ぬ」という最小値は、細胞へと移転しなければならないと明らかになった。有機体は分割可能なもの（dividual）の巨大な集積物になったのだ。核やミトコンドリア、リボソームなどの細胞小器官の発見は、細胞自体をひとつの有機的統一体として再定義させ、それゆえ有機体に与えられていた統一性の観念が細胞へと移転した。しかしそれは細胞が有機体から「基本単位」の席を奪っていった過程が、同型の方法で再び始まることも意味した。諸細胞が、その諸小器官へと分割可能になったからだ。

独自的生存の可能性を問題にすることもできるだろう。しかし核を細胞質から分離して別の細胞質へ移植できることは、すでに体細胞複製技術によって、よく知られた事実ではないか？　核もまたそうだ。形質変換と命名される工学的操作技術の前提となる遺伝子の分離と代替、そして逆転写RNAを利用した遺伝子変形は、遺伝子単位での分離可能性を示唆する。このような分離の技術が、実際は境界すらもが曖昧な「遺伝子」以下の単位で進行されることを、中断したり阻止することはできないだろう。コドン、そしてヌクレオチドへと、あるいはそれ以下へと下降させることは、隠喩的モデルだった社会有機体論を拡張することよりも遥かに簡単で説得力があった。

なにが真の個体なのか？　これは適切な論点ではない。これは個体が、もっぱらある一つの地点、一つのレベルで定義されねばならないという通念を前提とするからだ。「これ以上分離できない」という言葉を生真面目に受け取るのであれば、有機体も細胞も、あるいは社会も、分割したり解体すれば死ぬという点においては全て「分離できない」個体である。個体は、有機体であるだけ有機体以上でもあり、あるいは以下でもありうる。もちろん有機体が解体されたところに諸細胞があるが、元の有機体はもはや存在しない。細胞が解体されたところに諸細胞小器官が残るだろうが、元の細胞は、解体の瞬間死ぬのだ。「社会」という有機体も同様だろう。

しかしそれが解体され死んだからといって、それを構成する諸部分が死んだとする理由はない。諸部分が生存しうる条件が再び得られるのなら、それらはそれぞれ新しい「個体」として、これ以上分割されない限りであるが「それ自身」として存在できるだろう。このような意味で「分離できない」という生真面目な言葉は不適切だ。すべてのものは分割可能な諸部分によって成り立っている。分離されても充分に生き残れる諸部分によって。最初の「全体」とは、その分割可能なものたちの集合体であったのだ。有機体は「分割可能な」諸器官の集合体、あるいは分割可能な諸細胞の巨大な集合体だったのであり、細胞もまた諸細胞小器官の集合体なのだ。社会が分割可能な諸個人の集合体であったように。したがって、このように言わなければならない——すべての個体（individual）は分割可能な（dividual）ものたちの集合体である。すべての個体は複数の分割可能な要素が群れ（衆）となり形成された集合体であり、常に既にそのような群れとしてのみ存続して生きていくという点で、あらゆる個体は「衆‐生（multi-dividual）」なのだ。

あらゆる個体は衆‐生だ。社会と同じ程度に、有機体も、細胞も、細胞小器官や遺伝子もそうなのだ。分割可能なものたちが集まり一つの個体を成すとき、すなわち複数の分割可能な要素が集まって一つの個体へと個体化することによって、個体が存在するのだ。あらゆる個体は複数の分割可能な要素が集まり一つの個体として個体化した結果である。個体化が作動するすべての地点ごとに個体は存在する。真なる個体が別途にあるのではなく、「真なる」という言葉を通して特権化される特別な個体もまた別途にあるのではない。個体化によって存在し持続する個体は、すべて真なる個体なのだ。

複数の要素が出会い、一つの個体を成すという出来事、それが個体化である。個体化が存在者を存在させるのだ。したがって存在とは個体化の過程そのものであると言ってもよいだろう。個体の存在は、個体化と呼ばれる出会いを構成する作用である個体化によって始まり、また持続する。毎瞬間、ある変化をともないつつ成される持続において、個体化という出会いと結合の様相に安定性と持続性を付与する「恒常性（homeostasis）」が存在する。このような恒常性を持つ個体化のプロセスが停止する瞬間、その個体は持続を中断する。すなわち「死ぬ」。個体の存在とは、このような個体化の持続である。

このような個体概念を、ただ生物学的領域に制限する理由はない。このような個体概念を、ただ生物学的類比や隠喩のなかに閉じ込めておく理由もない。複数の要素が集まり個体化過程に巻き込まれていくすべての場において、そしてあたかも一つの統一体であるかのように作動し存続するあらゆる場において、わたしたちは個体の存在を発見できるだろう。例えば動物と植物、微生物、土と水、空気など、数多くのものが集まり一つの恒常性を成しながら生存する様々な水準の生態系は、それ自体として一つの個体であると言えるだろう。マーギュリスとラブロックがいうように、地球全体にまで拡張された水準において、そのような集合的生存のプロセス、つまり個体化の恒常性が存在するのなら、地球全体の「生命圏」もやはり、一つの個体であると言えるだろう。生態系の「共同体」や生産の共同体、あらゆる共同体もまた、様々な分割可能な要素が一つの個体化過程を通して存在し持続している諸個体なのだ。その結合と結束の水準や、個体化の境界の強度、恒常性の安定性などには、数多くの差異があるにしても、である。

バクテリアの平面

すべての個体は共同体である。個体化過程にまきこまれた複数の要素によって構成された共同体である。すべての共同体は個体である。それぞれ異質な諸要素を一つへとまとめる個体化によって存在する個体である。なんらかの個体を集合体として理解することと、特定共同体を一つの個体として理解することは、同一の外延を持つ。にもかかわらず、万が一、共同体という言葉にある種のすっきりしないものを感じるなら、それはおそらく共同体という言葉に含まれる協力と同調、共生と扶助のような観念のせいだろう。その単語から感じる「理念性」あるいは「純真性」に対する拒否感のせいだろう。理念性は、あるがままの世の中に意図と目的を上塗りするから、真実からはずれると言うかもしれない。純真性は、利己的な欲望、競争、葛藤、戦争が横行する現実を見えなくするから、真実に近づけないと言うかもしれない。この指摘は正しい。しかし、共同体に対する拒否感が、それ自体として一つの「理念」の産物だということを長々しく説明する必要があるだろうか？[5] 世の中にただ諸個人のみが存在するという観念と同じくらい、競争と利害関係の計算という観念もまた、世の中を極めて一面的に見る純真性にとらわれている。自分が純真だということさえも知らないゆえに、なおさら出口のない、しかし純真さが持つ無垢な魅力は全く持ちえない純真性。競争と淘汰、適者生存という、マルサスらによって表象される一九世紀の経済学的理念が、一九世紀の生物学や自然史を色濃く彩色してきたことについては、もっとも大きな影響力を及ぼしたダーウィンの『種の起源』の一部分を読むだけで充分だ[6]。

いかなる善意もいかなる意図もない扶助があるとするなら、競争以上に現実的な共生がある。それが原核生物から真核生物への進化、そして単細胞生物から多細胞生物への進化において、決定的な契機になっていることは、いまやよく知られた話である。核の発生史がまだ解明されていないとしても、原核生物に〔そもそも〕なかったミトコンドリアや葉緑体が〔核内にある理由は〕、ある細菌が別の細菌を食べたにもかかわらず、食べられたものが死なないまま内部に生き残り、共生した結果であることは、いまや誰も否定できない確固とした事実に属する。ミトコンドリアのDNAが、核のDNAよりプロテオバクテリアという原核生物のそれにより類似しており、葉緑体のDNAもやはり、核よりも藍細菌のDNAにはるかに近いという事実は、ミトコンドリアや葉緑体が食べられた細菌であったことを意味する。ミトコンドリアや葉緑体は二重膜構造を持っているのだが、これはそれらが別の細菌に食べられたとき、それらを食べた側の細菌の原形質膜によってもう一枚多く囲いこまれて作られたものである。ミドリムシの葉緑体には三重膜を持つ葉緑体もあり、紅藻に属する渦鞭毛藻には四重膜を持つ葉緑体もある。これは共生関係を形成したがゆえに二重膜を持つことになった細菌を、さらに別の細菌が食べた結果、やはり食べられた側が生き残り、二次、そして三次の共生関係を形成したことを意味する。

食べられた細菌が死なずに生き残り、自らを食べた細菌の中で酸素を食べることでエネルギー（ATP）を供給し、食べた側の細菌はそれに酸素を提供し、それを保護し、種によっては移動性を提供する関係、あるいは光合成をして自らを食べた細菌に栄養を提供し、同様に保護や移動性を得る関係が共生関係であることは、疑問の余地がない。そのような共生関係があったがゆえに、それらはすでに一〇億年以上を共に生きてきたのだ。しかしここでいう共生は、お互いの善意を仮定しない。それは甚だしくは、食べ食べられる競争と敵対の結果として出現したものだ。お互いに食べ食べられる敵対的関係が、競争のための善意なき出会いが、「失敗」によって共生へと帰着したのだ。

真核生物のすべての細胞にミトコンドリアがあり、植物のあらゆる細胞に葉緑体があるということは、食べ食べられながら始まった共生、敵対の失敗によって始まった共生が、真核生物の進化の歴史の冒頭にあることを意味する。ミトコンドリアのないジアルジアのような単細胞性の真核生物は、核の出現がミトコンドリアの出現に先行する証拠と見なされてきたが、本来ミトコンドリアをもつ祖先から由来したということが明らかになり、事実ではなくなった。核がミトコンドリアや葉緑体のように食べ食べられることから始まった逆説的な共生から進化したのか、あるいは内部から分化したのかは、いまだにどちらも立証されていないというが、核以外のほとんどすべての小器官が食べられた共生によって形成したと立証された今日、核の「非‐共生」こそ、立証されねばならない対象になった。ミトコンドリアが、老化細胞や損傷した細胞の自殺を引き起こす機能を果たすという事実は、多細胞生物への進化において、それが決定的な役割をしたことを意味する。それがなかったら、一つの身体をなす細胞のあいだで、癌細胞と他の細胞のあいだで発生するような細胞間の新しい共生と敵対が発生する事態を、避け得なかったからだ。それはまた、単純な群体と対比されるという意味での多細胞生物出現において、決定的な機能でもあった(7)。もちろんそれはそれぞれの細胞を有機体に従属させる有機化の対価を支払うものであったが。

一九世紀的な位階の感覚がいまだに残る「下等」生物なる言葉の逆説的な歴史から見えるのは、最も「高等」生物であり最も進化した種であると確信している人間自身が、やはり実際はこの下等な動物たちの巨大な集合体、何重にも重なったバクテリアたちの巨大な共同体だということだ。わたしたちの身体をなすあらゆる細胞に含まれているミトコンドリアは、そのような事実の消すことのできない証拠である。アルファプロテオバクテリアと、それを食べたが消化に失敗した別のバクテリア（または真核生物でもありうるが、これもまた似たやり方で作られたバクテリア共生体だろう）共生体、それがわたしたちの細胞だと言うのであれば、わたしたちの身体とは、そのようなバクテリア共生体が一〇〇兆個集まることで成った巨大な群体だと言わねばならない。わたしたちはバクテリア共生体の一種なのだ。

これは人間のみならず、他の生物に対しても同様に言えることだ。はるかカンブリア紀のオパビニアから、現在のカブトムシやチンパンジー、そして人間に至るまで、海中のイソギンチャクやコンブから、陸地のブタやオオカミ、空を飛ぶタカとカラスまで、みなバクテリアの巨大な集合体なのだ。生命を持つあらゆるものは個体化の様相においてのみ差異があるだけで、全てがバクテリアの集合という点で一つなのだ。人間はサルの兄弟であるだけでなく、カメの兄弟であり、バッタの兄弟でありながらゴキブリの兄弟であり、バクテリアの兄弟なのだ。

バクテリアの大気がわたしたちの大気であり、バクテリアの海がわたしたちの海なのだ。わたしたちは別の方法で息をし、別の方法で泳ぐが、その息と動作の果てには、どこにでもバクテリアがいるのだ。生物の世界とは結局、ウイルスという曖昧な存在者をひとまず除外して言えば、原核生物と呼ばれる単細胞ないし多細胞のバクテリアと、真核生物と呼ばれるバクテリア共生体の世界、一言で言うと、姿の異なるバクテリアたちの世界なのだ。あらゆる生物をひとつへまとめる生命の平面、それはバクテリアが別のものと出会う関係によってお互いに別の存在者の形象を取る一元的内在性の平面であり、進化の系統樹とは、このバクテリアたちが出会い分かれる様相を示す地図なのだと言わねばならないだろう。より大きな動物が小さな動物よりもっと「高等」なものだと言えないのならば、より多くの集合体が少ない数の集合体よりもっと「進化した」ものであるとは言えないのならば、ただその大きさと形態が違うだけのバクテリア集合体のあいだに、優劣や進化の位階を立てようとする試みもまた、おろかな行いであると言わねばならないのではないか?

要するに「種」と呼ばれる存在者の集合、あるいは生命を持つ個々の存在者たちの存在は、思いがけない失敗によって終わった出会い、あるいは思いがけなくお互いが巻き込まれていくなんからの出会いによって、その出会いによる飛躍によって始まった。ある一方の死に帰着することはなく、新しい分岐の線を描く漂流の持続、それがすなわち真核細胞から、イカとカメと人間、あるいはワカメとギンナンに至る、あらゆる生物を、存在の場へと踏み込ませる、決定的な敷居なのだ。

共生と共同性

個体化は突然湧き上がるあるものの出現によって始まる。それは外から突如として覆いかぶさってくるものでもなく、陰からこっそり近づいてくるものでもない。それは諸要素のあいだにあるという点で外部であるが、個体化を通して内部となる模糊とした空間から出現する。全体だったものを部分にしていく合体の中で、その合体を一つの実在にする、なんらかのプロセスが出現し、開始される。そのプロセスがなんらかの安定性あるいは持続性を持つとき、新しく出現した個体の存在は持続する。すなわち個体は継続して存在できる。

理由や最初の意図が何であれ、共生は、お互い相手から得るものがあると同時に相手に与えるものがあるときに発生する。たとえば酸素の毒性に弱い細菌であれば、横で酸素を食べてくれる細菌ほどありがたいものはないだろう。反対に、酸素を呼吸しエネルギーを得る細菌なら、酸素を排泄する細菌こそが自分を生かしてくれる「宿主」になるだろう。それと同時に、酸素を呼吸して得るエネルギーを自分の宿主に与える余裕があれば、〔その宿主もまた〕酸素を除去してくれて自らにエネルギーを提供してくれる新しい宿主を得ることになる。ここにはどんな善意もどんな意図もない。このような関係がミトコンドリアと「宿主細胞」との間の、葉緑体とその「宿主細胞」の間の共生を説明するだろう。これはまた、酸素呼吸をする細菌と酸素を排泄する細菌が自立性を維持しながらも共生する方法であるだろう。このような関係が植物と動物のあいだにあることは、よく知られている事実だ。

一方の「排泄物」を他方が利用し、他方の排泄物を一方が再び利用するという循環的関係は、たんに二つの個体間の関係にのみ限定されるわけではない。アイゲンの触媒サイクル(8)が示すように、いくつかの酵素のあいだの触媒関係が一つの循環系をなすとき、共生は局地的に「エントロピーの増大に反する」(9)新しい関係を創出する。変化の中止、あるいは有効エネルギーの消尽を意味する熱力学的平衡とは異なるこのような関係がなんらかの恒常性を持つとき、それを「非平衡的恒常性」と呼ぶ。ベルクソンが言うとおりに、熱力学的過程や物理的過程とは区別される「生の飛躍」があるとすれば(10)、循環系が形成される際に創出される、このような非平衡的恒常性の出現のようなものであろう。循環系が形成されながら創出するこのような非平衡的恒常性、それは複数の分割可能な諸要素が結合し、一つの個体を形成したことを、一つの循環的集合体が個体的安定性を獲得したことを意味するのだ。

非平衡的恒常性は、個体化プロセスの「恒常性」を表す。換言すれば、複数の諸要素の間にこのような恒常性が樹立されたとき、その諸要素は一つの独自的個体へと個体化されたと言えるのだ。エネルギー次元での恒常性とは別個に、リズムの次元でも複数の要素を一つの個体へと作りあげるプロセスを定義できるだろう。すなわち個体化に巻き込まれた諸要素が「一つであるかのように」共調し、動き、活動することによって、その過程の外にあるものたちと区別されるリズムの安定的なパターンを形成するとき、その諸要素は別のもう一つの個体へと個体化したと言えるのだ。前者が、ある恒常性をもつ状態へと個体化が「完成」し、それによって一つの個体として存在させる持続の恒常性を意味するのなら、後者は、それぞれ異なって存在してきた諸要素が、〔いかに〕ある個体化過程の中へと巻き込まれていって出会うかを、〔いかに〕新しい個体が形成されるのかを意味すると言えるだろう。往来可能な開かれた状態において、超越的第三者を仮定せずとも、諸個体が集って「上位」の個体を構成するのは、このようなリズム的共調を通してである。リズム的共調は一時的な発生因ではなく、その個体が存在する限り続く持続的発生因だ。個体が存在するというのは、それを成すそれぞれの諸部分が一つの個体を成し、一つであるかのように共に作動するものであるからだ。リズム的共調が中断され、これ以上一つであるかのように動けなくなる瞬間、その個体は個体であることを中断し、解体されてしまう。

以前の個体的独立性を失い、別のものたちと結ばれて動く集合体の一部分になることは幸運なのか不運なのか？　それはわからない。明らかなのは幸運であれ不運であれ既にそのような個体化に巻き込まれはじめたら、「わたし」と呼んできた個体がこれ以上存在しないということだ。ともに動き、ともに存続する隣〔の者〕たちの間に「わたし」は消滅する。あるいはその間から「わたし」は再び誕生する。ともに動くこと、何かを与え与えられる関係の持続は、この分割可能な諸要素の間に、なんらかの「共同性」を打ち立てる。与え与えられる関係の持続によってであれ、慣れきったリズムによってであれ、ともに動くこと、ともに何かを行うこと、そしてともに何かを与え与えられる関係に慣れさせる。そのような慣れ、つまりそれ以降は、ともに何かをしたり、ともに分かち合うことを、より容易にする一種のポテンシャル（potential）が形成される。これは分割可能な諸要素を、進行中である個体化に慣れさせ、それを持続させる。以前と類似した様相の個体化に再び加担することを容易にするのだ。甚だしくは、そのような個体化から抜け出せなくすることもある。ミトコンドリアが細胞から分離すると生存できなくなることや、バクテリアに感染したのに死ななかったアメーバがそのバクテリアから分離できなくなることが、そのような場合である(11)。このように、分離可能性の敷居を超えて進行する場合、個体は「有機体」になり、個体化に加担していた諸要素はその有機体の「器官」になる。これを有機体の敷居あるいは器官の敷居と呼んでもいいだろう。

自立性が失われたことよって、部分の分離が「障害」になる敷居だ。

リズムの安定性によって進行する個体化は、常に外部へ開かれている。リズムにあわせて動けるものは、いつでも個体化過程に入りこめるからだ。リズムにあわせて離脱できるものは、あるいはリズムからこぼれ落ちて離脱したものは、この個体化過程から抜け出せるからである。リズムの安定性には、超えることのできない器官の敷居の類は無いように見える。もちろんリズムもまた共同性のポテンシャルを形成する。感覚的親和性と距離感を通して類似した個体化の反復を、相違した個体化からの分離を惹起するが、それは決して絶対的ではなく、超えることのできない敷居をつくらない。またリズムは拍子とはちがって動きの同一性を意味しない。分割可能な諸要素が各自の動きの差異を間において、ともに‐動くことであり、お互いに合わせて動くことだ。

エネルギー次元の恒常性が、微細な時間的差異を置きながら各要素の作用がお互いにとって利得になるような結果を与え与えられながら、諸要素のあいだに空間的共時性を形成するのであれば、リズム的次元の安定性は共調によってひとつの時間を発生させながら、身体的「単数性（単一性）」を形成する。この「単数性」はスピノザが言ったように、常に既に複数の要素が共同で作用し産出する結果の単数性であり、その単一な結果によって遡及的に定義される単一性であり、現行の結果によって遡及的に構成される潜在的個体性だ。しかしこの個体性が異質なものたちを排除する形で実体化するとき、外部性を除去する形で作動するとき、その境界は閉じられ、器官化されず、個体化に加担する道は閉鎖される。免疫に対する衛生学的観念が、おそらくこのような場合であるだろう。

免疫と個体性

個体と共同体が対立するところでは、個体も共同体も簡単に呪いになる。なぜなら共同体なき個体が、すべてを一人で背負わねばならない孤独の呪いを意味するならば、共同体のなかの個体とは有機体の統一性によって個体性を否定し有機体の意志の下に統合させる服属の呪いを意味するからだ。共同体が、世の中の重みを一人で背負わねばならない孤独の重さを軽減する場合にも、それは服属という代価を要求するし、個体性が全体化された意志から自由へと移る場合にも、それは孤独へと向かう運命の道を開くからだ。共同体の解体によって始まる資本主義では、隷属と服属から解放された個人もまた、この呪われた運命を避けえない。個体の自由は称揚されるが、その自由は、死か労働かという選択肢を避けえない自由だからだ。そこでの生存とは、市場において一人で競争者たちに囲まれている運命を意味する。そこから抜け出るために、服属を意味する共同体を選択するのは、より悪い道と見なされることが多い。「共生」という概念から人びとが感じる居心地悪い距離感は、これと無関係ではない。

あらゆる個体は常に一つの共同体であり、あらゆる共同体は既に個体化過程のなかにある「個体」であるという事実が、この呪われた運命の出口になり得るだろうか？　そうなりえるし、そうなりえないだろう。保証された救いは、どこにも無いに決まっているからだ。したがって、救いの保証を求める人にとっては、決して答えにならないだろう。重要なのは、個体なのか共同体なのかではなく、いかなる個体、いかなる共同体なのかという問いだろう。自らの身体を構成する諸要素の声に耳を傾けず、自身の直接的合目的性に向かって突っ走るという、おおよそは自由主義的に正当化される個体／個人の観念が、あるいはいわゆる「個人主義」が、この身体を織り成しているあらゆる構成要素に対し、有機体的支配そして全体主義的支配を一方的に強要するということを、再三強調する必要がある。反対に、自分の力を提供して自分に必要なものを得るが、有機的全体の一「器官」になるのではなく、リズム的共調によってともに動くことで共同性を生産し、必要なときにはその共調されたリズムから離脱でき、さらにはそのリズムに別の動きを差し入れ、別のリズムへと変換させる共同体がありえるのなら、それは全体主義の呪いを避けながら個人主義の運命を抜け出る道になりうるだろう。有機体へと統合したり同質化する代わりに、異質なものが共生でき、そのために外部的異質性がいつでも割り込むことができ、リズムを失ったものが分離・離脱できる、そのような個体化の道が。

しかし、ある個体が自らの外部からやって来る異質的他者たちの浸透に対して、それによる撹乱と動揺あるいは解体と死に対して、防御せずにいられるだろうか？　個体化の持続を可能にする安定性と恒常性の撹乱を、どうして防御せずにいられるだろうか？　それはありえないだろう。いかなる個体も自身の持続を欲望する限り、その安定性を撹乱するものから自身を防御しようとするだろう。発生的に異質なものたちが思いがけず共生するといえども、いったん共生を通して創出された新しい均衡は、それらを内部的なものへと、同質化されたものへと統合し、その同質性と統合性を維持しようとするだろう。免疫という概念が登場するのは、まさにこの地点においてだ。しかし、ここにおいても「いかなる防御なのか」、「いかなる免疫なのか」という問いを忘れてはならない。

共同体が免疫という概念と対をなすことを語源学的方法で指摘したのはエスポジトだった。共同体を指すコムニタス（communitas）という言葉は、「贈与」「義務」を意味するムヌス（munus）に、「ともに」「結合」を意味するcom（cum）が合わさって作られた。これは贈与の義務を通して個人が他者と結合された関係、贈与を通して他者に自分を開く関係、したがって他者のために自分を放棄する関係を表示する。その反面、免疫を意味するイムニタス（immunitas）は、同じmunusに「免除」を意味するイム（im）が付き、贈与の義務から免除されたことを、免除によって自分を保護することを表示する。コムニタスが他者のために、自分に属する何かを喪失し、剥奪されたり除去されねばならないことを意味するのなら、イムニタスはこのような喪失から免除され、自分を固く守ることだ(12)。

しかしエスポジトは、コムニタスとイムニタスを、共同体と個人という通常の対立概念にそのまま対応させる。「前者が、みずからを超えたところで個人を追いやる何ものかを個人に課するとすれば、後者は、リスクの多い他者との接触から自力でみずからを守り、自分とは相反するあらゆる責務からみずからを解放し、みずからの主観性という殻のなかに自己をふたたび閉じ込めることで個人のアイデンティティを再構成する。」(13)個体と共同体が違わないことを知るならば、贈与の義務は個体化内部の諸要素間の関係を意味するのであり、義務の免除は個体化に属さない外部に該当することだと簡単に理解できるだろう。贈与の義務が共同体内部の関係を規定するなら、義務の免除は共同体とその外部者の間の関係を規定する。前者が複数の要素が共同体として個体化されることと関連しているなら、後者は個体としての共同体が自身の個体性を維持することと関係している。

現在一般化されている常識内で言えば、免疫とは一つの共同体が自身の個体性を維持するために、外部から、個体性を威嚇する他者の侵入から、自身を防御するということを意味する。このような免疫概念が、免疫に対する軍事主義的通念と隣接していることを知るのは困難でない。個体性を維持するために、外部から浸透してきて内部的安定性や同質性、そして均衡を撹乱する「敵」を退治すること。だから敵を認識し捕らえる捕食細胞がいて、敵を攻撃し殺す免疫細胞がいて……。「自分」と自分ではないもの、「内部者」と「外部者」を区別し攻撃する白血球とT細胞、B細胞などに関する話はすべてこのような免疫概念に忠実だ。

軍事主義的な免疫観念は、じっさい生理学的な免疫概念に先立つものだ。パストゥールとコッホが発見した細菌は、腐敗や疾病の原因を探求する過程で発見され、これゆえに細菌は一旦、なによりもまず「病菌」として理解された。疾病とは、敵である病菌の侵入による身体の、戦争状態ないしは非常事態を意味する。もちろん免疫よりも先に、細菌の発見よりも先に、理由もわからないまま実行された「ワクチン」の方法は、免疫概念が入ってくるなかで、弱い敵の相手をすることを通して味方の兵力を増強させる方法として再定義された。

侵入者である病原菌から「わたし」を防御する戦争という免疫観念が難関にぶつかったのは、免疫細胞が敵である病原菌のみならず、「わたし」にとって必要だから移植した臓器をも激しく攻撃し、殺してしまうという事実が知られ始めてからである。この事実が浮き彫りになるにつれ、病原菌との戦争という観念に対し根本的な疑問を抱かざるをえなくなった。その後、免疫は、「わたし」の外部者たちに対する攻撃という観念へと変わることになる。移植された臓器もまた「わたし」のものではなく外部からやってきたものだから、免疫細胞の攻撃対象になるのだ。結局、免疫系とは「わたし」の内部に属するものと外部に属するものを区別することをもって、「わたし」という個体の境界を維持するメカニズムであると再定義された。すなわち免疫系とは自己(self)に分類される分子と、非自己(non-self)に分類される要素の区別を根拠にして作動する、動物たちの防御体系なのだ。

ここで認識は、「わたし」という自我の意識ではなく、細胞水準あるいは分子水準へと降りていく。「わたし」という自我の認識は、自我以前に免疫細胞たちの特異性の中で行われているものだ。自我と非自我の区別は、つまり言い直すと「自我」というものは、たんに観念に属するのではなく、身体的なものに属すると言わねばならないのか？　自我は物質的身体性を持つものであって、「考えるわたし」よりも、はるかに根本的な次元に存在する実体であったと言わねばならないのか？

しかし「わたし」や「自我」の生物学的実体は、たんに免疫体系の境界に還元されない。それはなによりも動物が生存のためには外部からエサを食べ、消化・摂取しなければならないという運命的な事実に起因するのだ。知ってのとおり、動物は植物と違って独立栄養生存が不可能であり、外部から栄養素を摂取しなければならない。これを身体から排除したり攻撃するなら、動物は生存できない。これは自我の外部のものたちが動物の身体内部へと入ってきて循環せねばならないことを意味する。エサを食べるということは、自身の外部に属するものを食べ、自身の内部のものへと変えることだ。ここで外部を区別し排除するメカニズムが作動するなら、食べ物を食べることは不可能になる。実際に摂取した飲食物を免疫体系が攻撃をする「アレルギー」は該当飲食物の摂取を不可能にする。もし一切の外部に対して免疫体系のような識別の機制が作動すれば、いかなる動物も生存できない。身体に直接注入されるときに免疫反応を起こす物質も、口を通して食べ物として「記憶」させれば、抗体が作られない場合が少なくない。免疫からの免疫が動物の身体的生存を可能にする。この「免疫学的寛容」が、実際は消化の領域全体を包括しなければならない。

おそらく「自我」という慣れ親しんだ概念の用法に慣れきっていれば、免疫学的境界をもつ「自我」という実体とは、食べ物を食べるものであると考えるだろう。しかし免疫の機制も消化の機制も実際はすべて分子的プロセスであり、そのうちの一つ、すなわち免疫の機制が一次的なものだとは言えないのだ。言い直すと、分子的で細胞的な次元で自我の内部と外部を識別するのが一次的なのか、それを消し去り除去することが一次的なのかは言えないのだ。「わたし」がいて、そのわたしがなにかを食べるのだと考えるのと同じ程度に、外部と内部が区別されずそのたびごとに編成されて循環系をなす諸プロセスがあり、その諸プロセスが（おそらくその脆弱性によって）なんらかの条件のなかで内・外部を区別する免疫系を発展させてきたと言うこともできるだろう。

自我と非自我の区別に基づく防御体系が、あらゆる生物にあるわけではない点を考慮すれば、むしろ後者がより一般的な説明力を持つだろう。特異的免疫系は動物にのみあるのだ。原核生物であるバクテリア全体はもちろん、真核生物のなかでもアメーバのような原生生物、キノコのような菌類、そして植物にはこのような防御体制がない。バクテリアや原生生物はエサを食べるが、内・外部を分かつ特異的な免疫系はない。そうだとするなら、特異的な免疫系は発生的に後に生まれたものであり、外部を内部化する消化と摂取のメカニズムに比べて発生的に二次的であると言わねばならない。「自我」とは動物がもつなんらかの脆弱性によって[14]、おそらく外部的なものと共生できる能力の脆弱性によって「発展」させなければならなかった識別の体系であると言わねばならない。

であるならば、これは動物でない生物には「自我」と「非自我」の区別がないことを意味するのか？「自我」とは動物たちに固有なものだと言わねばならないのか？　動物以外の生物もまた膜や皮などの境界を持ち、それが一定程度の防御機能をしている点を考慮しないなら、おそらくそうだと言わねばならない。しかし、事実いかなる生物も、いや、いかなる個体も、個体化の範囲を持つ限り、「自己」と非自己を区別する境界を持つと言わねばならない。ただその境界を維持するメカニズムが膜や皮のように外延的形態を取るものがあったり、それに加えて更に内部に入ってくるものに対し特異的に反応する体系があったりする区別があるのだと言わねばならない。この点において、「自己」と呼ばれる個体化の境界を、原生動物や植物、または動物も同様に持つ。しかしそれは、いつでも外部的ななんらかの要素を受け入れたり、積極的に吸収する方法で開かれており、したがって可変的だと言うのが適切だろう。すなわち自我とは、なんらかの不変の実体ではないのだ。

個体的境界の実体性は特異的免疫系においても疑わしいものだ。とりわけリューマチとして表象されているが、実際には相当に長い病名の目録を抱えている自己免疫疾患は、特異的免疫系そのものと関連して、内部と外部の境界が本当に実体的なのかという問いを再び投げかけてくる。リューマチ性関節炎、バセドー病、グットパスチャー症候群、重症筋無力症、アジソン病、目のブドウ膜炎、交感神経性眼炎、多発性筋硬化症、インシュリン依存性糖尿病、潰瘍性大腸炎、胆汁性肝硬変、睾丸炎、シェーグレン症候群などのように、ほとんどあらゆる臓器において自家免疫疾患が発生する。もっとも極端なものは、脳神経細胞のニューロンや甲状腺、自己の身体のたんぱく質やミクロソームのような細胞小器官はもちろん、核のたんぱく質とＤＮＡに対してまで免疫反応を引き起こし、自己の身体の細胞全体を「敵に回して戦う」免疫疾患である全身性ループス〔SLE, systemic lupus erythematosus〕だろう(15)。

自家免疫疾患はすべて、自分の身体の一部を自分の外部として知覚し攻撃することだ。自家免疫疾患の理由はまだ知られていない。これに対して日本の免疫学者である多田富雄は、「免疫の体制という内部事情をよく眺めると、むしろ自己免疫がなぜ起こらないのかという疑問の方が頭をもたげてくる」とまで言う[16]。これは、諸免疫細胞の識別と反応の体系や、確固とした「自我」があるからではなく、分子的特異性によってなされるものであり、そのようなメカニズムの様相は思っているより整然としていないからだ。要するに、自家免疫疾患やアレルギーなどは、自己と非自己を区別するメカニズムが思っているより整然としておらず、内部と外部の区別もまた、思っているほど確実ではないということだ。

免疫概念が、病菌なる「敵」を攻撃するメカニズムという軍事主義的観念から、内部と外部を区別する境界維持メカニズムへと変わったのは確かだが、このような免疫概念においても、外部者に対する「攻撃」と「撃退」という軍事主義的観念が消えたとは決して言えないだろう。外部者の標を持つものたちを識別し攻撃するという免疫細胞の概念は、とりわけ免疫の一般的対象である細菌に対して言及しようとする瞬間、いつの間にか侵入者に対する攻撃と除去という伝統的な隠喩によって説明されてしまう。さらに不幸なのは、この特異的免疫系が、生物学的免疫の一般的メカニズムでは無いにもかかわらず、そして動物の場合においてさえ別のいくつかの免疫メカニズムがあるにもかかわらず、免疫の特権的概念になることによって、免疫自体を外部者に対する攻撃的排除という単一な色で彩色するという事実だ。したがって別の免疫系、別のやり方で作動する免疫系に目を向けることは、たんに量的補完を意味するだけではないだろう。

免疫能力と免疫系

免疫系には、自分に対する「寛容」と、自分でないものに対する攻撃を区別する特異的免疫反応のみが存在するのではない。外部物質の流入を防いでくれる皮膚や粘液膜、胃液や膣の酸、涙と唾、鼻毛や気管支繊毛などの表面防御膜が複数の「防御線」をなしており、ノーマルフローラ（normal flora）、熱や咳、クシャミ、炎症反応や食細胞、ウイルス感染細胞や癌細胞を攻撃し分解するナチュラルキラー（自然殺傷細胞）、そしてインターフェロンや補体たんぱく質のような抗微生物たんぱく質も非特異的防御体制を形成する。免疫系はひとつの単一な体系ではなく、全く別のやり方で作動し全く違う境界を持つ複数の免疫系が、独立にあるいは噛み合いながら共存している体系なのだ(17)。そうだとすれば、自我はいくつかの境界を持ち、内部と外部の分割は、とても曖昧なのだと言わねばならないのではないか？

このなかで、わたしたちの体のいろんな「表面」に暮らしているが、病を起こさない細菌やカビのことを指す「ノーマルフローラ」は、特別に注目する価値がある。唾や、いろんな粘液の中には免疫グロブリンと呼ばれる抗体たんぱく質が多く含まれており、粘膜の下の血管周辺には食菌作用をするマクロファージ（大食細胞／macrophage）や、特異的免疫反応をするT細胞、B細胞などが広く分布しているが、これらノーマルフローラは攻撃されず、粘膜にくっ付いて生きている。おそらくもともとは外部から流入したことが明らかな細菌だが、適応し疾病を起こさなかったがゆえに共生できるようになり、これが逆に別の病原菌から「宿主」を保護する免疫系として機能しているのだ。内部者になった外部者？　これは内部と外部の曖昧さを更に拡大させる。

ノーマルフローラは共生関係を形成した外部者たちの集合だ。一番最初には自分の生存手段としてやってきただろうし、そして「疾病」と呼ばれる一定の動揺と撹乱の時期を経たであろうが、適応して「事故を起こさずに」そこで養分を得ながら生き、免疫系として機能してあげるというやり方で、共生関係を形成したのだろう。これはミトコンドリアや葉緑体と細胞が共生関係を形成したことと同じような共生関係だと言えるだろう。ノーマルフローラは免疫に対する敵対的で攻撃的な観念とは別に、共生的な観念が可能であること示してくれる。

これは、免疫とは何を意味するのかを問い直すことに繋がる。動物たちの体系化されたメカニズムとしての免疫系の観念から若干距離を置いてみれば、免疫とはむしろ、敵対的で攻撃的な軍事的観念というよりも、共生能力と繋がったものにみえる。なぜなら何よりも免疫とは「免疫能力」を意味する言葉として使用されるからだ。免疫（能）力があるということは、ある外部者が身体内部に存在することを受け入れる能力があることを意味する。免疫能力が大きいということは、身体が許容ないし「寛容」できる、外部者の幅、異質性の幅が、それだけ大きいことを意味する。これはしばしば表象されるような、侵入者を撃退する能力を意味するのではない。強いてノーマルフローラを例に挙げなくても、わたしたちの身体の中に存在する数多くの細菌、そして身体の状態が弱くなれば発病するが、発病以前には潜在的状態で身体内部に存在するいろいろな「病菌」を考慮するなら、身体的に健康な状態とは外部者が排除された状態ではなく、反対に外部者を受容しつつも身体的恒常性や安定性が撹乱されていない状態を意味すると言わねばならないだろう。

この細菌たちが病気を起こすのは、この恒常性が耐えきれる変化の幅を超えたときである。例えば帯状疱疹はウイルスによって発生する疾病であるが、このウイルスは外部から新しく侵入したものではなく「幼いときに侵入したものが体に残っていて、外傷やストレス、体力低下などによって身体の抵抗力が弱まったり、免疫力が落ちた場合」に「疾病」として発生する。帯状疱疹のみならず、少なからぬ疾病が、すでに身体に「潜伏」し存在しているが、身体的能力が低下することによって疾病として発現する。これは外部から侵入した「外部者」に対する攻撃とは別の次元での「免疫能力」が作動していることを意味する。ウイルスなどの外部者が身体内部にあるからといって免疫系がつねにそれを攻撃するわけではないし、あるいはそれが身体内部にあるからといって常に疾病として発現するのではないことを意味する。身体的能力が充分ならば、外部者が身体内部にいても疾病にならず、逆にその能力が大きく低下すれば、既に存在していたものだけでも充分疾病になるのだ。

このような場合に対し、実際「医学的」脈絡でも「免疫力が落ちれば」という言葉を、しばしば使う。ここでいう「免疫力」とは自身とは異質な外部者が身体内部にいたとしても、問題にならないように受容できる能力のことだろう。その能力が落ちて、既に存在していた異質性さえも耐えられなくなったとき、疾病が発生する。要するに個体の免疫能力とは外部的物質の受容能力（capacity）と違わないのだ。

したがって、能力としての免疫とは、異質なものや外部者との共生能力であると定義しなくてはならない。無菌飼育動物の免疫能力が大変劣っていること、衛生の「発展」が免疫能力の低下を引き起こして少しの汚染や感染だけで疾病になる場合が多いこと、あるいはアレルギーのような過剰反応を起こして逆に身体能力の弱化を引き起こすということは、よく知られている。反対に、致命的な感染さえも、そこで生き残るものにとっては新しい共生関係に発展するということもまた、よく知られている。田光雨《ギョン・グアンウ》博士のバクテリア感染アメーバが代表的な事例だろう(18)。

このような点で疾病の観念もまた変わらなくてはならない。外部の細菌に身体が蚕食された状態を疾病として定義するのは、被感染者の身体のみを考慮した一方的定義だ。致命的な疾病とは、外部者との出会いに適応できない宿主の反応であると同時に、宿主の身体に充分に適応できない原因菌の限界を意味する。宿主の身体に「寄生」するために入り込んだ原因菌としては、宿主が死ぬことは決して「有益」ではないのみならず、ややもすれば自らも一緒に死にうるという非常に危険な事態だ。自分の身体が含む毒性を緩和しなければ、寄生する身体をただちに失ってしまう。このような理由により、感染に耐えうる場合には、免疫系の「記憶」による反撃のみが速まるのではなく、原因菌の毒性自体も急速に緩和し、死や致命傷を避け、お互いに共存できる可能性が拡大する。お互いにとって適応するのだ(19)。

英国人が一八五九年にオーストラリアに「移住」する過程で持ち込んだウサギの場合、天敵の不在のためその数が急速に増加し、その結果植物が減少した。これを減らすために、かれらは一九五〇年、ウサギ粘液腫ウイルスをウサギへ移植した。初年のウサギの死亡率は九九・八パーセントだった。次年には九〇パーセントだったが、しかし七年後には二五パーセントへ減少した(20)。理由をどう説明するにせよ、明らかなのは、いまや七五パーセントのウサギが、そのウイルスと共生できるようになったという事実だ。免疫力の増加が意味するのは、つまりこのようなものだ。このように疾病とは宿主と寄生体がお互いに適応する過程なのであり、治癒とはお互いの共生ないしは共存の可能性が始まったことを意味する。そのような能力が、死ぬか殺すかの過程を通過しなければならないという事実が、免疫能力を共生能力として、あるいは最小限の共生能力として定義することを阻むわけではない。なぜならすでに見てきたように、共生さえも、死ぬか殺すかの過程を通過しながら、その過程のなかの失敗を通して発生したものであるからだ。

攻撃的体系としての免疫系とは、特異的なものであれ非特異的なものであれ、このような能力が及ばないところで、言い直せば共生や共存が困難な「無能力地帯」において、稼動する防御体制であると言わねばならないのではないか？　だとするなら、免疫能力と免疫系の反応感度の間に反比例関係があると推測できる。すなわち免疫能力が弱まるほど免疫系の反応は強くならねばならず、免疫能力が強まるほど免疫学的寛容の幅は拡大しうるのだと。この点で、アレルギーのような過剰反応や自家免疫疾患は、受容能力の脆弱性によって外部者に対して過剰反応し、行き過ぎた攻撃性を加えるのだと言えるだろう。他方で、「免疫化」とは、このような共存可能性を拡大するため、緩和された方法によって出会い適応する過程であると理解してもよいだろう。致命的でありうる病原菌を弱めた形で、あるいは小規模に投与することで、宿主は宿主としてそれに耐えうる能力を拡大し、細菌もまた適応する可能性を拡大するような、つまり緩和した方法で患う疾病、それが免疫化やワクチン化であるのだと。

免疫能力の空白、その無能力地帯において免疫系が作動する。それは個体化に伴う自然的境界に巡らされた「保護膜」である。それは逆に個体化の境界を維持し、新しい個体化の限界地帯を形成する。しかし個体化がそのときごとに相違した諸境界、異質的要素の循環系的結合を通して進行する限り、または生存のために常に外部者を吸収しなければならない限り、外部者の侵入に対して本質的に開いているしかないような境界だ。より厳密に言うなら、毎時期の個体化ごとに変化するしかない諸境界、それゆえに複数的で曖昧模糊となるしかない境界である。個体化が外部者と出会う地帯、出会い方ごとに別の外延の境界線が描かれ、別のメカニズムの免疫系が作動する。動物の免疫系を表象する特異的免疫系は、そのような免疫系のなかの一つに過ぎない。特異的免疫系は自我と非自我の境界を確認し維持するが、これは複数の免疫系が分かつ諸境界の一つに過ぎない。いくつかの免疫系のなかで特異的免疫系が特権化される理由がないように、特異的免疫系が作動する自我の境界もまた特権化される理由を持たない。自我と非自我の境界は、免疫能力によって、個体の身体的受容能力によって、言いかえれば個体化の開放性によって規定される。

このような点で、自我とは身体的区別として存在する場合においても確定的実体ではなく、条件によって、能力によって、可変的境界をもつと言わねばならない。植物の皮や輪郭面が植物の個体性を制限するのではないし、バクテリアや原生生物の膜がその個体性を制限するのでもない。植物の、皮を含めた明らかな輪郭にもかかわらず、地面のなかで作られる、種を選ばない新しい接続と結合が、個体の境界を絶えず可変化し、はっきりとした膜があるにもかかわらずバクテリアや原生生物の分離と合体そして変異は、個体の自我を絶えず疑問に付す。動物の免疫体系がひときわ複雑で強固なのは、外部者との脆弱な共生能力に、異質なものを受容する能力の脆弱さに基づくのだ。お互いにバクテリアの集合体でありながら、別のバクテリアや、バクテリアの集合体に対して敵対的なのは、異質なものとの結合により惹起される変化に対して恒常性を維持する力の脆弱さに基づくのだろう。

外部者たちに対するこのような攻撃的防御態勢は、死を知らぬバクテリアや、自立的生存能力のおかげで死ぬか殺すかの過程から距離をおける植物と違って、有性生殖がもたらす必然的な死の運命と、非自立的能力ゆえに避けて通れない、死ぬか殺すかの敵対的争いの運命のなかで常に対面せねばならなかった死の恐怖によって惹起されたのではないか？　恐怖が通常、対象に対する攻撃性を引き起こすというのは動物行動学者たちのおかげでよく知られたことだが、そうであるなら恐怖によって外部的なもの一般を「敵」とみなし、自分の内部への接近を排除しようとする体系を構成したものだと言えるのではないか？　どうだろうか。

ただ、明らかなのは、自らの可変的変異能力を放棄することによって得られた、このような免疫体系は「死の意味を知る者」である人間の手を経て、そこに経済学的合理性が加えられ、感染を避けるために感染の危険があるものを大々的に予め殺すという、人為的防御体制になったということだ。「防疫」と呼ばれるこの防御体制によって、放置しておけば三五〇匹も死ななかったであろう口蹄疫を理由に三五〇万匹の家畜を殺し、鳥インフルエンザの脅威に対処するために六五〇万匹の家禽類を殺す巨大な虐殺が、昨年（二〇一〇年）の冬に組織されたことは、よく知られているとおりだ。

見えない細菌を相手にするがゆえに、それを見ることのできない者たちにはいかなる発言権も与えられない「衛生」という名の治安が、動物の身体で成されている免疫系を、社会的次元で稼動させていることを知るのは困難ではない。また、共同体の同質性のために、自分の集団の安定性を維持するために、移住労働者のような無力な外部者たちや障害者のような「欠陥ある内部者」を排除し追放する非衛生的治安が、社会構成員が持つ免疫という観念に無意識的に訴えていることもまた、知るに困難なことではないだろう。

註

（1）ベルクソン『意識に直接与えられたものに関する試論』アカネ、二〇〇一年、一一一―一一二頁（中村史郎訳『時間と自由』岩波文庫、二〇〇一年、一〇五―一〇六頁）。

（2）ヘーゲル、『大論理学』、前掲書、七五―七六頁（前掲書、七八―七九頁）。

（3）「無からは何ものも生じない（Ex nihilo nihil fit）」という言葉は、ヘーゲルのように「無からの創造」という神学的仮想を自明であるかのように引き入れないのであれば、無から存在への移行を意味する言葉で代替されるのではなく（ヘーゲル、前掲書、七八頁（前掲書、八一頁））、無からは無が生ずるのみであるという、文字通りの意味で理解しなければならない。どんな規定もない存在、純粋無をいくらかき混ぜてみたところで、そこからはなにも出てこない。いや、かき混ぜるものもないだろうから、ただ無があるだけで、いかなる生成もありえないだろう。

(4)「意識は、この休息から、この〈定位〉から、比類ないこの場所との関係からやってくる。〔中略〕意識の〈ここ(ici)〉――意識の眠りと、自己のうちへの逃亡の場所――〔中略〕〔主体の〕〈ここ〉が、主体の出発点となる。」(レヴィナス『存在から存在者へ』民音社、二〇〇三年、一一七―一一八頁〔西谷修訳『実存から実存者へ』講談社学術文庫、一九九六年、一四〇―一四二頁〕)。

(5) 実際に、共生概念はクロポトキンをはじめとし、二〇世紀初のノエル・ベルナール、ウィリアム・ベイトソン、ポール・ポーティエなどの研究へと連なり、それ以降も続いたが、ときにはロシア革命に対する共感として見なされ、ときには第一次世界大戦のような残酷な戦争によって反駁されたものと見なされ、無視され続けてきた(トム・ウェイクフォード『共生、その美しい共存』ヘナム、二〇〇四年、一三九―一四七頁〔遠藤圭子訳、『共生という生き方』、丸善出版、二〇一二年、一二六―一三七頁〕)。これが特定理念に対する理念的反感の産物であることは明らかだ。共生概念が真摯に扱われはじめたのは一九六〇年代になってからであるが、共生に関するマーギュリスの有名な論文は一五の学術誌から拒絶された末に、一九六七年になってようやく発表された(ニック・レーン『ミトコンドリア』プリワイパリ、二〇〇九年、三三頁〔斎藤隆央訳『ミトコンドリアが進化を決めた』みすず書房、二〇〇七年、二一頁〕)。現在は教科書的「定説」になった見解が一五の学術誌から拒絶されたということは、理念的拒否という要素なくしては、理解しにくいものである。

(6) ダーウィン『種の起源』サムソン出版社、一九九〇。

(7) ニック・レーン、前掲書、二八七頁以下〔前掲書、二六三頁以下〕。

(8) ドイツの化学者であるアイゲンが発見したもので、E1はE2に触媒作用をし反応速度を高め、E2はE3へ、E3はE4へ触媒作用をするうえに、E4がE1に触媒作用をするというように、触媒が一つの循環系をなす場合を指す。この場合、反応速度は飛躍的に増幅する。

(9)〔有機体が死なないようにする〕「生きているための唯一の方法は、周囲の環境から負エントロピーを絶えずとり入れることです。」(シュレーディンガー『生命とは何か』ハンウル、一九九二年、一一三頁〔岡・鎮目訳『生命とは何か　物理的にみた生細胞』岩波新書、一九七五年、一二五頁〕)。

(10)ベルクソン『創造的進化』アカネ、二〇〇六年、一四四頁〔合田・松井訳『創造的進化』ちくま学芸文庫、二〇一〇年、一一九頁〕。

(11)田光雨《ヂョン・グァンウ》博士のアメーバ研究がそれをよく見せてくれる。これに対してはトム・ウェイクホード、前掲書、一二五頁参照〔前掲書、一一五頁〕。

(12)ロベルト・エスポジト『近代政治の脱構築』岡田温司訳、講談社、二〇〇九年、一三三頁。

(13)同書、一三三頁。

(14)進化の時間的系列で先に出現した生物や、顕花植物のように後に出現した生物すべてにそのような防御体制がないのに、なぜ動物にのみそれが「必要」だったのか？　あるいは「進化」したのだろうか？　それはなにを意味するか？　早急な答えや、簡単な想像よりも問いとして残しておくほうがよいだろう。しかし動物以外の生物が免疫体系を持っていないにもかかわらず、外部者の攻撃によって絶滅するどころか、動物以上に卓越した生命力を持っているのはなぜだろうか？　これもまた問いとして残しておこう。ただここで、個体の境界を区別して外部者を排除することが、生物の一般的存在条件にはなりえないということを確認し強調しておく必要はあるだろう。すなわち「自我」を別のものから区別するメカニズムとしての免疫系とは、個体の存在を持続する一般的方法ではなく、極めて制限された範囲だけを持つ特定の方法だということだ。

(15)多田富雄『免疫の意味論』黄尚翼訳、ハンウル、一九九八年、一七七―一七八頁〔多田富雄『免疫の意味論』青土社、一九九三年、一八四―一八七頁〕。

(16) 前掲書、一八五頁(前掲書、一九三―一九四頁)。

(17) 自我と非自我を区別し攻撃するという、自己身体に対する特異的寛容性を持つ免疫系は、全体の免疫体系の一部であるに過ぎず、免疫系を代表するものでもない。このような非特異的免疫系に注目するのなら、動物ではない別の生物に免疫系がないと言えるのか疑問だ。なぜなら植物の分厚い皮や、原生生物の原形質膜なども、すでに書き並べた免疫系と違わないからだ。

(18) 田光雨博士が実験のために培養したアメーバが、バクテリアに感染する事故があった。そこで生き残ったものがいたのだが、それら感染したアメーバからバクテリアを分離したとき、アメーバたちも死んだ。アメーバを感染させたバクテリアがいつのまにかそのアメーバの必須の一部となり共生していたのだ。

(19) マクニールは伝染病から風土病への変化をこのように説明する。たとえば、人が慣れることのない「病原体が人に移行すれば、極度に有害な存在へ変化するのは普通だ……。結局多種多様なバクテリアとウイルスは人間集団への移行が成功し、新しい宿主との間に持続的関係を定立できるのだと考える」(マクニール『伝染病の世界史』イサン、二〇〇五年、七七頁(佐々木昭夫訳『疫病と世界史』新潮社、一九八五年、五八―五九頁))。「新しい疾病の安定したパターンが成立するのは、双方が最初の衝撃的な遭遇をなんとか凌いで生き残り、適切な生物学的・文化的適用によって互いに許容し得る調停を果したとき、始めて可能なのである」(同書、七九頁(同書、六〇頁))。かれはこれを適切に「宿主と寄生生物の間に行われる相互適応」と理解する(同書、七八頁(前掲書、六〇頁))。

(20) 同書、七七―七八頁(同書、五九―六〇頁)。

第五章

サイボーグ：「初めにサイボーグありき」

存在と不在

あらゆる存在者は存在する。本当だろうか？　わたしたちはいつも「……は存在するのか？」という問いの形で存在者の存在の是非を問う。いつわたしたちは「それは存在する」と答えるのだろうか？　目の前にあるとき、手の中にあるとき、あるいはある状況の中へ投げ込まれたとき？　しかしそれだけだろうか？　たとえば、神という存在者は存在するのか？　よく知られているように、神は目の前にある存在者ではなく、手の中にある存在者でもない。〔神は〕絶望した者の焦点を失った目にも見えず、困窮した者が救いを求める切迫さにも手を差し出さない。人間をなんらかの、処されて－いるの中に投げ込む存在ならともかく、神はそのように投げ出されて存在するのでもない。しかし信じる人びとにとって神は明らかに存在する。かれらにとって神が存在するということは、いかなる意味なのか？　空の－どこか－位置を

-占めて-いる？　至るところで-わたしたちが-する-ことを-見つめて-いる？　時々-人間の-目の前に-現れて-いる？　あるいは死んだ-後-審判台で-わたしの-罪を-審判しようと-待って-いる？　信じていないがゆえに存在を感知できない人たちにとっては近づきがたい領域だ。しかしその存在を信じるがゆえに、その全能な力の内にある、かれらがいることを否定できず、それゆえに単に不在だとは言えない領域でもある。このように、存在することが信じられず、しかし否定することも困難な存在者がいるがゆえに、このような意味で決して異なるとは言えないものたちに対して、問い直すことができるだろう。オバケは存在するのか？　ＵＦＯや宇宙人は存在するのか？　答えは分かれるだろうし、存在するという言葉の意味も、答える人ごとに違うだろう。

「……は存在するのか？」という質問を投げかけるのは、神学者や形而上学者だけではない。全く反対の立場にいる数学者も、それをしょっちゅう問いかける。誰でも一度は接したことのあるだろう質問――$x^2+1=0$ の根は存在するのか？　これもまた根の「存在」を問う。この答えは、よく知られているように、実数の範囲の中には「存在しない」。この場合「存在しない」とはいかなる意味か？　もし虚数の概念を持ちこめば、この方程式の根は「存在する」。この場合「存在する」とはいかなる意味か？　目の前に-答えを-示すことが-できる-ことであろうか？　そうかもしれない。根が存在するということは、答えを表記する、なんらかの記号や数字があることを意味する。しかし実際のところ、このように答えを書くために虚数という数字を創案したということを知るなら、「存在する」ということは、そのように答えるために何かを作り出すことを許容するのだろうか？

そうだとしても、解決しないものがある。たとえば無限級数 $x=1-1+1-1+1\cdots\cdots$ によって定義される数

xは存在するのか？　この数は合計して0になる数のペアをいかに区切るのかによって$x=1$になりもするし、$x=0$になりもし、$x=\frac{1}{2}$になりもする(1)。すなわちxを目の前に書く方法は三通り「存在する」。しかし数学者たちはこのように矛盾する答えになる場合、xという数は「存在しない」と言う。同様の理由で、ある一つの点で左微分係数と右微分係数が違う場合、あるいは微分係数が多い場合、微分係数は「存在しない」と見なす。このような場合が時々あるため、一九世紀の数学者たちは「存在する」という言葉の意味を、求められた答えに矛盾がないときに「存在する」ことだと再定義した。矛盾がないとは「である」で連結される述語の無矛盾性を意味する。「存在する」が答えの無矛盾性として定義されるのは、等号の機能が「である」を意味する動詞（be, sein, être）と同型を持つことを考慮すれば、「ある」が「である」へと、「である」の無矛盾性へと還元されるということを意味する。「存在」は計算の合理性を意味する理性（ratio）に席を譲り、消滅してしまう。

　問題はただ曖昧さのみではない。再び問おう――「時間」とは存在するのか？「時間がある」という通常の語法から離れ、時間の存在を問うこの質問に、あらゆるものが無常に変化する此岸に生きているわたしたちは、「ある」と答えねばならないことをよく知っている。西洋でしばしば巨大な鎌をもった死神の形象を取っていた無常さの観念や、しばしば「時計的な」時間概念だと非難される外延的な時間概念、すでに言及したように個体化を可能にするリズム的共調現象としての時間という概念を用いる場合においても、時間が存在することを否定できない。しかしこれは事物や道具が存在することとも、オバケや人間が存在することとも違う。時間が存在するということは何を意味するか？　反対に時間が不在するということは一体いかなる意味を持つのだろうか？

存在するということは、ただハイデガーがいうような「目の前に－ある」を意味する可視的形象や、「手の中に－ある」と命名される道具的利用可能性、あるいは「ある－状況に－投げ込まれて－いる」などのことだけではない。さらにそれは、客観的に確認可能であることを意味せず、別のなんらかの証明方法からも離れている。さらには、精神分析学は虚構的なものが明確に可視的な対象よりも強い力を持ち存在しうることを示す。たとえば「幻想」や幻想の対象は実在の穴を埋める仮想であるにもかかわらず、人間の周辺を取り囲んでいる諸物以上に現実的なものだ。フロイトが指摘したように、「トラウマ」は実際にあった事実なのか、患者自身が作り出したあったと信じたい仮想なのかは確認できないが、患者のいかなる記憶よりも強く患者の生の中に存在する傷である。患者にとって幻想やトラウマは、それが実際にあった事実であろうがなかろうが、否定できない現実として存在する。その反面、わたしたちが容易く入り込む白昼夢の中の宮殿や、夢の中の格好いい一角獣は、あるいは想像の中に存在する吸血鬼は、「幻想」や仮想という点では同一であるが、存在すると言わない。夢や白昼夢、想像が存在するとは言えるが、いまわたしが生きる現実の中にその想像の対象は存在しない。

わたしの妄想のなかの女性とは違って神経症患者のトラウマのなかの女性が「存在」すると言わねばならないのは、わたしの妄想の女性とは違って患者の女性は患者の行動に何らかの効果を及ぼすからだ。神を信じる者たちにとって神は存在すると言わねばならないのは、かれらの信仰を否定し反駁する方法がないからではなく、かれらの信仰がかれらの生に、行動に何らかの効果を及ぼしているからだ。オバケやUFOもまた、それを信じる人にとって存在すると言わねばならないのは、信が存在の理由を提供するからではなく、信がかれらに対して何らかの結果をもたらすからだ。時間もまた同じである。なんらかの可視的指標を通して目の前にあると感じさせようが、なんらかの実際の有用性を通して手の中にあると感じさせようが、あるいは投げ入れられた状況のなかでどこかへ走らせようが、あるいはなんらかの複数の要素をひとつの個体として存在させようが、なんらかの効果をもつ限りにおいて、わたしたちは時間が存在すると言えるのだ。反対に、その効果を持てないものに対しては、存在すると言うのは無意味なのだと、「錯覚」なのだと言えるのだ。

効果が、「存在する」という動詞を可能にする。存在するものが効果を持つのではなく、効果を持つものが存在すると言わせるのだ。「存在する」というものは無条件的ではない。すべてに等しく適用されるわけでもない。したがってこのような効果の範囲を通し、存在するという言葉が持つ妥当性の範囲を規定できるだろう。たとえば精神病者にとって幻覚は現実として「存在するが」、それ以外の人にとってはそれが存在しない。わたしたちにとってそれが聞こえないからといって、かれにとってもそれが存在しない音であると言えば、かれの行動を理解できない。キリスト教徒にとって神は存在するが、無神論者にとっては神は存在しない。問題は、わたしたちにとって存在しないものが、なぜかれにのみ存在するのか、であろう。なんらかのものが誰かにとっては存在するが別の誰かにとっては存在しないということを、「錯覚」だとか「誤認」という一方的な存在の否認によらずして、いかに説明できるだろうか？

オバケや幽霊もまた、同様なのではないか？　誰の目にも見えないからといって、それが存在しないと言うことは、「存在する」を「見える」と誤認することである。あるいは指標的な測定装置を通して確認できないからといって〔その存在を〕否定するなら、「測定」という特定の「確認」方法を「存在する」と同一視することだ。オバケのように「科学」の視線と相容れないほどではないが、無意識の「科学」や精神の「科学」を自負する精神分析学や心理学もまた、測定をすりぬけて存在するものたちについて語るではないか？　測定をして捉えることのできない、後に困惑の症状として現れる疾病の原因に対して。さらにはその存在を感知し、それらの言葉や行いが出現するときに媒介になる者たちがいるなら、そしてそれによって別の方法で行動する人びとがいるなら、その存在を「迷信」だと非難するのは簡単なことであるが、妥当なこととは言えないだろう。いかなる徴候的現象も見えない神の存在さえも、そのように簡単に否定しはしないではないか？

わたしは幽霊が存在することを信じる。強い力を持って実存していることを確信する。たとえば一九八〇年代初め、わたしが入学した大学には少なからぬ幽霊が存在していた。一九七〇年の清渓川で「勤労基準法を守れ！」と叫びながら焼身自殺をした全泰一の幽霊、一九八〇年の光州で死んでいった二〇〇〇人余りの市民たちの幽霊が。その幽霊たちによってわたしは、またわたしの友人たちは、思いもよらぬ生へと巻き込まれていった。素朴な青年の夢があった場所には血と涙が流れる陰鬱で重い生が入り込み、ペンを持たねばならない手にはいつのまにか石礫が、あるいは火炎瓶が掴まれていた。幽霊たちでなかったら、そこに魅惑されなければ、一体だれがそんなことをしえただろうか？　わたしたちが叫ぶとき、実際はかれらが叫んでおり、わたしたちが駆けるとき、かれらがわたしたちとともに駆けていた。誰がこの幽霊たちの存在を否定できるだろうか？　それがいなかったら、かの多くの人びとが、ときには直接幽霊の世界の中へと飛び込むことまでをして、なぜそのような生を生きるようになったのか理解できない。だからわたしは幽霊が存在しないという言葉を信じない。余りにも強い存在感を持って現存していることを信じる。

存在は、存在者が払いのけ走り去ったものによって、揺らして留まったものによって、近づいて来る。存在者は自身の効果を通して存在する。ある効果を産出し「作用する」あらゆるものは存在する。存在者とは、作用し作動し、なんらかの効果を産出することを意味する。もちろん一つの効果を産出する作用には、複数の要素が参与し加担していることを、これまで充分見てきた。だとすれば、スピノザのように言うことができるだろう——ともに作用し、ある結果を産出するものたちは、「一つの存在者」として存在する(2)。それは一つの結果をつくる直接的原因として存在することを意味する。スピノザならおそらく、直接的原因とは、「最も近い原因」を意味すると付け加えただろう(3)。

なんらかの効果を持つということは、なんらかの存在者が「作用」することを、それがなんらかの結果を産出することを意味する。機械に対しては「作動する」と、人間に対しては「活動する」と区別して言うが、実際は、在る位置でただじっと存在する石ころに対しても、わたしたちの身体に入りわたしの体液のなかに溶け込む薬に対しても、効果を産出するものとして存在するすべてのものは「作用する」と言ってよいだろう。「作用」という言葉によって「作動」や「活動」をともに言わんとするのは、言い換えるとそのような言葉を動物あるいは人間の領域から引き出して「作用」という言葉に浸水させようとするのは、このような理由による。その言葉が以前の用法によって使われる場合でさえ、その言葉が一つの平面上にあることを、予め明らかにしておくのもまた、このような理由による。

存在するということはなにかに作用することであり、その作用を通してなんらかの結果／効果を産出することだ。そのような結果の原因として存在することだ。したがって「すべての存在者は存在する」という同語反復的な文章が妥当であるためには、また別の同語反復的制限を付け加わらねばならない。存在者が存在する限りにおいてのみ、存在者は存在するのだと。なぜなら「黄金の山」のような空想が名を持つ瞬間、存在者という言葉の中にあったように誤認され、「完璧な美人」や「完全な存在者」のように、いかなる実在‐効果も産出できないが、概念的「完全性」のなかで自らの存在を証明する驚くべき「存在者」もいるからである。

存在者とは、作用し、なんらかの効果を産出できる限りにおいてのみ、なんらかの効果の潜在性を持つ限りにおいてのみ、存在する。それが、存在することと存在しないことの差異を説明する。存在についての思考が、作用についての研究、作動と活動あるいは「労働」についての研究を含むのは、このような理由からだ。しかしここで特別に注目したいのは、生命と機械、あるいは有機体と機械という、極めて異質なものたちが一つの効果を産出する活動／作用である。それら異質なものたちが「一つのように」作動すること、一つの個体として個体化することだ。

機械を超える機械

サイボーグとは、サイバネティクスに由来する形容詞と、有機体を合わせて作ったサイバネティックオーガニズム（cybernetic organism）を縮めた言葉であり、一九六〇年、宇宙旅行の夢が冷戦の渦中で競争しているとき、宇宙空間で存在するためには人体を技術的に改造しなければならないと主張した、アメリカのマンフレッド・クラインズ（Manfred Clynes）とネイザン・クライン（Nathan Kline）が提案したものだ(4)。押井守のアニメーション『攻殻機動隊』で描かれたように、サイボーグはその単語自体がとても未来的な意味を持っているが、「機械と有機体が結合した複合体」であると簡潔に定義できる。

このようにして誕生した「サイボーグ」という言葉には、むなしい夢が込められている。人間を機械によって代替するという夢が、あるいは機械を人間のように作動させるという夢が。それは人間の思考が作動するプロセスを、人間の身体が動く様相を、機械にシミュレートさせようとする試みの中で生まれたものだ。知能に代わる人工知能は、機械に人間と全く同じ動きをさせる夢の領域だった。しかしそれゆえに、それは不可能な夢だった。人間の能力を模写することは、いくら似せたとしても、決して同じものになれない。それは、人間のいない機械から始める限り、人間と機械の違いを、結局には模倣と競争を同時に引き起こす隙間を消すことができないからだ。この場合シミュレーション（simulation）は、常にエミュレーション（emulation、模倣／競争）へと帰着してしまう。だから、人間の知能がその役割りをし、それによって機械を動かすほうがましだろう。

おそらく、これがサイボーグの明示的な出発点であった。人間の知能に機械の身体を連結すること、いや人間の知能のみならず、人間の身体に機械を連結すること。この定義のままにサイボーグを理解するなら、それは庶子として生まれたと言わねばならないだろう。決して原本に追いつけない複製品の運命を持つものとして。サイボーグはそのような失敗から始まった漂流の軌跡の中にある。それが人間の知能を模写しようとする試みよりもうまくいったのは、模写の線を離脱するこの反復的失敗のゆえであったろう。サイボーグが二つの顔を持つのも、このような理由によるだろう。人間に付加された機械によって、時にはそれは人間の能力を超えた人間として描かれる。しかしそれは、まだ充分な人間になれていない人間として描かれる理由でもある。裏返して言ってみてもよいのではないか？　一方でそれは機械を超えた機械を意味し、他方でそれは機械だと非難される機械を意味する。しかし、この両者は、サイボーグが人間と機械の境界を瓦解させ、消し去るものであることを意味するだろう。サイボーグとは、人間と機械の境界を横切る者である。

横断するということ、サイボーグにとってそれは、異質なものの結合を意味する。サイボーグは、有機体と機械、あるいは生命と機械という巨大な亀裂を最初から横切り、その亀裂によって分割されたものたちを「一つに集める」。有機体と機械が結合し「一つのように」作動するとき、それによって一つの効果／結果を産出するとき、そのように「一つの個体として」活動するとき、わたしたちは一つのサイボーグを発見する。であるなら、サイボーグが必ずしも、まず「人間」と「機械」の複合体である理由はない。皮膚の下に電子タグと呼ばれる無線周波数ID（RFID, Radio Frequency Identification）チップを移植したイヌも(5)、小さな実験用チップを移植したネズミも、みなサイボーグだ。また機械という言葉から、必ずしも最先端コンピューター装備を思い浮かべる理由もない。たとえば車椅子に乗る障害者も、スマートフォンを手に道路検索をしているあの人も、あるいは眼鏡なしには物を識別できないわたしも、みなサイボーグなのだ。これは「結合」という言葉が、必ずしも神経体系に繋がらなくてもよく、あるいは身体に穴をあけて移植しなくてもよいことを意味するものであることを知るなら、さほど新しくもない話だろう。

しかし有機体と機械が結合して「一つのように」作動しようとすれば、有機体と機械それぞれの「固有な」作動方式を超える結合方法が、つまり新しい「総合」のプロセスが必要だ。サイボーグという言葉に強く込められようとしていた「サイバネティクス」という言葉がそれと関連するだろう。よく知られているように、サイバネティクスは一九四八年、ノーバート・ウィーナー（Nobert Wiener）が提案した理論だ。ウィーナーが自らの著書『サイバネティクス』に付した副題である「動物と機械における制御と通信の研究」

から伺えるように、サイバネティクスは有機体と機械における「自己調節メカニズム」についての研究だ。有機体と機械の結合を可能にする総合のプロセスは、その異質なものが結合し、一つの個体として、一つの「自己」として、作動するようにするプロセスなのだ。

このような調節体系は、作用の結果を逆戻りさせつつ作用の様相を転換し調節することをもって結果を産出する過程において、なんらかの恒常性をつくりだすものだ。結果が原因へと遡及され、原因が適切な原因として持続されるプロセスを「フィードバック」と呼ぶことは、よく知られているとおりだ。フィードバックは結果と原因の逆転した関係を、原因は結果を通してのみ原因になれるということを、結果論的論証ではなく実際的過程を通して見せてくれる。よく知られているように、別の要因(人間の動作)が直接的に介入せずとも電気炊飯器が米をご飯へと有効に変換させることができるのは、有効な原因になれるのは、まさにこのような調節体系を通してである。

人間の知能に対する抽象化を通して構成されたこのようなプロセスは、明らかに機械化されうるものであり、これを通して機械の作動は自己調節体系を持てるようになり、これが自動化された機械の創案へと繋がっていったことは、すでに常識に属する。人工知能を持つ自動機械やロボットは、このような創案の一つの極を示す形象だろう。「機械の人間化」と言うべきだろうか? その更に根本的な意味は、機械的に構成された自己調節体系が、機械と生命、または機械と人間が、一つの共通の調節体系によって結合されうる可能性を提供するという事実にあるだろう。有機体の作動と機械の作動を同時に調節できる一つの調節体系、それは両者を一つのように作動させる核心要因だ。サイバネティックプロセスがサイボーグの要諦をなすことは、このような理由による。しばしば誤解されるが、ロボットとサイボーグはこのような理由ゆえに同じものではない。それらは類似した調節体系を用いる場合にも、互いに別の機械的系統に属している。

「人類最初のサイボーグ」になると言って、自分の身体にチップを埋めて神経と連結し、それを通して機械と有機体の「コミュニケーション」を実験しようとした人工知能研究者ケビン・ウォーリック（Kevin Warwick）が、「サイボーグとは、強力な手足のような身体組織の改善ではなく、精神的連携方式の体系を通して成された」ものであると強調したのは、やはりこれゆえだ(6)。しかしこのような制御過程を、機械と有機体は必ず一つの神経束で連結されねばならないという意味で解釈するなら、それは結合の特定の方法、つまりまだ充分に現在の時間のなかに入り込んでいない方法を、過剰－一般化することによって、それとは異なる結合のあり方を見えなくさせるだろう。人間やイヌの制御過程が機械を稼動させようが、機械的ネットワークによって人間やネズミが動こうが、自己調節的体系が両者を一つのように動かしてくれるならば、それはサイボーグだと言える。その調節体系が動物の脳に位置するのか、機械に位置するのかは副次的なことである。なぜなら重要なのは有機体である身体と機械を一つのように作動させることであって、それがどこにあるのか、誰が稼動させるのかという点ではないからだ。

サイボーグ概念を最大値まで押し進めようとする映画『攻殻機動隊』が、サイボーグとアンドロイドの境界に対して強く線引きをしているのは、このような「精神的連携方式」ゆえだろう。とりわけ続篇の『イノセンス』では、アンドロイドとサイボーグの境界線からすべての事件が発生し進行する。両者の決定的な差異とは、押井守の言葉を借りれば、ゴースト（Ghost）があるかないかである。つまりアンドロイドにはないゴーストがサイボーグにはある。ゴーストがあるためにプログラムされていない行動をし、計算困難な事態に直観的に反応する。「ゴーストのささやき」は、科学的な計算や推論を超えることを可能にし、現れていない事態に対する予感へとサイボーグを導く。その反面、アンドロイドは、この映画でのように「義体」という有機体的身体を持つ場合さえ、プログラムされたことしかできない。その反面、人間的な、あるいは生命体の要素であるゴーストがあるために、全身を「義体化」したことにより最初の有機体的身体が残っていなくとも、草薙をはじめとする映画の登場人物たちは、依然として機械と有機体の結合体であるサイボーグだと見なされる。

したがってこの映画においてサイボーグは、すでに固体的機械とタンパク質の区別を超えて定義されている。それはただ有機体と機械の結合というよりは、生命体と「機械的身体」の結合だ。これはタンパク質を生命と同一視してきた過去の誤解を考えれば充分に納得できる。したがって区別はむしろ有機体内部へ、あるいは機械の間に移転されるだろう。たんぱく質と機械が混合した義体のみではサイボーグになれないのだ。そこに「ゴースト」という、生命に固有なものが追加されねばならない。「機械+有機体」というサイボーグの定義は、「アンドロイド+ゴースト」という公式にとってかわられる。しかし押井守は「生命に固有なもの」に対し、旧来の生気論的観念を持っているわけではない。「人形使い」なるプログラムが、一つの生命体であることを主張し「亡命」を申請する有名な場面には、生命の概念を根本的に考え直させる明示的な質問が含まれている。

映画では見られない重要な意味と役割りを「タチコマ」に付与したTVシリーズ『攻殻機動隊』では、人工知能を装着した兵器であるタチコマが、「好奇心」を持つがゆえにプログラムされていないこと、命令から外れることを繰り返しながら「進化」する過程を経て、通常のアンドロイドとは区別される機械になっていく。タンパク質を含まない機械の身体を持ち、ゴーストのない機械が、アンドロイドと区別される位置へ、サイボーグの位置へ、あるいは生命体の位置へと入り込んで行くのだ。タンパク質の身体を持つアンドロイドと「機械」の身体をもつタチコマの対比は、重要な区別が身体の成分や人工知能にあるのではなく、プログラムされたことのみを実行する身体とプログラムされていないものを実行する身体のあいだにあることを示してくれる(7)。

それゆえアンドロイドとサイボーグの差異を強く対比させながら始まるが、実際にはその区別を瓦解させようとする「犯罪」によって始まり、それが瓦解する地点を追跡していく映画である『イノセンス』は、一種の「脱構築」という方法を通して両者の差異を問うという、逆説的な含みを持つだろう。プログラムされた命令から外れるアンドロイドの「事故」と自殺は、すでにそれがアンドロイドに留まらないことを意味する。アンドロイドへ生きている者のゴーストを移植する「ゴーストハッキング」が禁止されているのは、この境界が超えてはならない壁であることを意味する。攻殻機動隊の刑事たちが従うのは、この禁止の命令である。しかし、多くのアンドロイドの「事故」と自殺が、ゴーストハッキングによって苦しんでいる人間が送った信号であり「症状」であることを発見したときにバトーがあらわにした怒りは、かれもまたいつの間にかこの禁止の壁を越えていたことを意味するだろう。それはおそらくこの「信号」のゆえにアンドロイドたちが死んで行かねばならなかったことを、機械と人間の共生関係がそれゆえに破壊されたという事実を、たんにその壁に刻まれた禁止の命令のみでは、納得したり正当化したりできないことを意味するだろう。サイボーグとアンドロイドを分かつ区画の絶対性を受け入れられないということを意味するだろう。この場合、両者の区別は再び問題になるだろう。

実際、前へと手探りしながら問い直さなければならない。ゴーストハッキングによって事故を起こし自殺するアンドロイドは、サイボーグなのかアンドロイドなのか？　タチコマはアンドロイドなのかサイボーグなのか？　人工知能を持つ機械であるタチコマと、別のアンドロイドの間にある違いは何なのか？　結局、到達する質問はこうであろう——人工知能と「ゴースト」とは何なのか？　最初は一つのプログラムであったが、自ら生命体であることを主張しはじめる人形使いは人工知能なのか「ゴースト」なのか？もしそれがゴーストならば、プログラムである人工知能とゴーストはどう区別できるか？　押井守の映画も、TVシリーズも、この区別を消し去るところへ帰着するように見える。

サイボーグについての質問を、機械と有機体の形態的差異から、より根本的な地点へと押し広げ、生命と機械の違いについての質問へと変換し、その境界の曖昧さについて再び思考することを要求しながらも、この映画が見逃している質問がある——身体が変わってもゴーストが同じなら同じサイボーグなのか？言い換えると、身体が変わってもゴーストは同じでありうるのか？　この映画でサイボーグの身体は「義体」であり、費用の問題のみ解決すればいくらでも簡単に取り替えることができるとされている。とりわけ草薙の身体は何度も壊れ、別の義体と取り替えられる。いかに替えられようが、草薙は草薙だ。ゴーストの同一性がサイボーグの同一性を担保するからだろう。しかし本当にそうなのか？　ゴーストの代替（ハッキング）が、ある人を全く別の人へと作り変えうることを劇的に強調していることを考慮するならば、身体の代替が持つ効果に対して、これほどまで無感覚なのは非常に意外なことだ。これは、たんに肉体と霊魂の関係についての質問であるのみではない。有機体と機械の結合という当初の定義で言い直すなら、有機体は自身が結合する機械が変更しても不変なのだろうか？　そうだと答えるのは難しいだろう。ならば、結合する身体的成分が変わるとき、サイボーグは、かれの「ゴースト」は、以前と同一な状態を持続できるのか？　これに対して適切に答えるためには、未来的極限のなかのサイボーグへ向かうよりも、機械と有機体の結合が最初に発生した最初のサイボーグに遡ったほうがよいだろう。

最初のサイボーグ

知ることができず曖昧であることが、ある概念の致命的欠陥だとは言えない。しかしその曖昧な概念を通し、あるものを区別しようとする試みは無謀なことだ。『攻殻機動隊』で押井が強調しようとしたことは、充分に納得できるが、それが意味を持つのは、むしろサイボーグとアンドロイド、人工知能と「ゴースト」、プログラムと生命の区別が瓦解する地点においてだと言わねばならない。あたかも過去の唯物論者のように「ゴースト」よりも身体の問題を扱おうとするなら、有機体と機械という身体を構成する異質な諸成分の関係を見ようとするなら、再びサイボーグの「原始的」形態へ戻るのがよいだろう。

初期の定義をより明確にするなら、サイボーグとは自己調節体系によって作動する有機体と機械の結合体である。自己調節体系によって有機体と機械が一つのように作動すること。この定義から科学の「未来学」が提供する表象を除去するなら、すでに述べたように、機械が高度の電子的機械でなければならない理由はなく、自己調節体系もまた神経と通信網を連結する電気信号でなければならない理由はない。したがって、身体にチップを埋めて神経と連結させ、電気のインターフェイスやインターネットを連結する手術を通し、「人類最初のサイボーグ」が誕生したというケビン・ウォーリックの主張にも同意すべき理由はない。

手に持ったスマートフォンによって道を検索する人は、いかなる手術もすることなく有機体に機械が結合し、一つのように作動しており、かれの頭脳とスマートフォンのプログラムが結合し、一つの調節体系を形成しているという点において、かれはサイボーグである。なぜなら機械と有機体の結合が分離不可能性を前提とせねばならない理由はないからだ。それよりもまず、電動車椅子に乗って家に帰る障害者も、機械と有機体が結合して一つのように作動する身体を持っており、両者の結合を調節する自己調節的神経系を通して動くという点において、すでに充分にサイボーグである。自己調節的体系が、必ずしも二つの要素がそれぞれ持つ調節体系の統合を前提するわけではないからだ。ショベルカーを動かし地面を掘る運転手はもちろん、シャベルで地面を掘る人夫もまた、すでに充分にサイボーグなのだ。有機体と結合する「機械」が、必ずしも自ら動力を持ったり複雑なものである理由はないからだ。そうだとすれば、キーボードを叩いて文章を書き、自動車を運転して移動するあの人はもちろん、眼鏡をかけ運動靴をはき、メガホンで声を増幅させて人を集めているわたしもまたサイボーグである(8)。

丁寧に磨いた石斧で胡桃を割り、石矢で鹿を捕まえる原始人たちもまた、すでに充分にサイボーグなのだ。なぜなら一つの神経体系によって調節され、機械と有機体が結合し、一つのように作動しているからだ。最初のサイボーグ、それは最初に道具を使用し、求める結果を得た原始人たちだ。道具を手に持って動く人間、それは機械と有機体が結合して、一つのように作動する最初のサイボーグだった。もしそれよりも先に道具を持って木の実を取ったサルがいたならば、あるいは道具を使った別の動物がいたならば、その動物に最初のサイボーグの座を譲らねばならない。「機械」と「道具」を区別することによって最初のサイボーグの座を奪還しようとする試みは放棄するのがよいだろう。なぜなら、すでに多くの人々が論じてきたように、道具と機械を区別するはっきりとした境界線はないからだ。

「道具を使う動物」、哲学者たちがしばしば言及するこの人間学的定義は、実際は人間ではなくサイボーグに対するものだ。哲学的人間学の主張のように、人間がこの定義と一致する外延を持つならば、つまり道具を使用する動物である限りにおいて人間であると言うならば、人間は最初からサイボーグであったと言わねばならない。エンゲルスのように、人間と対応する労働の概念を「道具を使う活動」と定義するなら、それは正確にサイボーグの作動方式を意味していると言わねばならない。「道具を使う動物」が素材的側面において人間をサイボーグとして定義するなら、「労働する動物」は作用的側面・活動的側面において人間をサイボーグとして定義する。素材的側面であれ作用的側面であれ、人間は最初から皆サイボーグだったのだ。だとすれば「初めに言葉ありき」という文章を「初めに行動ありき」と修正したファウストの前例にしたがい、わたしたちこのように言い直さねばならない――「初めにサイボーグありき」。

したがって、サイボーグについての最初のテクストは、クラインズとクラインの論文や、それに先立つウィナーの本でもなく、エンゲルスの「猿が人間になるについての労働の役割」である。驚くべきことにこのテクストは、人間が道具と結合して作動することにより、人間の身体と「ゴースト」にいかなる変化が発生したのかを、「進化生物学的観点から」叙述している。もうひとつ驚くべきことは、かれは「人間」の持つなんらかの性質が人間の本質であると普遍化するような人間学的定義を取らないことだ。更にかれは「労働する動物」や「道具を使う動物」という定義から始めることもない。かれはただ労働するという事実から始め、その労働が人間に惹起した変化に沿っていく方法で叙述する。

労働は人間の本質ではなく「人間が生きていくための基本条件」である。この条件が、すなわち「労働が人間自体を創造してきた」(9)。まずそれは人間の身体を創造した。最も著しいのは手である。直立の結果、地から脱領土化したことによって、なにかを掴めるようになったとき、サルや類人猿はすでに、一つの重要なる一歩を踏み出し、それによって道具を使う動物の道が開かれた。しかしここではサルと人間の大きな違いはない。おそらく最初のサイボーグを人間にのみ限定できないのはこれゆえだろう。

しかしエンゲルスは、人間の手が、解剖学的に類似したサルの手とは違って、非常に精密で精巧に変化したことを、ただ道具を使ったことだけではなく、道具を製作したという事実によって説明する。「最下等の野蛮人の手だとしても、それは、いかなるサルの手であれ真似することのできない数百の作業ができる。いかなるサルの手も、みすぼらしい石刀すら作ることができない」(10)。かれが「労働は道具の製作とともに始まった」と言うのはこのような理由による(11)。たんに道具を使うことを超え、自身の身体によりよく適合する道具を製作すること、これは道具を人間の身体により適合させて作っただけでなく、人間の手を道具に適合させていったのだ。道具と手の結合が、ますます促進されただろうし、道具はだんだん身体から放すことができないものになったのだろう。「手は労働の生産物」なのだ(12)。

証拠を充分に提示したとは言いにくいが、労働が、労働による手の発達が、人間の視野を拡張したというエンゲルスの指摘を、「そのように発達したものが生き残った」という形式の文章へ書き直すなら、進化生物学の観点からも受け入れられるだろう。進化は続く。労働が共同作業になったとき、作業に参与する人びとの間の結合が拡大し、その結果「お互いにとって言わねばならないことがある段階に到達した」。これは喉頭や口腔器官の進化へと連なり、分節された言語の発達がそれに続いた。ここにおいても、かれは言語を人間に帰属させる人間学的前提を持ち出してこない。その反対に「イヌやウマは人間と接触することによって、分節語を聞きとれる立派な耳を持ち、それゆえにそれらの表象範囲で聞こえる限りにおいては、すべての言語を簡単に理解する術を知る」。イヌやウマは人間に対する愛情や感謝などの感情を表現する能力を獲得した。オウムの例を挙げて、鳥は言葉を学ぶ能力の近くにいるという。オウムが自分の言葉の内容を理解できないとは言えないとまで、かれは主張する。かれはオウムの悪口に対しても真摯に受け止める(13)。労働から手へと、言語へと進んでいくかれの推論は、脳や別の感覚器官の発達にまで続いていく。

結合が、結合する作用が、あるいは結合して進行する作用が、身体を変化させ、感覚を変化させ、精神を変化させる。これこそエンゲルスが労働という概念を通して強調することだ。労働とは人間が道具と結合し、別の動物と結合し、別の人間と結合する過程である。なんらかの効果を産出するために外部の対象と自身を結合する作用、それが労働である。結合した異質的要素が適切に、一つのように作動するべく調節するプロセスさえも、労働を通して始まり、発展する。有機体の意志に服属しない道具ないし機械を、意志によって身体と結合し効果的に作動させるのもまた労働である。諸物が結合して一つのように動く作動の一様相なのだ。

サイボーグの誕生と進化、それはエンゲルスが労働と命名したこのような作動の産物である。それは道具と命名された物が有機体と、機械が有機体と、一つの個体へと個体化する過程であると言えるだろう。ここに「物と有機体の共生(Symbiosis)」という言葉を付け加えることは、全く難しいことではないだろう。物と有機体の「共進化(co-evolution)」なるものがあるとすれば、これを除外することはできないだろう。少し控えめに言ってもよい。共生や共進化という概念に拒否感がある人だとしても、労働が、あるいは人間が、最初から異質なものたちが混じる、混性と混合の地帯を形成するという事実を否定できはしないだろう。

サイボーグとは、生命と機械の根本的対立が無効化されることを意味し、本性を異にすると見なされてきたものが、一つの個体化過程のなかで「共生」することを含意する。バクテリアの共生と比べても、決して簡単ではなかったであろうこの共生のなかで明らかなのは、有機体であれ機械であれ、共生のなかに入ったバクテリアのように、お互いに巻き込まれ、自らが蚕食される、なんらかの変化を経たことだろう。共生が「共進化」へと繋がっていくように、有機体と機械がお互いを通して変化する共進化が、この共生様相のなかにあるだろうと考えるのは、決して理由なき空想ではない。個体化とは、このような共生や共進化の可能性を含意する、ともに－作用することであり、ともに－活動することである。サイボーグとは、ハイデガーならおそらく「世界－ない（無世界的）」と「世界－ある（世界形成的）」という言葉で分けていたであろう(14)境界を越え、「世界を－分かち－持つ」存在者であり、人間に帰属する世界の外側へと出て行った存在者であり、そのように分割された世界を越える、新しい種類の世界を創案する存在であろう。サイボーグが未来よりもむしろ到来の時制に属するということは、人間と機械、生命と機械を別の「世界」へと切り裂く分割が未だあらゆる所に存在するからであり、そのような分離が未だわたしたちの観念や行動を支配しているからだろう。

忘れていた問いを簡単に付け加えよう――身体を入れ替えたゴーストは、なお以前のゴーストのままであるか？　結合する道具、結合する機械が変わるときには精神の様態も以前のままではないのだと説明するために、身体と霊魂の平行性について説いたスピノザの命題をあえて持ち出さなくともよいだろう。エンゲルスの言うとおり、労働によって身体が変わったのなら、身体によって労働もまた変わっていくと言わねばならない。それによって霊魂もまた変わっていくことは間違いない。使用する道具の変化が人の感覚を変えることは、進化論的時間を必要としない。弓矢で獲物を追うときの霊魂と、銃で獲物を狙うときの霊魂が同じではないことについては、白人が与えた銃を壁にかけながら、今なお矢で狩りをするインディアンの直観を信じてもいいだろう。草薙の義体が女性ではなく少女へと取り替えられるとき、あるいは男性の身体へと取り替えられるとき、そのゴーストがなんの変化もなくそのままであると誰が断定できるだろうか？

人間の未来

『攻殻機動隊』のサイボーグが、近い将来に見れるようになると言うのは難しいだろう。しかし英国の人工頭脳学の教授として、一九九八年と二〇〇二年、二度にわたり神経と連結したチップを自らの体に埋める手術をし、それを通して人間身体のサイボーグ化可能性を実験したケビン・ウォーリックが二〇五〇年の時制で書いた次のような文章をみれば、映画監督の想像と科学者の予測が、それほど離れていないことが分かる。

「地球はサイボーグが支配している、サイボーグは新しく開発されたネットワーク制御装置のスーパー知能を稼動する……。サイボーグは強力な手足のような直接的な身体条件の改善によるものではなく、精神連携方式のシステムを通してなされたものだった。かれらの頭脳は、無線装置を利用して中央コンピューターネットワークに直接連結されている。かれらの考えだけで、ネットワークに接続し、知的能力と記憶を呼び出すことができる。その反対に、中央ネットワークは情報を得たり任務を遂行させるために個別のサイボーグを呼び寄せる。このようにしてネットワークは統一された体系として稼動する。個別サイボーグは、ネットワークの無線接続なくしては、いかなる価値もないものであり、個々のサイボーグがいないネットワークもまた相対的に無力なものになる……。サイボーグたちはネットワークを通して、考えによって送る信号のみで、自分たちどうしお互い意思疎通ができる……。[15]」

かれがこのような想像を、未来学者のようにいささかの誇張を交えながら、一種の予測であるかのように書いたのは、自らの実験を通して得た確信ゆえだろう。神経に連結したチップによって指先や身体の動きを、その神経信号を電気的信号へと変え、その周波数を「分離」させることの成功によって、かれはその周波数に反応する外部の対象、例えばロボットや人造の手、電動車椅子を操縦できるようになった。また、超音波の送信／受信機を連結し、人間にはなかった新しい感覚を利用し、コウモリのように外部の物の動きを捉えることができ、感情信号に反応する首飾りの色を簡単に変え、別のチップを埋めた人の動きをすぐさま感知できた。そしてこのあらゆるものは無線通信やインターネットを通して伝達されるので、ニューヨークにいるロボットを、通信網さえあればパリやモスクワで操縦することも可能だと確認した[16]。インターネットのようなネットワークを神経網と称することは、隠喩ではなかったのだ。

神経網と連結したチップを埋め、インターフェイスをつくるだけで、すべての「驚くべき」変化が現実になりえたということは、誰もが知っている想像の結果に過ぎないので新しいものは無いかもしれないが、その想像自体を別の方法によって可視化したという点において、充分に注目する理由がある。なぜなら空想という言葉を用い、なんらかのものを現実と分離させる方法で、サイボーグをめぐる映画的想像を無効化できなくなったことを意味するからだ。しかしこのような変化を、ウォーリック(17)やマクルーハンのように(18)「人間身体の拡張」として理解することは、かなり安易な通念へと後戻りすることになるだろう。マクルーハンの命題を少し変え、反対側から言うことが、むしろより正確だろう——「機械は機械が有機体に送るメッセージだ」。自身と結合し作動する機械に適する仕方で有機体の身体を、「精神」を変えて適応せよというメッセージ。もちろんそれは、人間が機械に送った手紙に対する機械からの返信であると言えるだろう。しかしながら、その返信は最初の手紙とかなり異なったものでありうること、全くとんでもなく、思いもよらないものでありうることを指摘しないのであれば、それはむしろ間違った比喩であるというべきだろう。

言いたいことを書くためのものだった文字が、言いたいことを蚕食してきてそれを変えてしまい、記憶に代わるメモが記憶能力を侵食することで記憶を変えていく。人間の身体を代替し、その能力を増幅させるために作られた場合でさえ、機械は身体を変えていき、「身体を扱う」精神もまた変えていく。これをなすために、道具と労働の内で人間の身体が変化していくと指摘したエンゲルスのテキストを再び思い出してもよいだろう。おそらくデリダならそれを、道具ないし機械という「危険な代補（supplément）」に(19)よって蚕食される人間であると言うだろう。そのように蚕食される人間、自分が選択した機械によって変異させられる人間、それがサイボーグのより正確な形象だろう。サイボーグが人間の未来であると言うなら、それはただ時計の針の回転数を加えねばならないという意味においてではなく、次のような理由からだと言うべきだろう。機械的「延長」の拡張にしたがい到来する変換の形象のなかに、すでに人間の未来が存在する。

人間の感覚能力さえも、自ら使用する機械を通して変わることを納得させるために、過去に対するエンゲルスの考古学的想像を深め、「機械」という言葉がよりリアルに聞こえる現代的な事例を追加してもよいだろう。たとえば人間の目は、駆けるウマを見ても、二本の前足と二本の後足がセットになって同じように動いているのか、互いに交差しているのか正確に見ることができない。一九世紀初期の画家の絵では、ウマの前足は二本同時に前方へ伸び、後足も二本同時に後方へ伸びているのを見た記憶があれば、このことは簡単に理解できるだろう。実際にウマがどのような駆け方をしているのかを正確に「見ることができた」のは、連続シャッターを利用したマイブリッジ（Eadweard Muybridge）の写真を通してであった。そのとき、ようやくはじめて、駆けるウマの足は、左右が互いに交差していることを確認できたのだ。それ以降、人間の目は、駆けるウマを裸眼で見るときにもウマの足が互いに交差していることを見るのだ。機械的感覚が人間という有機体の目に割り込んできたのだ。あるいは、カメラの機械的な目が、物を見るにあたっての別種類の感覚を人間の目に付与したことを知るためには、ジガ・ヴェルトフ（Dziga Vertov）の有名な映画（「カメラを持った男」）を見ればよいだろう。人間の目を「補う」カメラのレンズが、すなわちその機械的な目が、人間の視覚的感覚を変えたということだ[20]。ルイス・マンフォードは機械的な補助なくしては音楽を作ることはもちろん、歌さえも歌えなくなっており、わたしたちの想像力さえも「機械装備しなければ、存在もしないし、生まれることもできない、つまりラジオやテレビの助けをかりなければ、存在を維持するエネルギーをもちえない」と指摘する[21]。

それとともに強調せねばならないのは、サイボーグが人間の観念へ送るもうひとつの「メッセージ」である。ウォーリックの実験は、自分の調整できる身体が、有機体である自分の体に直接つながることに留まらず、はるか遠くに離れている対象、太平洋や大西洋を挟むほど離れた対象へと拡張されうることを示している。また逆にいえば、大西洋を越えてニューヨークで動いている人造の手にしたがい自分の手が同調し動きうることを、そのような距離を挟んで機械もまた人間の身体に巻き込まれうることを示している。無線通信網によって連結されうる限り、いかなる距離であれ、有機体と機械が互いに巻き込まれ変容させる結合の過程を、そのようにして一つになる個体化過程を阻止できないことを示しているのだ。個体化の外延が、有機体の身体近辺だけでなく、通信網によって連結されたあらゆる場所へ拡大される。または、そのように連結された複数の諸機械へと、複数の機械はもちろん複数の有機体へと、である。

サイボーグは人間身体の外延から個体化の境界を抜け出ようとする。もちろんこのような集合的個体化は、エンゲルスが指摘した結合労働、マルクスが指摘した協業と分業においてすでに充分に現れているものであり、それが一つの自己調節プロセスを形成するために言語を発展させたこともまた指摘されたが、サイボーグは言語をあいだにおいた隙間さえも消し去り、個体化の外延を拡大する。電気信号によって連結された諸身体、それはどれほど遠く離れていても、強い意味において一つの個体なのだ。サイボーグはこのように人間の外延を、「誰も代替できない」境界を壊してしまうのだ。

インターネットと携帯電話などの巨大なネットワーク - 神経網によって連結され、カメラや録音機など、新しい感覚器官を装着させたまま無数の保存装置に記憶された資料を加工しながら一つのように動く大衆は、サイボーグが解体させた個体の位置に新しく出現した別の様相をもつ個体だ。巨大な集合的身体を持ち、空間と時間の差異を横切り、一つのように作動する集合的個体。無数の機械と無数の有機体が、曖昧模糊としているが、そのときごとに収斂するある調節プロセスによって、一つのように動く巨大な集合体、それは巨大ネットワークの時代に新しく出現した集合的サイボーグの、もう一つの形象なのだろう。

最後のサイボーグ

サイボーグの形象を最も遠くまで押し進めたもののなかの一つが、押井守の『攻殻機動隊』であることは明らかだ。しかしそう言えるのは、この映画が人間をサイボーグによって最大限代替することでなんかの量的極限に接近したからではなく、サイボーグの能力を想像しうる最大値へと拡大することによって質的極限に到達したからでもない。あるいはサイボーグとアンドロイドの区別さえも不可能になる地点でサイボーグ概念のアポリアを示したからでもない。それはこの映画が、サイボーグという概念を通しては考えられないこと、もっとも卓越したサイボーグさえも考えられなかったことへ向かって、「不可能なこと」へ向かって、サイボーグを押し進めたからである。サイボーグが死んで消滅する地点、それゆえにサイボーグがありとあらゆる技術や知識を動員しても理解できない地点へと。そこは「義体」と呼ばれるサイボーグの身体が崩壊する地点であり、草薙の個体性さえもが消滅する地点だ。サイボーグの能力が極大化するのは、サイボーグがもつ可能性の最大値がおぼろげながらに現れるのは、そのあらゆる可能性が消滅する、まさにそこにおいてである。

草薙を掴んで離さない、あの知ることのできない魅惑、それは犯罪を追うというストーリーの流れから外れ、敵に向けていたまなざしを自らに向け、海へとダイブする中盤でこそ可視的に現れるが、実際は正体を知ることのできないあるパトスによって、映画の最初から終始一貫している。草薙は最も優秀なサイボーグであるが、それがなんらかの感知可能な信号で近づいてくるときにも、その正体を知ることができない。それゆえ、なにかに取り憑かれたような草薙の態度を理解できない同僚のバトーは、不安になるばかりで、それを〔草薙の〕変わりに消してやろうとするのみだ。それはずっと海の形象、深淵の形象を帯びる。草薙の個体性がはまり込み、消滅してしまう海。草薙が、サイボーグには似合わないスキューバダイビングをするのは、決して同一であるとはいえないこの海の魅惑に、すでに感染しているからだろう。自らを掴んで離さないものが、たんなる気分ではなく、ある「信号」として捕えられたのも、船の上であった。

その深淵の実体を先に見たのは「ネットの海で生まれた」人形使いであった。人形使いを通してその深淵は、再び草薙へ手を差し出す。草薙は、それが以前から自らを掴んで離さなかった魅惑であることを、現在属している世界からの離脱を意味する孤独の大気で、闇という知ることのできない色で、いつからか自身を囲い包んでいた誘惑であったことを、ただちに見抜く。それは人形使いとともにやって来たが、人形使いよりもはるか先にやって来ていたのだ。人形使いの壊れた義体を見る前から、草薙はかれにまきこまれていたと言わねばならない。草薙がかれの誘惑によって、無謀にも進んでいくとき、草薙はその職分も身体的限界も忘却したまま、狂った速度で巻き込まれていく。あらゆる理性的判断を中止したまま、畢竟死が待っているかもしれない深淵へと、不可能な場へと魅惑されるように、入っていく。

そこで待っていたものは人形使いではなく海だった。ネットの海。人形使いはただそこから出てきて、そこへと誘惑し導いた、海が差し出した手であった。そこで待っていたのは、またしても死であった。しかしそれは戦車と闘って破壊されるやり方で表現される身体的な死のみではない。より本質的なのは草薙の「ゴースト」へと近づく死である。深淵のような海、それは死の場所なのだ。しかしその死は、正確にはブランショが言う「非人称的な死」である。人格/人称としての草薙の死ではなく、人形使いを通して覆い被さってくる「何か」を通して草薙の個体性が消滅するような死である。それはすでにこの死を知っている者、その死へと草薙を誘惑した人形使いの消滅する個体性に乗って、押し入ってくる。合体するバクテリアのように、それらは合体し、その合体のなかで草薙も、人形使いも死ぬのだ。

バトーはその死を人格的な死として誤認する。身体的な死とともにやってくる死。かれはおかしな身体を代わりに手に入れて草薙を生き返らせるが、生き返ったのは、すでに草薙ではない。いや、必ずしも草薙でないわけではない。それは草薙でありうるし、人形使いでもありうるし、他のすべての可能性がありうるほどの巨大な海である。それをもう一人の草薙として描くのではない方法で、描写できるだろうか？それは後にも再び草薙として、別の形象の草薙として出現するだろう。そうして生き返った草薙が攻殻機動隊へと戻るのであれば、これほどおかしなことはないだろう。草薙は自分を好いているバトーからも離れていく。「さてどこにいこうかしらね？　ネットは広大だわ」と言うが、じっさいは行く場所もない。いや、バトーが提供した義体がなかったとしても、死にはしなかっただろう。それは、いかなるサイボーグでもないが、あらゆるサイボーグなのだ。ネットの海がある限り、どこにでもあるものであり、どこにも行く理由がないからだ。『イノセンス』においてそれが思いがけない場所に現れたのは、必要な場であればどこでも現出可能なことを暗示して消えていくのは、このような理由からだ。

これがすべてというわけではないが、『攻殻機動隊』は最初から最後まで海についての映画だ(22)。海の中にダイブするサイボーグたちの物語であり、このダイビングによってサイボーグの身体さえ消滅する、これ以上サイボーグとして存在できない場所についての物語だ。しかしまさにそれを通してそれぞれのサイボーグたちが存在し活動することのできる。したがってこの映画はサイボーグについての映画ではなく、不可能なサイボーグについての映画であり、サイボーグの不可能性についての映画なのだ。

汚染と変調の存在論

サイボーグの海、それはあらゆるサイボーグが浸水し消滅する場所だ。ネットの海、サイボーグたちが必要な情報を得るためにダイブする場所であり、距離の違いを跳び越えて、一つのように作動するために通信する空間である。サイボーグたちを作動させる「信号」と「情報」によって充満した場所、いかなるサイボーグもいないが、あらゆるサイボーグがいる場所だ。サイボーグは大昔からいるし、サイボーグの集合的作動もエンゲルスが指摘したように長い歴史を持つが、エンゲルスの時代のサイボーグと現在のサイボーグを、原始的サイボーグと現在的サイボーグを区別させるのは、おそらくこの海の存在であるだろう。

ネットワークの海を通してサイボーグたちが常に「自分」の有機体的境界を越えて作動し、別の機械、別のサイボーグと結合し作動すること。しばしば接近（access）と命名されもする「接続」の可能性に満ち溢れる場所、それゆえにサイボーグの能力が個体の接続能力によって、接続による摂取と変換能力によって、その接続と変換によって自分が消滅する能力によって規定される場所、それがネットの海である。このような海の出現が、サイボーグの歴史に一つの決定的な線を引いたのは明らかである。接続がサイボーグを定義する新しい時代がはじまったのだ。もしこの時代に自分の存在を確実に確認したいサイボーグがいるなら、かれの思考は次の命題によって始められなければならない――「われ接続する、ゆえにわれ存在する」。

酸素で汚染された大気から新しい種類の生命体が誕生したように、数多くの情報が際限なく入り混じり汚染されているこの海の中で、いまの時代のサイボーグたちは誕生する。その海の中で絶えず汚染され、その海に汚染の下水を排出して生きていく。機械と結合するということは、その機械のメッセージに汚染されるということであり、この汚染によって身体が変異するということだ。ネットワークに接続するということは、ネットワークを流れ回る、わたしに不在するものへと接続することであり、それによってわたしの「ゴースト」が、わたしの身体が汚染されることだ。そのように接続する度ごとに、そのように汚染される度に、「わたし」は死ぬ。汚染とは、常に「わたし」を消し去りながらやってくるものだからだ。したがって、先ほどあげた命題は、このように発展するだろう――「われ接続する、ゆえにわれ死す」。そのようにして、わたしは絶えず汚染されて生きて死に、存在する。草薙もまた、人形使いと合体する前に、すでに何度も死んでいたのだ。

生物学的空間のウイルス以上に、ネットワーク空間を流れ回るウイルスが、接続のターミナルにおいて、はるかに日常化したのは、このような汚染の否定的な一断面に過ぎない。わたしたちを汚染させるのはウイルスのみではない。ウイルス以前に、わたしたちが接続し摂取したもの、そのすべてがわたしたちを汚染させる。人形使いと合体する以前に、既に草薙は、いや攻殻機動隊のサイボーグたちは、人形使いを作り出したネットの海によって汚染されていたのだ。人形使いを追跡するために駆け出す以前に、草薙は常に既に人形使いを追いかけていたのだ。

汚染と感染は、いまの時代のサイボーグの存在方法になった。汚染によって自我の境界を失くし、感染によって立っている場所から離脱し、この離脱によって他者を感染させること。ネットの海、それは「コミュニケーションの空間」ではなく汚染の空間なのだ。サイボーグとは絶えず汚染される存在者なのだ。それは「接続のサイボーグ」以前における原始的サイボーグの段階でも同様だった。機械による汚染、物による汚染は、機械や商品が人間の世界に飛躍的に押し寄せてきたとき毎に、多くの哲学者が批判し警告してきたことではないか！　接続の時代に、以前と違ったものがあるとすれば、「物質性」という抵抗の壁が薄くなったという点、「複写」や「複製」という言葉が一般化される程度に汚染の幅が広がったという点、それゆえに最初の原本が何なのか、複製以前の「原型」がそもそもあったのかさえ分からなくなったという点だろう。接続の時代は一般化された汚染の時代である。

接続するということは、汚染に向かって手を差し出すことだ。ネットの海が出現した出来事について、しばしば「情報革命」や「情報のコミュニケーション」などと言うが、そのコミュニケーションは、常に既に汚染された情報のコミュニケーションであるのみならず、汚染させる情報のコミュニケーションであり、したがって汚染のコミュニケーションであると言うのが、より適切な言い方だろう。したがって「コミュニケーション」という言葉は、接続の時代の意味を表す際に全く不適切な言葉なのだ。

なぜならコミュニケーションとは、あたかも実体のように、変わることなく喋る側と聞く側が発信者と受信者として別の場に立っていて、そのあいだをメッセージが連結するという素朴な通信の観念を全く抜け出れていない言葉であるからだ。メッセージを受信する瞬間、受信者が汚染され変換されるなら、メッセージを作るために必要な情報を集めながら発信者が繰り返し変換されるなら、これを「コミュニケーション」という言葉で呼ぶほど純真なことはないだろう。発信者さえいないメッセージを探し出して受信し、受信しながらいくつかのメッセージが混合し、とんでもないメッセージが作られていくことを「コミュニケーション」という言葉で称するほどの笑い話もないだろう。コミュニケーションはない。汚染と感染があるのみだ。コミュニケーションはない。変調と変形があるのみだ。

周波数変調（frequence modulation）が音を消して作り出す一般的「構成」の方法になった時代において、情報変調（information modulation）は接続を通してサイボーグが消され誕生する一般化された「構成」の方法になった。この場合、変調とは汚染される以上に汚染させる、与えられたものを超過する変形の過程である。変調は汚染の時代に「わたし」を構成し、構成しなおす一般化された方法だ。問題は汚染や感染を避けることにあるのではなく、汚染と感染を超過する変調能力を稼動させることであり、それを通して新しい身体へと、自らを絶えず再構成することだ。「主体」という古い概念は、この変調を通してその度ごとに新しく構成される変調過程の結果を称する形でのみ、生き残ることができるだろう。

接続のサイボーグとは、情報の海に浸水（submerge）したサイボーグであり、その海の中で情報変調という総合の形式を通して絶えず出現（emerge）し、再出現（reemerge）するサイボーグだ。それは接続が一般化された時代に「人間」に付与された新しい形象だ。情報の海は、物理的距離を間においた身体の諸要素が、すなわち諸機械と諸有機体が結合し、一つであるかのように作動させる、一種の帯というわけだ。物理的な帯から電子的な帯への変化は、サイボーグの結合が身体的結合から神経－電子的結合へと移行したことを表す指標であろう。個体化は、そして個体の作動／活動は、このような結合を通して成される。

しかし分離された身体の結合や、その調節メカニズムを成す情報変調という総合の作用が、白紙の上で任意に画かれた線にしたがって進行するわけではないということを、簡単に付け加えておかなねばならない。「情報」という言葉は、「知らせる」という通常の意味で用いる場合においても、その語源が「形を与える（informare）」という言葉から派生したことを記憶する必要があるだろう。形を与えるということは、形態的方法によって捉えることを、つまりそれ自体として、すでに一つの形式であることを意味する。それはいかなるものも、あるがままには知らせない。特定の形態によって、なんらかの形式によって包摂された形で知らせ、その素材以上に形式を伝達する。知られる内容は常に既に形式化された内容だ。より正確に言うなら、すでに言及したように情報とは汚染であり、常に汚染されているということ、したがって情報を摂取するということは汚染されることを意味し、情報を与えるということは汚染させることを意味する。汚染なきコミュニケーションがありえないように、汚染なき単純な情報の取得や伝達、および利用はありえないのだともう一度言わねばならない。

情報が伝達されるとき、情報よりもまず形式が、その「情報」を枠付ける剰余的な（redundant）ものが、まず伝達される。わたしが取得し遂行する情報の変調は、その剰余性から自由になれない。取得した情報に付き従ったり、それが排除する別の諸情報との連結鎖に縛られ、汚染され、変調する。

常識と呼ばれる通念や「イデオロギー」、あるいは多様な種類の知識が、情報変調という総合の過程に常に既に介入している。変調の様相に制限を加え、変調に使われる情報を選別し、変調過程全体に方向を与える。したがって情報を取得して変調するサイボーグは、自身が変調されるような仕方で情報を変調する。情報に剰余的に付加された「指令語（mots d'ordre）」の[22]集合が、サイボーグの身体的結合に、結合された作動に、そのようにして介入して割り込むのだ。

情報変調が常に既に権力の問題であるのは、このような理由による。したがってサイボーグの作動／活動は、存在論的レベルにおいて既に政治的なものなのだ。大抵の場合、ひと塊となり漂っている情報が、情報の流れがあり、その情報の取得と変調に介入する通念や「イデオロギー」あるいは知識が、それを通して作動する権力がある。数多くのサイボーグが、おたがいに別の線にしたがって集まり、散らばるのだ。したがって重要なのは、いかなる線にしたがっていくのか、いかなる線を描くのかを、絶えず問い直し、描き直すことだろう。転覆を夢見るサイボーグとして。

註

(1) $x=(1-1)+(1+1)+(1-1)+\cdots=0$ であるが、$x=1-1+1-1+1-1+\cdots=1+(-1+1)+(-1+1)+\cdots=1$ だ。しかし $x=1-1+1-1+1-\cdots=1-(1-1+1-1+1-\cdots)$ と書けば、後ろが $(1-1+1-1+1-1+\cdots)=x$ になるために、$x=1-x$ になる。したがって、このとき $x=\frac{1}{2}$ である。

(2)「多くの個体が、すべて同時にある一つの結果の原因であるかのように、一つの活動において協働するならば、そのかぎりにおいて私はそれらすべてを一つの個物と見なす」(スピノザ『エチカ』二部、定義七、曙光社、一九九〇年、六八頁〔工藤・斎藤訳『中公バックス　世界の名著30　スピノザ　ライプニッツ』中央公論社、一九八〇年、一二七頁〕)。

(3) したがって原因を原因とするのは結果／効果である。結果がない原因はない。しかしある作用の反復の中で、特定の結果を惹起するのだと把握された原因がありうる。このような原因と結果の概念が法則的前後関係や論理的前後関係によって連結されるとき、いわゆる「根拠率」と呼ばれる因果性概念が形成される。

(4) ダナ・ハラウェイ『謙虚な目撃者』カルムリ、二〇〇六年、一二四頁。〔*Modest_Witness@Second_Millennium. FemaleMan_Meets_OncoMouse: Feminism and Technoscience*, Routledge, 1997. 未邦訳〕。

(5) デリック・ジェンスン、ジョージ・トゥレフォーン『ウェルカム　トゥ　マシーン』ハンギョレ出版、二〇〇六年、一九―二〇頁。〔*Welcome to the machine : science, surveillance, and the culture of control*, Chelsea Green Pub, 2004. 未邦訳〕。

(6) ケビン・ウォーリック『わたしはなぜサイボーグになったのか?』キムヨン社、二〇〇四年、四八三頁。〔Kevin

Warwick, *I, Cyborg*, Century,2002, 未邦訳〕。

(7) 遺伝学を通して生命が機械化される過程と、人工生命を通して機械が生命化される過程が出会う地点において登場する「創発(emergence)」という概念は、まさにこの分岐点と繋がっていることを簡単に言及しておこう。

(8)『攻殻機動隊』で義体化を拒否し、武器さえも昔の銃を使い、ただ同僚たちとの通信のために部分的にだけ電脳化を受容した人物であるトグサは、義体化の明示的支持者であるバトーと反対側にいるが、かれもまたサイボーグであることは明らかだ。この映画においてサイボーグとは、この二人の人物のあいだにあるすべての存在者である。

(9) エンゲルス「猿が人間化するにあたっての労働の役割」『カール・マルクス　フリードリッヒ・エンゲルス著作選集』五巻、パクジョンチョル出版社、一九九四年、三七九頁。

(10) 同書、三八〇頁。

(11) 同書、三八五頁。

(12) 同書、三八一頁。

(13) 同書、三八二―三八三頁。〔『マルクス＝エンゲルス全集』、第二〇巻、大月書店、一九六八年、四八五―四八六頁〕。

(14) ハイデガー『形而上学の根本概念』カチ、二〇〇一年、三二五頁以下〔『形而上学の根本諸概念』、三〇四頁以下〕。

(15) ケビン・ウォーリック『わたしはなぜサイボーグになったのか?』キムヨン社、二〇〇四年、四八三―四八四頁。

(16) 同書、三六五頁以下。

(17)「サイボーグとは正確に何なのか」を問う自らの質問に対し、生物学的存在としての人間が技術と結合せねばならないことを意味するという回答、あるいは両者の共生関係を意味するという回答と対比させつつ、ウォーリックは、自分が最も好きな定義は「無限に拡張された人間」だと回答する。〔同書、三九二頁〕

(18)「機械の時代には、わたしたちは、わたしたちの肉体を空間的に拡張した。電気技術の一世紀を経過した今日〔中略〕さまざまな媒体(media)によってわたしたちがこれまですでに感覚や神経を拡張してきたように、いまや新しく創造された認識方法が集約的に、全人類社会に拡張しようとするに及んで、人間の意識を機械が代用して人間を拡張するということは最後の段階に近づいた。〔中略〕電気時代においては、わたしたちの中枢神経が技術によって拡張された結果、わたしたちは全人類に関与し、全人類がわたしたちの中に組み込まれることになる。」（マクルーハン、『メディアの理解』、コミュニケーションブックス、一九九七年、一八―一九頁〔後藤・高儀訳『人間拡張の原理　メディアの理解』竹内書店、一九六七年、九―一一頁〕）。しかしこの本で提示された「メディアはメッセージ」というテーゼは、反対に「メディアが人間の延長」ではなく、「人間がメディアの延長」でありうることを含意する。なぜならメディアを使用する瞬間、メディアのメッセージによって変容される人間を含意するからである。

(19) デリダ『グラマトロジーについて』民音社、一九九六年、二八五頁以下〔足立和浩訳『根源の彼方に――グラマトロジーについて（下）』現代思潮社、一九七二年、七頁以下〕。

(20) セザンヌは「クロード・モネはただ眼にすぎない。しかしどんなに素晴らしい眼なのか！」と賛嘆したことがある。カメラの目は、そのような卓越した画家の目をすら越えるのだと、ルイス・マンフォードは指摘する（マンフォード『芸術と技術』民音社、一九九九年、一一四頁〔生田・山下訳『現代文明を考える　芸術と技術』講談社学術文庫、一九九七年、一三六頁〕）。

(21) 同書、一三頁〔同書、一五頁〕。

(22) この映画は水中で生命が誕生するように、水中でサイボーグの義体がつくられるタイトルバックから始まり、ネットの海へ向かう場面で終わる。すべての重要な場面は、現実の海とネットの海に繰り返し「ダイブ」することだ。これはたんに草薙にのみ該当するのではない。すべてのサイボーグが海中にいるのだ。

(23) ドゥルーズ・ガタリ『千のプラトー』一巻、研究空間ノモ資料室、二〇〇〇年、一〇〇頁〔宇野邦一ほか訳『千のプラトー』上巻、河出文庫、二〇一〇年、「4　一九二三年十一月二〇日　言語学の公準」以下〕。李珍景『ノマディズム』一巻、ヒューマニスト、二〇〇二年、二七〇頁以下。

第六章 オンコマウス：シミュラークルの政治学

手段として存在するものたち

手段になる運命を生まれ持つ全ての存在は悲しい。なにかのために自分を「捧げねば」ならないことが、「目的」とよばれるものに向かって自分の身を火にくべることが悲しいのではない。悲壮さと壮烈さを伴うそのような「犠牲」は、むしろ誇らしいことだろう。命をかけた断固たる決断、それは人間をたやすく誘惑する。しかし自らを火にくべるという壮烈さもなく、誇るべき犠牲として現れることもなきままに、べつだん強調されることもないまま、なんらかの「目的」のために消耗されねばならない運命とは、はかなく卑しいものだ。人間に肉を提供するために飼育されるブタやニワトリ、化粧品の毒性を実験するために毛を刈られた皮膚に毎日毎日化学薬品を塗られねばならないウサギ、馬車をひくために毎日の時間を駆けるウマ、あるいは人間に休む場所を提供するために刈られねばならない木のように。感情移入が簡単な「生きもの」だけではない。部屋を暖めるためにカマドのなかに入られねばならない薪は、隠喩をこえて体を火にくべるが、そのくべることすら見えはしないのだ。

手段として生まれた存在者がさらに悲惨なのは、その目的が達成される前に捨てられるときだろう。食べるための肉にさえならないまま「殺処分」されるブタとニワトリは、とんでもない死に対して、同情くらいは時おり得ることができる。実験待機者である母から生まれ、実験で使われもしないまま「処分」されるネズミたちも、ときにはそうだろう。人間の便利な移動のために、狂ったように走らねばならない運命を生まれ持った自動車や、唾を飛ばす音を別の誰かに伝達するために生まれた電話は、手段としての能力が残っているのに、いかなる憐憫もないまま簡単に捨てられる。そのように捨てられるときにさえ、その存在のはかなさと卑しさは、あまり現れない。だからそれらは、さらにはかなく卑しい。

このような卑しさは、わたしたちの感情をそれらに投射した結果だと言うこともできるだろう。そうかもしれない。しかし、毒性の程度を知るために実験室で死ぬまで皮膚に薬を塗らねばならないウサギや、インスタントラーメンだけでどれくらい生きられるのかを確認するために死ぬまでラーメンだけを食べねばならないネズミ、風邪程度にすぎない口蹄疫の拡散を防ぐために大々的に死なねばならないウシやブタ、それらの苦痛と悲しみさえも人間のスバラシイ同情心と見なすことは、呆れるほどの無感覚を要求することに違いない。もうひとつ、さらに根本的なこととして、はかなさと卑しさは、必ずしもなんらかの対象に向き合う者が感じる感情のみではないという点だろう。兄であるエテオクレスの権力を簒奪しようとして戦死するポリュネイケスの死体を片付けさせず、それを残酷に侮辱し、蹂躙しようとしたクレオンの命令は、悲惨さと凄惨さをポリュネイケスに帰属させるためだった。身ぐるみを剥がされ道端に捨てられたままゴミになった死体は、死体自身が感じることができないとしても、充分に悲惨であり、見られようが見られまいが充分に凄惨だ。『訴訟』で処刑されたKの死体をみて「まるで犬だ」と感じたのは、K自身でもあったが、その場合にも、それは死体が与える感応という点で、Kの主観的感覚以上にK自身の死んだ身体に属するものだといわねばならない。同様に、食べ残した肉に刻まれた歯痕とともにゴミ箱に捨てられたウシやブタの悲惨さは、それを誰が感じるのかに関係なく、それらの身体に属するといわねばならない。だとすれば、ときには壊された身体で、ときにはちゃんとした身体のままで、ゴミ箱に捨てられた電話機や炊飯器に対しても、同じように言わねばならないのではないか?

しかしそれらは、目的を達成するよりも前に捨てられた境遇を、手段としての自分の存在を、悲しまない。手段的存在であるにもかかわらず、悲しまず嘆かない存在者は驚異的だ。自分の存在が手段であったと知るときに感じる人間の苦痛を知っているなら、なんらかの目的や自分が同意していないことのために自分が手段として利用されたということを感知したときに感じる怒りや嘆きをよく知っているなら、ただ手段であるまま生きながらも、そのような存在を嘆かないことが、いかに稀で難しいか、容易に理解できるだろう。人間としてそのような平穏さを維持しうる者がいるならば「聖者」と呼ばれるかもしれない。あるいは反対に、奴隷として生きながらも、まったく抵抗しようともしない「馬鹿」と言うべきかもしれない。「喋ることのできる手段」である奴隷の境遇に対して嘆きながらも、それを抵抗として表現できないのならば、そのように言わねばならないだろう。しかし、そのような境遇を嘆かず、なにかのために自分が有用だという事実それ自体に満足するなら、そのような平穏さは奴隷的であると言えるだろうか?

わたしたちは他者「のために」自分の生を捧げることを、たとえば貧しく見捨てられた者たち「のために」

献身し、破壊されたアマゾンの森林「のために」命をかけて闘い、民主主義「のために」、革命「のために」人生をかける生き方を尊重し尊敬しているではないか？　「……のために」自分の生を捧げるということは、なんらかの目的のために、生を手段としてとらえ、そのような手段的位置を受け入れて肯定することを意味するのではないか？　それはその手段的存在について、嘆いたり不満を言ったりせず、すすんで受け入れる生のことではないのか？　多くの場合、「聖者」や「革命家」と呼ばれる人たちは、そのような種類の生をよろこんで受け入れる者たちではないのか？　だとすれば、わたしたちは目的ではない手段として存在することを、少なからぬ苦痛さえも伴うその生き方を、尊重し尊敬していると言わねばならないのではないか？

すでに憂慮されていることだろうが、これは、自ら進んで何かのために手段になることに不満を言わず黙従する奴隷の生を、共同体やなんらかの集団のために命をかけて手段になるような生を、意味するのでは決してない。このような警戒心が毎度思い浮かべるファシズムが、自分が属する共同体のために命をかけろと言うときにも、戦闘的追従と言葉無き犠牲を称揚する者たちは、人間に対し「喜んで手段になれ」と言いはしなかっただろう。反対にそれこそが「主人」になる道であり「わたし」を捨てることをもって「全体」になる道なのだと、生の輝く総体性を得る道なのだと言うのではないか？　自分が同一視するから、その目的が直ちに自分の目的になるよう共同体のために身を捧げよと、そのときその献身は、目的の位置からさらにもっと光り輝く英雄的な主人になることなのだと言わなかっただろうか？　さらにはそれが明白に手段的な場合においてさえ、「予め死へと駆ける」〔死へ先駆する〕悲壮な犠牲に「手段」という言葉は付されない。その「高貴な犠牲」の称揚者たちが、自分が属していない共同体のために、自分とは別の他者たちのために生を捧げろと、喜んで手段になれと言うことを、一体どこで発見できるというのか？

人間、目的論的超越者

この世に目的として存在する存在者がいるか？　いる。「人間」がそれだ。数多くの人間は、自分のために、自分にとって使いやすく、世の中や宇宙が作られたと信じている。『創世記』のように、そのような信を長いあいだ支えてきた聖なる神話もある。そのような明示的な信はなくとも、人間は、ほとんどその黙示的な信を持って行動する。もちろん、宇宙が人間のために存在するという信に納得するためには、なぜ神は宇宙を、寿命が一〇〇年にも満たない人間が光の速度で数千年数万年を駆けぬけてようやく達することのできるサイズで作ったのか、理解する必要があるだろう。地球が人間のために存在するという信を維持するためには、目に見えないために未だ化学兵器以外には、せいぜいヨーグルトやキムチのような食べ物に利用されるという稀な例外を除けば、べつだん合目的的「用途」を持たない、数多くのバクテリアやウイルスの存在を忘れる必要があるだろう。このように、適切な無知と忘却が可能である限りにおいて、あらゆる存在者は自分が宇宙の存在理由であると、その目的なのだと信じることができるのだ。ニーチェがかつて自然と人間を併置させる方法によって自分の位置を誇張する信をあざ笑ったように、アリもゴキブリも、自分が宇宙の目的であり存在理由であると信じることができるだろう。じっさい冷静にいえば、アリも人間もあまねくバクテリアの群体であることを知るならば、バクテリアこそが地球の主人であり、地球の存在理由であったと言う必要があるのではないか？

この世に手段の運命を生まれ持った存在者がいるだろうか？　ウシは人間が食べる肉になるために誕生

し、イヌは人間の友達になってやるために存在するようになり、サルは人間の見世物になるために生まれたのか？　この子どものような幻想が未だに堅固な理由は、人間のこの信を、人間が与えた「運命」を拒絶して明示的に反駁する存在者がいないからだろうか？　あるいは人間が自分の目的に合わせてイネやリンゴを育て、それを手段として利用する術を知っているという事実があるからだろうか？　しかし、植物が自らの実や身体を動物に差し出す方法によって生存および繁殖する能力を発展させてきたことを知るならば、田んぼとは、イネが自らの存在のために、人間に他の雑草を抜かせ、水を入れさせ、管理させているものだと言えるのではないか？　であるなら、人間とはイネが増殖するための手段的存在者であると言えるのではないか？　世の中に手段ではない存在者はいないのだ。

常に別のものが存在するための目的であるような存在者はなく、常に別のものの手段であるだけの存在者もない。今朝食べた米やリンゴは、わたしが生存するための手段ではなく、わたしの生存を持続させるための「条件」である。言い換えれば、それはわたしの生存の「原因」である。これは自動車工場の労働者が、自動車の誕生と存在のための手段ではなく、その「原因」だという事実と同じ程度に事実だ。地球や人間の存在の目的がバクテリアのような存在者に奉仕することではないように、ウシやニワトリの存在の目的も人間という存在者に奉仕することではない。あらゆる存在者は、別の存在者によって、それらの宇宙的系列を「原因」として存在し、別の存在者の存在を産出しながら存在する。あらゆる存在者はわたしを可能にする原因であり、わたしが関与するあらゆる存在者は、わたしによって産出された結果として存在する。なんらかのものたちが産出した「結果」を目的であると錯覚するとき、そのものたちはその目的のための手段となるのだ。自分がもたれかかっている諸条件を手段であると誤認するとき、そのものを産出した諸「原因」を手段であると錯覚するとき、そのものは、別のものにもたれかかって存在するに過ぎないことの結果であるにもかかわらず、その諸「手段」が服務しなければならない「目的」となるのだ。結果と原因を、目的と手段へと置き換えるあらゆる観念のなかで、存在者は目的論的世界のなかに包摂され、存在の思考は目的論的思考に取って代わられる。

目的論的思考の内においては「目的」も「手段」も、存在を見せなくする忘却のカーテンなのだ。「目的」である存在者は、自分の存在を目的であると誤認する。目的という地位を存在の理由として、存在の意味として錯覚する。目的にさえぎられ、存在は、その存在者を存在させるものが見えない。目的にさえぎられ、その存在者が持続するということ、そのようにして持続しながら存在することが何を意味するのかが見えないのだ。

「手段」である存在者もまた「目的」にさえぎられ、その存在が見えない。手段として生まれた存在者たちの存在は、目的および合目的的用途に服属する。それらの存在は目的に有用なかたちで服務する限りにおいてのみ「許容」され、持続される。あらゆる存在者は自分の存在を持続しようとするが、手段として生まれた存在者は、そうする権利を持ちえない。さらには目的に服務できるにもかかわらず、存在を中断せねばならない場合が、現在非常にありふれている。ボードリヤールが言うように「消費が義務になった」ある時期以来(1)、手段として生まれた存在者たちは、自らの寿命を全うする前に捨てられ、廃棄される。「存在する」ということを、ただ空間的な一点を占めるという「延長」概念へと縮小できないことを知るならば、きちんと身体を維持しているにもかかわらず、これ以上なんらかの効果を産出できずに棺おけのような箱のなかに埋葬されたものを「存在する」と言えるだろうか? だからしばしばその蓋をあけてみてはこう言うではないか？――「ああ、着る服が無いいい、ね！」

人間でないものに対しては、手段になる存在の黙々とした受容を当然視しながらも、自分は決してそうすることはできないと感じるのは、明らかにヒューマニズムのせいだろう。「人間」としての自分、「個人」としての自分の尊厳に対する自尊心のせいだろう。天賦の権利を持って生まれたという自負が、「近代」とよばれるとても短い過去を持つことを、長々と説明する必要はないだろう。充分な政治的理由をもっているし、あるいは自分なりの哲学的理由をもっているこのような発想が、「人間とはつねに目的として扱われなければならず、なんらかの目的のための手段として扱われてはならない」という定言命令になるとき、目的であったものがいつの間にか手段になり、手段であったものがいつの間にか目的になる、内在的な二つの観念の間に越えることのできない絶対的な区画が引かれる。いまや目的という観念は、人間に付与された超越性の位置を意味するようになり、人間ではないあらゆるものは、それに対して手段として位置づけられるのだ。

それは、常に自分は宇宙の存在理由、存在目的なのだと自負する我執が、常に目的として待遇されようとするような、だれもが持つであろう傲慢がつくりだす幻想であろう。自分を、あるいは自分に似ただれかを、その超越的地位へと高め、その超越者を通して自分が目的であることを、その目的の超越性を主張するかたちで構成されている幻想。いかなる目的もなく生まれるがゆえに、ハイデガーのいうように、存在の意味に関心を持つ者としては、いっそう避け難い幻想だろう。それは、精神分析家たちのいうように、欠如を埋める虚構であるが、それを欠かしては生きられないような、現実的虚構としての幻想なのだ。人間がこのような幻想を持たずに生きることが、いかに辛く苦しいことなのかを理解するのは難しくない。

しかし幻想は実在を隠す。「人間」の顔によって目的性の不在を隠し、目的の超越性によって目的と手段の内在性を隠す。自分が、多くの場合手段として存在しているにもかかわらず、そうではないという誤認を引き起こす。それが存在を見えなくさせる。人間は存在の意味に関心を持つがゆえに、存在の意味を見ることができない存在者なのだ。

目的と手段が無いと言えはしないだろう。しかし目的の星の下に生まれついた存在者はおらず、手段の運命を生まれ持った存在者もまたいない。すべての存在者は別のなにかを利用する瞬間、目的という地位を得るのであり、なんらかの目的のために作用したり、なんらかの存在者の存在に寄与する限り手段になる。手段として存在するというのは、他者の存在に寄与し、かれらになにかを与えるということだ。映画『わたしを離さないで』で臓器を提供するために生まれたクローン人間は、みな「提供者donner」と呼ばれる。目的として存在するとは、他人にもたれかかり存在するということであり、他人が与えるものを受け取りながら存在することだ。「提供者」の寄贈を受け、命を延長する人間たち。ただ目的としてのみ存在しようとする存在者は、他者のために与えようとせず、もっぱら受け取ろうとするだけの存在者だ。常に目的として遇されようとする人間学的な定言命令が意味することは、つまりこれなのではないか？　それは、自分が与える気がないものを剥ぎ取って存在しようとするふてぶてしい宣言だ。与える気がないものを他者から奪うことは強奪だ。常に目的にならねばならないという人間学的な定言命令は、強奪者のふてぶてしい自己宣言だ。「手段」の位置を与えた存在者たちに対して、あるいは「寄贈」の運命を与えた複製人間たちに対して、わたしたちがあなたたちの存在目的であり、わたしたちのためにあなたたちの身体を捧げなければならないと、「普遍的必然性」の形式を用いて要求するのだ。暖かく色どられたヒューマニズムとは、このような強奪を、生まれるときから与えられた「目的」という言葉によって自らを慰める慰安の逃げ場なのだ。強奪者の形象をした自分の顔から目をそむけ、心の慰安を得ようとして自分の体を隠す、希望の光によって華麗に色どられた逃げ場の名前だ。

それゆえ、人間を目的として扱わねばならないと固執するヒューマニズムの近代ほど、人間が手段として扱われた事例も多いということは、明らかに一つの逆説だ。医者は患者の治療あるいは疾病治療のために存在し活動する。軍人は潜在的戦争のために、その戦争で戦うために存在する。教師は学生を教えるために存在する。資本家は資本の増殖のために活動する。その目的から離脱する瞬間、もはや資本家ではない。資本の増殖が資本家の存在理由だ。警察は治安のために、あるいは円滑な交通の流れのために存在する。あらゆる職業は最初から「……のための」活動であったり、「金を稼ぐための」活動だ。その職業を持った人は、だれもがその目的に一致せねばならず、適合した手段にならねばならない。よりよい手段になるために、金をかけて勉強を重ね「スペック」を上げる。ヒューマニズムは手段としての自分の存在を見えなくする幻想だ。国家のために命をかけ、どこかへ駆けていくことは、たいていの場合、輝かしい賛辞と英雄的威光のせいで見ることはできないが、それは「……のために」命さえも捧げる手段としての存在ではないのか？　どれほど偉大なものだとしても、「……のために」生まれ、「……のために」存在すると信じるあらゆる存在者は、手段としての存在者だ。

目的論は未来／到来の時制を通して、現在と過去を規定する。現在に常に作用している未来、それは目的の時間性だ。到来するものを通して過去と現在を形成するとき、その目的の時間性のなかで、目的にむかって駆けていく人間は、目的性の幻想のなかに嵌りこむ。常に目的でありうるとする幻想の世界の中へと呼び寄せられていく。しかし存在に目を向けるということは、ときには目的として、ときには手段として自分に与えられた存在の意味を、あるがままに見ることである。それはときには目的として、ときには手段として現在を現在として肯定することであろうし、その時ごとの現在に邁進するということだ。そのような現在を通して形成される、なんらかのポテンシャルの潜在性を信じることだ。未来とは、その潜在性のポテンシャルが到来するなんらかの出来事と出会い、広がっていく可能性の場であるだろう。それは無数に開かれている。

手段としての生命

道具には誕生がない。それらはただ作られるだけだ。道具が最初から「つくられたもの」、あるいは使用する者の「手中にあるもの」なのは、それゆえだろう。道具の存在は、存在を根本から再び思考しようとしていたハイデガーにとっても、「手中にあるもの」であるのみだった。それを手段として把握することは、極めて自然なことだ。それに比べれば、たとえ肉になるために生き、肉になりつつ死なねばならないウシやブタに対しても、それが果たして肉になるための存在なのかについて問えるのは、それらには誕生があるからだろう。ウマは移動の道具になるが、鑿や鎌のように簡単に「手中にあるもの」とは言いがたいこともまた、それが作られたのではなく、「誕生するもの」であるからだ。ウシは肉になるために生まれたのではなく、ウマは人を乗せるために生まれたのではない。西欧人たちがあれほどまで大事にするイヌもまた、人間の友達として生まれたのではない。生まれるものは作られたものとは違って、目的や手段という言葉でその存在を消すのが難しい。西洋で「自然 nature」という言葉が「生まれ」を語源として持つように、生まれるものは「自然な」ものであり、そのような点で作られたものとは別の「本性 nature」を持つ。

自然に生まれるものたちは、手段として使用される場合にも、手段に還元されない存在の陰を持つ。しかし誕生自体が、あるいは存在することになった事実自体が、人間の合目的性に奉仕するための生命体があるとすれば、すなわち手段として利用されるために始めて存在することになった生命体があるとすればどうだろうか？ そして種的な存在自体がなんらかの人間や法人によって所有されていて、必要ならばいつでもその目的に合わせて生ませることができ、そのような目的以外には存在する余地を持ちえない生命体があるとすればどうだろうか？ さらに、その誕生が死へと帰着する実験の目的に帰属し、その誕生が癌という死の種《たね》を理由とする生命体があったなら？ この場合、わたしたちはそれらの存在が始まる事態を称するために「生まれる」という言葉の代わりに「つくられる」という言葉を使うのではないか？ それがつくられ、所有され、消費され、捨てられるとき、いかなる拒否感も感じられないことが、むしろ自然なことなのではないだろうか？ それは生まれてから手段として使用される自然な生命ではなく、人間の手によって手段として使われるために生まれる、すなわちつくられた生命体である。オンコマウス、その新しい運命を生まれ持つ、最初の生命体の名である。

オンコマウスは、遺伝子学者であるハーバード大学のフィリップ・レーダー（Philip Leder）とティモシー・スチュワート（Timothy Stewart）が、人間の乳癌遺伝子を生きたマウスに移植してつくりだした新しいマウスだ。癌細胞を生まれ持つようにつくられたこのマウスに対し、かれらは「腫瘍」を意味する接頭詞のオンコ（onco）を付け加え、「オンコマウス oncomouse」、すなわち「腫瘍マウス」と名づけた。二人はこの腫瘍マウスに対する特許権を申請し、一九八八年アメリカ特許庁から特許権を認められた。生きている生物に対する特許は、それまでにも何度も論議の的になったが、遺伝子が組換えられたバクテリアに対する特許権を認めた一九八〇年のチャクラバティ判決(2)事件以降、もはや論議の的にすらならなかったので、マウスに特許権を与えたことがひときわ特別だったわけではない。しかしバクテリアではなく、「動物」に付与された最初の特許権であったという点で、多くの注目を集めた。

かれらはハーバード大学側に特許権を委任し、大学は、レーダーへ多額の研究費を提供していたデュポン社に、その産業的利用権を引き渡した。その後、デュポン社はチャールス・リバー研究所（Charles River Laboratories）と契約を結び、オンコマウスの売買を開始し、チャールス・リバーは別の腫瘍遺伝子をもつ五種類のマウスを自分たちの商品目録に登録した(3)。ハーバード大学は実験用マウスと特別な縁があるようだ。マウスを生物学実験のためのモデル動物として使用しはじめたのは、一九〇二年にハーバード大学の生物学者ウィリアム・E・キャッスル（William E. Castle）が、動物遺伝学研究のためにボストンのある教師から近親交配したマウスをもらったことからだという。実験用マウスが最初につくられたのは、キャッスルの弟子であるクラレンス・リトルが近親交配を反復させて同一の形質のマウスを分離し、一種の「純血種」を得た一九〇九年だった。リトルが、ヘンリー・フォードの息子であるエドセル・フォードから支援を受け、一九二九年に建てたジャクソン研究所（Jackson Laboratory）は、マウスにかかわる研究と生産の中心であり、近親交配・突然変異・遺伝子操作などを通し、一年間に二五〇万匹のマウスを生産する「マウス工場」である。「科学者たちは四〇〇〇種類以上の実験用マウス「ジャクソン・マウス」から好きなものを選べるし、要求に合う種類がなければ、ジャクソンの科学者たちが遺伝子操作によって、お好みの新品種のマウスを作り出してくれる。(4)」

近親交配や突然変異を通して得た品種は、それがどれほど新しい形質を持つとしても、自然的交配の産物だという点において父母の身体と連続性を持つがゆえに、誕生という観念から自由ではない。しかし遺伝子操作を通してつくられるマウスは、その存在が工学的介入を通じて始まったという事実に加え、実験目的に適合するようにつくり直されうるという点において、明らかに人間の合目的的活動の産物であり、「つくられる」という動詞に符合する道具的起源をもつ。チャールズ・リバー研究所やジャクソン研究所は、オーダーメイドマウスを生産する工場であり、一匹を七五ドルほどで売る商店だ。工場でつくられ商店で売られるマウス、それはすでに自然的産物を人間が利用する程度を超えたものだ。このようにして、人間がなんらかの目的のために存在を付与し、産業的目的のために売買する所有物に対して使用される「道具」という言葉は、いまやいかなる意味においても隠喩とはいえない。

人間の実験のために存在するようになり、癌細胞をもって生まれるがゆえに実験で死にはせずとも、ただちに死ぬ運命を持って生まれる生命体、それは誕生から死まで、存在のはじまりから終末まで、徹底して道具的位相を持つ存在者であることに間違いない。自然的なものと人為的なもの、生まれるものとつくられるもの、自生的なものと加工されたものの境界を瓦解させ、存在自体に、生命自体に手段のしるしが出生以前から深く刻み込まれた、新しい種類の存在者が出現したのだ。このことが、誕生という言葉についてはもちろんだが、存在自体についての観念や思惟においても、なんらかの根本的変化を引き起こすといっても、誇張だと非難できないだろう。オンコマウスという逆説的存在者が存在論自体になんらかの根本的変化を引き起こすと言うとき、それを言いすぎだとは非難できないだろう。ならば、研究の便利さのために、このような逆説的な生命体を作り出した人間とは、本当にどれほど偉大な存在者なのか……。

この逆説的なマウスの運命は、生命なきものにひときわ無感覚なわたしたちをして、最初から道具としてつくられ道具として使い捨てられるものたちの「運命」について考え直させる。「手中にあること」が、自分を大切にし愛する職人の手の中においてさえ、いかなる存在として生きるのかを。それ以上にもっと重要なのは、このようなマウスの運命が、遺伝子操作やクローンなどの医学的かつ工学的なプロセスが支配するであろう生命複製時代における生命体の存在が、いかなるものになるのかについて、考えなおさせるという点だ。なぜなら、そのような複製と組換えを通して新しい品種としてつくられるものは、マウスだけではないことが明らかだからだ。じっさいこれは、体細胞複製を通してつくられた「ドリー」の有名な事例によって、すでに過去になった現実である。のちに、成功したかどうか問題になりはしたが、クモの糸の成分が含まれた乳を出すヤギ、カレイの遺伝子を持つトマトもまた、このような種類の諸生命がSF的な虚構ではないことを示唆している。

これが人間の身体をとりまくようになるとき、道具と目的、対象と主体、生産手段と生産者を厳格に区別してきた、あらゆる哲学的かつ経済学的な境界が瓦解する。これはすでにジョン・ムーアの有名な事例を通して、やはり過去時制を持って作用する現在の一部になった。シアトル居住の事業家であるジョン・ムーアは、毛細胞白血病（hairy cell leukemia）にかかり、カリフォルニア医科大学で治療を受けた。手術は成功したが、その後七年間続けて検査のためにカリフォルニアに通った。のちに彼は、担当医であるゴルティが、ムーアの血液から特異な抗体を分離培養して特許を申請し、「ムー細胞株（Mo-cell line）」という名前をつけて、ボストン所在のある生命工学会社から三〇〇万ドル相当の株式をもらって売り渡したということを知り、担当医を不正医療および窃盗行為で告訴した。しかし、一九九〇年の上告審でカリフォルニア州最高裁判所は、ムーアに知らせなかったことに対してはムーアの告訴を認めたが、かれの体から抽出した抗体から生ずる利益は、医者と生命工学会社に帰属するとし、原告敗訴判決を下した。すなわち、ムーアは自分の体から抽出した抗体や、それを培養したものに対する所有権を持っておらず、医者や会社はかれに対し、いかなる経済的補償もする必要がないということだ(5)。

もちろんジョン・ムーアは遺伝子操作をされたわけでもなく、それを通して生まれたわけでもない。にもかかわらず、かれは自分の身体の一部に対して自分の所有権を認められなかった。カリフォルニア裁判所の判事たちは、かれの身体の一部を採取して加工・商品化したのが、カリフォルニア大学病院の医者であったことを強調する。すなわち「ムー細胞株」という商品の生産過程で医者と助手たちは、自分の労働を通してムーアの身体から取り出した抗体を加工して価値化（Verwertung）した。すなわち、かれらがまさにその商品の、その商品に体現された価値の生産者だ。これは労働価値説の公理に正確に適合するように見える。ならばムーアはそこでいかなる役割を果たしたのか？　かれの身体は、ムー細胞株という商品の「原料」になり、加工・組換えされ商品になった。すなわちかれは生産手段、そのなかでも生産過程を通して変形される「労働対象」であった。「原料」の採取が分離培養だったので、かれの身体が商品化されても、ムーアという人格が商品化されることはなかったが、かれの身体が商品のなかに物理的に移転されたのは明らかだ。

すでに八〇年前、ミッキーマウスの映画をみて「ここに始めて人びとが自分の腕、いや自分の体を盗まれうるということが明らかになった(6)」というベンヤミンの言葉は、どの映画のどの場面が、かれをそのように考えさせたのかはわからないが、マウスと人間の身体を横切って貫く現在の事態に対するとき、早すぎる予測であったかのように見える。自分の身体を盗まれ、自分が強姦されたと感じるとは、まさしくジョン・ムーアの言葉でもあった。実際これはすでに、チャクラバティ事件の判決が下されたときから、ある程度準備されてきたことであると言わねばならない。人間が手をつけ加工したものであれば、生命体に対しても加工し組換えた者の特許権を認定するという判決。人間の身体もまた生命体である限り、その判決のなかにすでに含まれていて包摂されているということだ。

かつて、政治経済学が生産様式の基本要素を生産者と生産手段に分けたとき(7)、生産過程において主体の役割をする人間を、かれが利用する手段およびかれが加工する対象すべてに対比するものとして対応させた。もちろんマルクスは「奴隷とはものを言う道具」というアリストテレスの定義から人間が道具になりうることを見ただろう。しかし、人間の身体が労働対象(加工対象!)になりうるとは思いもよらなかっただろう。卓越した哲学者あるいは優れた経済学者が考えられなかった新たな存在論的な世界を、生命科学者と法律家の硬い握手が、切り開いたのだ!

加工の領域において、とうとう人間はマウスと出会う。商品化され、組換えられたあらゆる生物と出会う。クローンは、人間と道具、主体と対象を横断し、両者を一つにまとめる存在論的平面化を一段階押し進める。人間自らもまた、人間の手によって組換えられる限り、「生産手段」と呼ばれる手段的存在の場に入り込んだということだ。いまや残るものは、なんらかの合目的性にしたがって、人間の遺伝子を組換えて利用することだけだ。しかしこれもまた、幹細胞を利用し、人間に必要な器官をつくり、利用しようとする過程が始まる瞬間、すでに幕は開かれたと言わねばならないだろう。遺伝子組替えによる新品種の人間生産、これが含意する耐えがたい未来は、身体がよりよく改良されることに対する人間の欲望、よりよい子どもに対する人間の欲望によって、いとも簡単に隠され、消去される。オンコマウスと人間が、一つの存在論的平面上に、一つへとまとめられるのは、その欲望を通してのことだろう。

その欲望があれこれの抵抗を破り、そっと押し入れたマウスは、いまや希望と恐怖の織り交じった人間の境界をかじり、あちこちに穴を空ける。遺伝子変調（gene modulation）の新しい総合技術が作り出した新しい生命体が、その穴へと押し入ってくる。情報のかたまりとして分散された遺伝子が、それによって満ちた海水が、押し入ってくる。その海水に、人間の遺伝子さえも総ざらいにされ、流れ出して行く。浸水の時間がはじまる。遺伝子の海に人間の痕跡がぎっしりと刻まれるだろう。巨大な混合と「汚染」、変調の時代がはじまるだろう。しかしその海の中で、オンコマウスと自分を、ヤギや犬の遺伝子と自分の遺伝子を、はっきりと明瞭に区別できると信じることほど、純粋で時代錯誤的なものはないだろう。

トマト遺伝子にカレイ遺伝子を混ぜることによって人間の目的にあわせて品種改良したり、ヤギ遺伝子にクモ遺伝子を混ぜて人間に必要なものを得ようとする時代に、人間の軟弱な心臓に代えてトラの心臓を「入れ」、人間の軟弱な筋肉を強化するためにウマの筋肉を移植することを批判するのは、古臭いことなのかもしれない。さらには、かつてのように、その移植のために生きたサルやウマを殺さねばならない残酷な「処分」をしなくてもよいならば、それはより拡大されたヒューマニズムの可能性を開いてくれたとも言えるだろう。いずれにせよ、あらゆる生命は人間という目的に奉仕する手段ではあったが、それが分子的な水準にまで拡張されるなら、有機体の生命を殺す野蛮な残酷が消えた、「文明」の新しい段階が始まることに間違いはないだろう。

そのとき、「手段」という言葉に付与された汚名が、あらゆる人間へ、「人間」という種自体へ返ってくる時間が始まるだろう。オンコマウスとジョン・ムーアの事例は、その時間がそれほど遠くないことを知らせる徴候だろう。人間自身さえも浸水させる「手段的存在」の平面において出現することができる新たな「総合」は、おそらく『ブレードランナー』の複製人間ロイのような形象をとるだろう。あるいは『わたしを離さないで』の「提供者」として生まれた人間たちの形象をとるかもしれない。人間のために複製技術を開発し、人間の目的性にあうような新しい生命体を「作り出す」ことだけを見る限り、そのようにつくられた生命体の存在を、かれらの生を、その生の凄惨さを見ることはできないだろう。複製人間の目で世界を見ることができない限り、あるいは人間の癌を治療する実験のために癌をもって生まれるオンコマウスのアイロニーな生命に目を向けることができない限り、要するに手段として生まれた存在者たちの生に目を向けることができない限り、「生命倫理」という名で生産されるいかなる立論も、生命複製時代の倫理学になることができないだろう。

新しい文明の展望が、いまだに曖昧模糊としていて現実的でないのは、幸いなことだろうか、あるいは不幸なことだろうか？　その曖昧さが、人間の品種を操作し、新しい人間をつくることに対する拒否感に起因するかどうかはさだかではないが、少なくともそれが、したくても今はまだできないという無能力に起因することは確実だろう。しかし無能力にもたれかかる安堵は一時的だ。とてつもない富と名誉の夢を追う科学者と技術者たちが、「お金になるならなんでもやる」という資本と、すでに一つに結合し、数多くの「科学－産業複合体」を作動させている現在、その安堵に与えられた時間はそう長くはないだろう。無能力に希望をかけるよりも、むしろ可能な能力がもたらす絶望の中で出口を探すほうが、よりましなのではないか？

『ガタカ』のような映画が「まだそれほどではない」という無能力に希望を賭けているとするなら、『ブレードランナー』は、その絶望を回避せずにそのなかで、ありそうにない出口を探しているようだ。まだ「神の息子」が「人間の息子」との対決において競争力を持っていることを示しつつ、無能の安堵に慰安を求める素朴な『ガタカ』のヒューマニズムは、見るからに痛々しい。大体の展望を確実に認めている映画である『アイルランド』や『月に囚われた男』は、複製物の同一性という不正確な予測に頼って実際は不可能に見える逃走線に希望を賭けているが、それが実質的に頼っているのは、複製に対する法的禁止の形で表現される拒否感だろう。それは複製人間の行路に沿っていくがゆえにヒューマニズムを超えるように見えるが、実際はその非人間的世界に対する非難を通し、複製に対する法ならびに拒否感の力を借りて、「いまはまだ」それほどまで壊れていないヒューマニズム的な世界を復元しようとしているのだろう。「まさかそこまではしないだろう」という拒否感に賭ける希望が「まだだいじょうぶ」の無能力に賭ける希望と比べてマシなのかはわからないが、かれらがすがりつく一縷の可能性は、むしろ希望の不可能性を見せているようだ。

『わたしを離さないで』は、無能力も法的禁止も消えた時代に、人間に臓器を提供するためにつくられた複製人間たちの生に目をむけさせるべく、SF的要素を除去し、あらゆる活劇的な対立を削除し、「成長映画」の形式を借用している。国家が管理する「提供プロジェクト」によって生まれ、特別な学校に分離されて「養育」される子どもたち、かれらはすべて「提供者」になる運命を持って生まれた。禁止さえもが無くなり、国家が提供プログラムを管理する時代に、かれらに残されたものは絶望のみだ。オンコマウスもそうだろう。絶望的な世界のなかで、まやかしの希望を見せようとしないことが、この映画最大の美徳だろう。実際、絶望しなければならない場で、絶望すらまともにできなくなったということが、ひょっとすると科学技術が提供した生のなかで育まれている、最大の絶望的要因であると言わねばならないだろう。『ブレードランナー』もまた、あらゆる抵抗が探し出され「処分」されて、「創造主」の面前にまで浸透して神を殺害する最高の複製人間でさえ出口を見つけられぬまま死ぬという不可能性を、その絶望を直視する。身体の一部分に対する複製はもちろん、複製人間自体を手段ないしは商品として使用することに対する拒否感も、法的禁止もそこにはない。複製人間を工業的に生産するタイレルは、タブーを破る犯罪者ではなく、最高の富と名声を手にする科学者であり資本家だ。人間の絶望は複製人間ロイのそれよりも遅れてやってくる。「人間」という幻想が、目のくらむようなビルのはしにしがみつく死の前の瞬間になってようやく、わたしたちは絶望の時間であることを悟るのだ。それは、「人間」という名前によって複製人間を追いまわす警察デッカートの視線が決定的に瓦解する地点であり、手段の位置から離脱した者を処分する治安の権力が、「人間」という幻想的な誇りとともに解体される地点だ。それはただ、いくつかの質問を投げかけることで充分に現れる人間の無力さや卑怯さのためばかりではない。それは、生が壮大であればあるほど、その生の帰着点の前で深まるしかない複製人間の絶望ゆえであり、それに応答するいかなる希望も人間には残されていないからだ。「わたしがこの目で何を見たのか知っているか？」

リドリー・スコットは、わたしたちを、人間をその絶望のなかへと引きずり込む。その絶望を超えていく簡単な可能性を探す代わりに、その絶望の奥深くへとわたしたちを追いこんでいく。その絶望の中で、絶望的な抵抗に、動かなくなって行くロイの手のひらに、死に抵抗する釘を打ち付ける。それは、手っ取り早い神学的想像のような救いの釘ではなく、絶望を振り払ってしまわないための釘だといわねばならない。絶望の中の抵抗のために、絶望に賭けた希望を放棄できなくするもの。いかなる抵抗や離脱も、不当な世界に対する告発ではなく、単純な犯罪になるしかない世界で、ややもすれば無意味に見え、充分に不可能に見えるその抵抗のみが、その抵抗の感染のみが、感染のなかで「人間」に対する幻想が壊れながら離脱する者だけが、唯一の可能な出口ではないかという薄い期待があるのみだ。どのような見方をしても、明らかに失敗へと帰結するしかないデッカートの脱走、その不可能な希望のみが、唯一可能な希望というものなのだ。

原本と複製

遺伝子操作は変調と組替えの場合においても複製の枠の中にある。形質変換は、特定の遺伝形質を利用するために、関連遺伝子を分離し逆転写の形態で「割り込ませる」ことである。したがって、それは最初から特定の遺伝子をターゲットになったDNAの中に複製することであり、これを通して求めていた形質を「複製」することだ。体細胞の核を移植し発生させる体細胞複製は、形質を変換させずにそのままを複製するという点において別のものだが、例えば卵子の核に入っているDNAへ、求める核のDNA全体を「割り込ませる」ことだと理解することもできる。この場合、体細胞複製はDNA全体へ拡大された形質変換であると言える。すなわち形質変換と体細胞複製のこのような連続性は、逆にいえば形質変換が縮小された規模の「複製」であることを示しているのだ。『ブレードランナー』の複製人間が、特定の人をそのまま複製するのではなく、合目的的に強化された形質を持つものへと組替えられてつくられたとしても、「複製」人間なのは、このような理由からだ。

複製されたものは原本を模倣するが、最初から原本と競争する。卓越した複製、卓越した模倣とは、原本をそのまま抜き写すことであり、その点において原本に最大限近接しようとし、そのようにして原本と競うのだ。模倣と競争を同時に意味するアエムラティオ aemulatio、すなわちエミュレーション emulation は、このような状況を描写するさいに適切な単語だろう。しかしその模倣／競争の終着点は原本ではない。複製が原本の特定能力を模倣しようとするのは、じつは原本自体のゆえではなく、原本の特定の資質と能力ゆえである。それは、複製がなんらかの合目的性による手段の生産である限り、常にそうである。

『ブレードランナー』の複製人間たちは、人間を複製したものであるが、いかなる目的を持つのかによって、すなわち何のための手段なのかによって、それに適合して、より強化された能力を持つべく複製される。適合型複製人間は、戦闘能力が必要な場合には戦闘能力を強化した人間として、性的で肉感的な魅力が必要な場合にはその能力が特別に強化された人間としてつくられる。だから戦士として生まれたロイは、最高のブレードランナーであるデッカードさえも相手にならない卓越した戦闘能力を持っている。そうでないならば、複製技術を利用する理由がない。複製人間をつくって売るタイレル社のモットーは、これをとてもはっきりと確認させてくれる――「人間よりも人間らしく」。

したがって、複製は原本をモデルとするが、常に原本を超過する傾向をもつ。オンコマウスもまたそうであると言わねばならない。遺伝子操作を通してマウスの複製および生産をすることは、原本にはないなんらかのものを強化するためだ。癌的な細胞の強化。これはマウスとしては耐え難い困惑であるが、そしてこれは死に近いことを意味するゆえに、普通欠陥として認識される癌に対するわたしたちの表象と恐怖のせいで気付きにくいが、そのマウスを必要としていた人びとにとってはそうではない。マウスを利用して実験しようとする科学者にとって、癌細胞を持って生まれるマウスとは、普通のマウスよりも明らかに有用な長所を持つ。ここでも複製であるオンコマウスは、原本のマウスよりも、良い資質を持つ。癌の拡散を警告しながら、オンコマウスの広告に掲載されたデュポン社のコピーは、かれらがこの事実をとてもよく知っていることを示している――「「よりよい生のための、よりよいもの」オンコマウスは発癌現象に関する知識へ至る道を短縮します」(8)。

工学的で機械的な複製は、原本を超過する傾向をもつ。生命複製について知ることはなかったが、ベンヤミンは、写真などの複製技術からすでにそれを読み取っていた。かれは複製技術が芸術の領域に浸透することに注目しながら、その場合、複製が芸術品の真性を、作品の単一性と芸術的体験の一回性をおびやかすと指摘する。それによって事物の歴史的な証言価値は消滅する危険にある。「危険な状況におかれるのは事物の権威だ。(9)」しかしそのような危険を指摘した別の誰とも違う点は、そこからかれは芸術品の場合においても技術的複製が単純な複製を超えていくような、なんらかの独自性を持つことを見るという事実だ。かれによると、原本の絵を撮影した写真のように、技術的複製は原本と違って肉眼が到達することのできないものを捉えて浮き彫りにすることができる。カメラのレンズや露出を変えるだけでも原本を「変形」させ、新しい形象を作り出すことができると付け加えてもよいだろう。またかれは、原作が到達できない状況のなかへ、原作の模造品を運んでゆくことができると指摘する(10)。例えば音楽の技術的複製は、演奏会場を離れ、スタジオで録音できる。これは演奏自体に根本的な変化をもたらす。たとえば、よい演奏ができるまで、「完璧だ」と感じ満足できるまで、演奏しなおすことができる。演奏会場の演奏よりも、録音された演奏が、より完璧かつ完成されたものでありうる。「完璧主義」気質によって、グレン・

グールドが演奏会場から離れ、レコード会社のスタジオに「閉じこもる」ようになったことは有名なことだ。さらに、一人の歌手で重唱ができ、オーバーダビングを通して別の演奏と重ね、新しい演奏を作り出すこともできる。付け加えると、そのようにして演奏された録音テープを機械的に変調して、別の音を作ることもできる。技術的な複製は、いくつかの次元で、すでに原本を、「自然なもの」を超過する。生命複製以前の複製技術において、すでに複製は充分に原本を超過している。

複製はまた、量的側面においても原本を超過する。『月に囚われた男』の主人公であるサム・ベルは、月で採掘作業中の事故によって怪我をして帰ってきたとき、自分と同一の人物が、自分が働いている基地の中にいることを発見する。疑問を追跡し、ついにかれは冷凍されたまま整然と並べられている「自分」の身体を発見する。複製の同一性についての誤解があるが、工学的で技術的な複製は、大量生産の可能性をつねに含んでいるし、あるいは前提としている。複製は原本の大量増殖可能性という形で原本を超過する。

機械化にすでに含まれる複製の量的超過は、ルイス・マンフォードの言葉を借りれば「共産主義的」な可能性を持つ。あるものの量的増加は、多く場合、価格の下落を伴い、以前よりも多くの人がそれに接近したり、それを所有する可能性を拡大するからだ。「機械化は上に向かおうが下へ向かおうがどちらも真の均一化を生」み(11)、「機械の真の社会的特徴は、それが社会的差別をなくしたことである。(12)」よい意味であれ悪い意味であれ「機械は集団的経済をつくる傾向にある。その国の政治がどうであれ〔中略〕機械は共産主義者である。(13)」これとは若干別の意味であるが、アンディ・ウォーホルは金持ちであれ貧民であれ、コカコーラを飲むときは同じものを飲むという事実から一種の平等性を発見する。かれが複製技術の商品化された世界を通して、複製技術が開いた複製されたイメージの反復を通して作品をつくったことは、きっとこの平等性についての観念のためばかりではないだろうが、複製物の量的な超過を出来事化しようとしたことは明らかだ。

マンフォードはこのような量的超過が「過剰」になる事態を憂慮する。「一群の絵画がそっくり、頻繁に複製され、しょっちゅう壁に掛けられ、しつこく眼につくので、その複製がどれほど原画に忠実であっても、それらは原作の魅惑を失って」いく。たとえば、「ゴッホやマチスやピカソの絵でも、いつでもどこでも見られるという事実があるため、すぐ忘却の深みへ沈みこんでしまう」(14)。祝福も度が過ぎれば呪いになり、底なしの無関心という、特別な弊害が発生するということだ(15)。数多くの複製に隠され、原本の貴さすら切り捨てられ、日常的平凡の中に沈没する。機械が提供する平等が、平凡の倦怠の海へと原本を引きずりこむ。このようにして、複製品は原本の価値を侵食し、沈没させる。

ベンヤミンなら「アウラの喪失」と命名したであろうこの指摘を、そのまま受け入れる理由はない。作品に魅了される術を知る者ならば、複製品からも作品の香りをかぎとり、それにまきこまれていく。かれらにとって、あふれんばかりの複製品は、複製品がなければ決して接することのなかった作品の誘惑にまきこまれていくための、拡大された機会を提供する。音楽会に一度も行く機会がなかった時代に比べ、どこにでも複製された音楽が広がっている現在、音楽に対する感覚をもつ者や、音楽に人生を賭ける者たちが、はるかに多くなったことを否定できるだろうか? また、それに魅了される術を知らない者たちが、原本に出会ったところで大きな感動を受けるだろうとは思いがたい。

複製品の量的過剰は、複製が原本を超過するもう一つの機会を提供する。たとえば複製された写真が無かったなら、デュシャンのようにモナリザの絵をパロディー化したり、ウォーホルのようにコラージュのなかに取り入れることはなかっただろう。録音された音楽と複製された音楽ファイルの過剰が、変調された別の音楽へと再誕生することについてもまた同様である。量的な超過は、新しい種類の質的超過のための豊かな素材そして材料を提供する。

質的であれ量的であれ、複製の超過は、複製が原本と競争し原本を模倣する事態を超えていく。原本の変調、原本の操作を通して、複製を別のものへと変えてしまう。そこでの原本は、もはや複製が志向する目標ではない。むしろ原本は、複製の素材になったり変形の対象になる。複製は原本から離脱し、自分の道を歩み始め、原本との距離を通して自らの原本性を主張する。複製が原本を超過することで、もう一つの原本の地位を占めるようになるのだ。このような種類の複製を描写するとき、「アエムラティオ」では不充分だ。ドゥルーズならば、原本に対する忠実性を喪失したこのような模倣から、プラトン主義に対する反旗を発見しただろうし、そこに「シミュラークル」という名を付与しただろう(16)。ボードリヤールならば、複製が原本から解放され、原本以上の実在になった事態を描写するために「シミュレーション」という概念を使っただろう(17)。

物質性の抵抗：目的論の外部

複製物は質的に原本を超過する。ならば、原本よりも劣等な地位を割り当てられることは不当だと言わねばならないのではないか？　複製物の量的超過は、原本以上の実在性を複製物に付与するのみならず、原本とは別の実在性を、原本から抜け出た独自な「生命」を、複製物に提供する。複製物は、もう一つの原本だ。複製物と原本の類似性は、ただの類似性に過ぎない。ある「原本」を隣あう別の「原本」と比較すれば見えるような、ありふれた類似性である。いかなる表現を用いるにせよ、複製物は、これまで原本に照らして判断されてきたし、原本を基準に処理され、原本に付属する地位を与えられているが、これは不適切であり不当である。複製は原本に帰属するなんらかの目的に忠実に従う運命を、原本の運命に従属した運命を持たない。人間という存在者に目的の地位が付与されねばならないなら、複製人間もまたそうでなければならず、複製人間に対して手段としての地位を付与しようとするなら、人間もまたそうでありうることを胸に刻まねばならない。人間は目的としてのみ存在することが不可能なように、複製人間が手段としてのみ存在することも不可能なのだ。

人間の意志を超えた物質性の存在、この外部性を発見したのが唯物論的思考の出発だった。人間の意志を抜け出たその外部性を、ディルタイがいうように物質の「抵抗」と命名するならば、原本を超え、原本を超過する複製物の外部性を、原本の意志から抜け出た複製物の意志を、原本を取り巻く人間の意志から抜け出た複製物のこの外部性を、複製物の「抵抗」と言ってもよいだろう。複製物は質的に原本を超過し、量的に原本からあふれ出ながら、原本に「抵抗」する。それは抵抗の意志を持たずとも原本に抵抗する。複製人間や複製された生命のように、意志を持つ複製物があるなら、そこには「物質性」に属する抵抗に加えて、意志の領域に属するもう一つの抵抗を付け足さねばならないだろう。それは結局、手段としての存在者という位置、自らに割り当てられた位置を離脱することだ。それらはこの離脱を以て、このような「抵抗」を以て、手段として生まれた存在者は無いのであり、複製されて作られた手段なる位置に縛り付けられた存在者は無い、と言うだろう。

物質性は、それ自体のみで意識や観念、精神の目的性に「抵抗」する。ヘーゲルが言ったように「物自体（Ding an sich）」でさえひとつの概念である限り、純粋な「即自（An-sich）」は無いのかもしれない。精神の合目的性は、いつでも自分のやり方で物の即自性を包摂し「対自（Für-sich）」化する。絶えず襲いかかってくる精神の合目的性に、繰り返し包摂され、繰り返し対自化される。しかし物が物質性を持つということは、そのような対自性には還元されない何かが存在することを意味する。それは精神の運動から常に既に抜け出ている外部性が存在することを意味する。物の物質性は、それを包摂しようとする精神の運動から絶えず抜け出ていく方法によって、「再び抜け出すことができる」の形態によって精神の目的性に抵抗する。精神がかのごとく自ら自由であるにもかかわらず、物質性に向かって、物質性の物に向かって、再び襲いかからなければならないのは、物質性とは最初から精神の目的性から抜け出て・いるのであり、繰り返される包摂の運動から「再び抜け出すことのできる」外部であるからだ。物質性とは、物あるいは世界を、精神の目的論的運動のなかに、意識の合目的性の中に、閉じ込めることはできないということだ。だからそれは、物質性を持つ限り、精神が「外化」されたものである場合においてさえ、精神の目的性から脱しているのだ。

複製されたものが原本を超過し原本を抜け出すということは、複製されたものがその目的性から抜け出し離脱することを意味する。当初の目的を超過する手段、当初に設定された目的から離脱する複製物、それは理性の目的論に抵抗する。それは、理性や精神がどれほど近づこうと努力しても決して近づくことのできない、ある無能力の地帯であり、目的性に還元されることのない根本的抵抗の地帯を意味する。複製物の量的過剰とそれによる超過は、そのような地帯が精神の包摂運動が拡張されるにしたがい更に拡大されるという逆説を示す。リズムと均衡を失ってしまい巨大な気候災害として再帰する大気、解決できない災いとして復帰する原子力エネルギーの力、絶滅の宣言をあざ笑いながら抗生物質さえ無力化して再帰する結核菌と天然痘菌、あらゆる防疫の試みをあざ笑いながら絶えず人間の視線が至らない場所を見つけ繁殖するプリオンやウイルス、そして「処分」の威嚇にもかかわらず与えられた立場を離脱して禁止された地区へ帰ってくる『ブレードランナー』の複製人間たちが、それである。

もちろんロイは死んだし、複製人間はすべて「処分」され、結核菌と天然痘菌に対しては、ふたたび「戦争」が始められるだろう。原子力に対しては新しい埋葬方法を探そうとするだろうし、狂った気候に対しては冷房と暖房の技術を拡大し対応するだろう。これこそ留まることを知らない精神の運動であり、あらゆるものを自分の内へと包摂する合目的的理性の作用だ。この限りない運動によって離脱したもの、事故にあったものは、理性の発展を促進する新しい知恵の契機、すなわち「理性の狡知」として奉仕するだろう。最近、ヘーゲルが精神分析学の助けによって生き返ったのは、これゆえなのかもしれない。際限なく従っていく運動が強調される限りにおいて、理性の外部は無いのであり、目的論の外は無いというヘーゲルの考えは、ヘーゲルを信じるにおいてなんの問題にもならないようだ。そのように理性の外部を包摂し、目的論の外部を許容しないでおこうとする発想が、「近代的」だということは、復活したヘーゲルも、かれを生き返らせた奇跡の医者も、よく知っていることだろう(18)。

しかし本当にそれが物質の「抵抗」を、物の離脱を、根本的に除去できるのか？　科学によって起こったことは科学によって処理することができ、理性によって起こった問題もまた理性によって処理できるという信が、素朴で痛ましく見えるのは、血で血を洗い、戦争を終わらせるために戦争をしようとすることと同じように見えるからだ。「人間」の名によって「人間」の限界を超えようとすることも、だから「人間より人間らしく」と叫び、人間の彼方、その外部にいるものを人間の内へ包みこみ、人間のために使おうとすることも、同じに見えるのだ。これまであった災難では、その程度の惨禍では、まだ十分でないのだ。わたしたちの希望が、いくら貴重なものであっても、決して希望になりえないのは、これゆえだろう。

むしろ絶望を直視し、その絶望を肯定すること、生きている限り決して放棄できない期待をその絶望に賭けるほうがましだろう。災難に、合目的性を離脱し再帰する物質性の抵抗に、巨大に増幅された離脱に、精神の狡猾さからあふれ出す、この巨大な氾濫に身を任せるほうがましだろう。それが理性の一形式だと言い添えたとしても、絶望の理由としての外部性は、それを離脱して抜け出していくだろう。精神によって、理性によって、還元不可能なこの無能力の地帯を注視し、それを再びわたしたちの目的性へと安易に掃き集めるよりは、それが自分の道を行くがままに、目的性の外部地帯を形成するがままに任せておくほうが、そうするために充分絶望するほうが、よっぽどましだろう。それは、絶望さえ再び理性の内に包み込み「理性の狡知」にするのではなく、その反対に、理性の合目的性こそが、さらに大きな絶望の理由であることを、その点において「絶望の狡知」に属することを、受け入れることだろう。

地下のオイコス

「オイコス（oikos）」、それは手段としての存在者が暮らす棲家だ。「人間」たちの生を決定する目的性の領域のために、「人間」たちが「ポリス（polis）」と呼ばれるかの高尚な世界に入るための充分な資格を備えるために、奴隷になり影になり、主人の合目的性に服務しなければならない者たちの棲家だ。それは「人間」の資格を持たざる者たちが属する世界だ。それは生存と生計という、動物的な生命の持続のために生を捧げねばならない苦難の労働の領域であり、その動物的生存以外には、いかなる高尚なことも考えられない、卑しい無思惟の世界だ。必然性が支配する世界だ。

これに反してポリスは、生計の問題から自由であり、それゆえに自由について論じ、自由のための政治を論じる領域であり、名誉のために自分の生を賭ける高尚な世界だ。資格ある者たちの世界だ。しかしポリスが生計から自由なのは、オイコスにいる「ものたち」の不自由を対価にしているからで、ポリスが自由について論じられるのは、オイコスにいるものたちに必然性の重荷をまるごと任せているからであり、ポリスが名誉に生を賭けられるのは、オイコスにいるものたちは人間ですらないという不名誉を負わせているからであり、ポリスが高尚であれるのは、オイコスの卑しさを踏みつけて立っているからだ。

ポリスの政治学が賛美してきた古代ギリシャの世界において(19)、調和した哲学と政治が花を咲かせていたそのとき、オイコスでは女性と子ども、奴隷たちが血と汗を流し、労働と生計の重みを担っていた。かれらは生きているにもかかわらず制度としての「生」をきちんと生きることができず、その生命をなんとかつないでいく生物であるのみで、いくら才能があっても咲かせることのできない土くれであり、いくら仕事をしても見えない影たちだった。オイコス、それはあっても見えず、言っても聞こえない、暗い沈黙の世界だった。同一の「種」に属しているが、人間の資格を持つことのできないものたちが暮らす世界であり、生きていても数えられず、死んでも数えられないものたちが暮らす棲家であった。

のちに出現するエコノミーやエコロジーという言葉に痕跡を残し、ギリシャ的用語としてのオイコスは消えたが、どの世界にもこのようなオイコスがあったに違いない。ときにはその立場に無知な農民と農奴たちが詰め込まれ、ときにはそこに黒人たちが、あるいは「インディアン」たちが鎖につながれ、必然性を実感し暮らしていただろう。オイコスがポリスを侵食し、「社会」という領域を作り出したとアレントが嘆く近代になってからも[20]、ポリスの光の分け前をもらえない、オイコスのオイコスは明らかに存在した。「オイコスの反乱」であったフランス革命を通して「あらゆる人間の権利」が宣言されたにもかかわらず、女性がポリスに分け入るための資格を、最小のものであったが得たのは二〇世紀になってからであった。子どもたちは未だどの国においてもその資格を得ていない。かれらは世話をされる対象であるのみで、思考して喋って活動する「資格」は、まだ得れていないのだ。

しかし近代は機械の時代であったにもかかわらず、そして喋ることができる機械はもちろん考えることのできる機械まで出現したが、オイコスに閉じ込められ、より一層見えないものが、機械だった。オイコスに幽閉されたものたちの声に耳を傾けようとし、かれらの存在を可視化しようとしたマルクス主義者たちも、大して違わなかった。機械の進歩的な性格について強調するときにさえ、機械活動が価値を生産しうると考えたマルクス主義者はほとんどおらず、機械によって追いやられる労働者についての怒りと気の毒さを表現するときさえも、機械が遂行する目に見えない「労働」に気を配った人はいなかった。機械の発展から人間解放の可能性を見るときさえ、機械という言葉と「解放」という言葉が主語 - 述語の形態で連結されうると考えた人もまた、一人もいなかった。以前に女性と奴隷がしていた役割を、いまや機械が黙々とやっている。オイコスさえもがポリスに入りこみ、富と名誉を分かつ時代に、機械はオイコスとさえ見られない非可視性の世界の中にいるのだ。マンフォードが機械について書いた次の文章は意味深長だ。「経済的にいえば、機械は労働を人間労働から機械労働へと移動させる能力をわれわれに与えた。かくて、アリストテレスが『政治学』のなかでのべた自由な社会の条件が満たされる。[21]」

複製人間が生まれたのは、まさにその場所だ。オンコマウスや複製生物が、いや人間ではない動物や植物が生まれて生きねばならない場所が、まさにその場所だ。「人間」の資格を持たざるあらゆるものが存在する世界、それゆえに「人間」たちの生存を持続させてくれて、あらゆる高貴な思惟をできるようにしてくれる巨大な大地あるいは地下の世界。人間の自由な社会のために、別の地下のオイコスには、「機械奴隷」のみではなく巨大な「生物奴隷」たちがいるのだ。それらは生きていても数えられず、死んでも数として数えられない見えないものたちだ。それらが数えられるのは、人間の世界へ浸透した場合に限られる。『ブレードランナー』で複製人間の数を数えることは、それが人間の世界に浸透した数であるからで、除去されたことが確認されねばならないからだ。オンコマウスが数えられるのは、それが商品として売ることができるからだ。そこで数えられるのは命ではなく、商品の数のみだ。それらは数えられても数えられないのだ。セマングム〔韓国南部の大型干拓地〕の埋立工事で死にゆくものたち、四大河川事業の工事で死にゆくものたちは、とてつもなく多いが、数えられることはない。それはただ生命であるのみで、商品でもなく、人間誰彼の所有物でもないからだ。

政治の資格を持たざる者たちが政治の領域に押し入っていくとき、近代の革命が起こり、新しい種類の政治が始まったことを、わたしたちはよく知っている。労働者が労働の領域から離脱し、生存の名で「抵抗」を始めたときに、また別の政治が始まったことを、よく知っている。資格がなかった女性たちが資格を主張しはじめたとき、性と関連した新しい政治的な場が開かれたことを、よく知っている。愛する資格をもてない者が、自分たちの愛において資格を主張しはじめたとき、別の性の政治がはじまったこともまた、よく知っている(22)。資格を持たざる者たちがどこかに存在する限り、新しい政治の出現は終わらないだろう。

奴隷反乱が、遅すぎる賞賛を受けたにもかかわらず、その奴隷から繋がるまた別の奴隷たちの系列が増え続けていることを見れないのは、オイコスとは本来このように見えないかたちで存在しているからだろう。存在がそうであるように。

だとすれば「機械奴隷」や「生物奴隷」たちの反乱、それらの解放について考えることができず、あえて主張することができないのは、それらがわたしたちの時代の真なるオイコスに属しているからだと言わねばならないのではないか？　慣れ親しんだことだけを考え、慣れ親しんだものだけを見るわたしたちの無感覚が、思惟できない地帯、その思惟の無能力地帯に属しているからだと言わねばならないのではないか？複製物たちの超過的抵抗が、手段としての生を付与された存在者たちが、巨大な災難の形態で再帰してきている現在、それを見ることができず、思惟することができないのなら、これもやはり余りに手遅れだと言わねばならないだろう。

註

（1）ボードリヤール『消費と社会』文藝出版社、一九九二年。

（2）一九八〇年、アメリカ最高裁は海の油成分を食べつくすように遺伝子を組換えたバクテリアに対する特許権を認定してくれという要請に対して、生きている生物に対する特許権を与えられないという特許局の決定を引っくり返し、「人間が介入した結果物」であれば、いかなるものであれ特許権を認めることができるという判決を下した。これによって生命関連の特許権が甚だしく拡大解釈され、特許権が飛躍的に増加することになる。

（3）ダナ・J・ハラウェイ『謙虚な目撃者』ミン・ギョンスク訳、カルムリ、二〇〇七年、一七七―一七八頁参照。〔原著は、Donna Jeanne Haraway, "*Modest_Witness @ Second_Millennium. FemaleMan_Meets_OncoMouse: Feminism and*

Technoscience", Routledge, 1997. 未邦訳。〕

（4）ハル・ヘルジョグ『わたしたちが食べて愛して憎悪する動物たち』サルリム、二〇一一年、三三八頁〔ハロルド・ハーツォグ、山形浩生・守岡桜・森本正史訳『ぼくらはそれでも肉を食う　人間と動物の奇妙な関係』柏書房、二〇一一年、二八二頁〕。もう少し引用してもいいだろう。「毛色の種類よりもっとすごいのが、ハツカネズミの疾患モデルの多様さだ。まれな癌を発症する系統だけでも数百に達し、ほかに、顔面変形を起こしやすいもの、生まれつき免疫系機能不全のものもいる。また、視覚障がいや聴覚障がい、あるいはバランス障がいを持っているのもいるし、高血圧や低血圧、睡眠時無呼吸症、パーキンソン病、アルツハイマー、筋萎縮性側索硬化症（ALS）といった病気にかかっているのもいる。不妊症の治療に取り組む研究者たちは、生殖器に障がいを持つ八八系統のジャックス・マウスのなかから必要な種類を選べばいい。そして、さらにすごいのは、各種の適応障がいを持つ（精神疾患モデルの）ハツカネズミまでいることだ。強迫性神経症、慢性うつ、各種の依存症、多動性障がい、そして統合失調症のハツカネズミもいる。」（同書、三三八頁）〔同書、二八二―二八三頁〕。

（5）ローリー・アンドルーズ、ドロシー・ネルキン『人体市場』クンリ、二〇〇六年、四八―五四頁参照〔Lori B. Andrews, Dorothy Nelkin, "*Body bazaar: the market for human tissue in the biotechnology age*", Crown Publishers, 2001. 未邦訳〕。

（6）ベンヤミン「ミッキーマウスについて」『ベンヤミン選集二巻　複製技術時代の芸術作品』キル、二〇〇七年、二五九頁〔Benjamin, "Zu Micky-Maus" *Gesammelte Schriften*, Frankfult a.M., 1972-89, Bd. VI, pp.144-145〕。

（7）マルクス『資本論　第一巻　上』比峰出版社、一九八九年、二二九頁〔『マルクス＝エンゲルス全集　第二三巻　第一分冊』大月書店、一九六五年、二三五頁〕。

（8）「広がる癌」という題目のデュポン社の広告。ダナ・J・ハラウェイ、前掲書、一八一頁から再引用。

（9）ベンヤミン「複製技術時代の芸術作品」『ヴァルター・ベンヤミンの文藝理論』民音社、一九八三年、二〇二頁〔『ベンヤミン・コレクションⅠ　近代の意味』ちくま学芸文庫、一九九九年、五九〇頁〕。
(10) 同書、二〇一頁〔同書、五八九頁〕。
(11) マンフォード『芸術と技術』民音社、一九九九年、一二三頁〔『現代文明を考える』、一四六頁〕。
(12) マンフォード『個性の歴史（Interpretations and Forecasts:1922-1972）』鐘路書籍、一九八三年、一七頁〔生田・樋口・木原訳『解釈と予測Ⅱ　技術・文明論』河出書房新社、一九七五年、一九頁〕。
(13) 同書、一七頁〔『解釈と予測Ⅱ』一八頁〕。
(14) マンフォード『芸術と技術』、一二三―一二四頁〔『現代文明を考える』、一四六頁〕。
(15) 同書、一二五頁〔同書、一四八頁〕。
(16) ドゥルーズ「プラトンとシミュラークル」『意味の論理』ハンギル社、一九九九年、四一五頁〔小泉義之訳、『意味の論理学』、下巻、河出文庫、二〇〇七年、一四六頁〕。
(17) ボードリヤール『シミュレーション』民音社、二〇〇一年。
(18) ジジェク『厄介な主体』図書出版B、二〇〇五年。
(19) アレント『人間の条件』ハンギル社、一九九六年。
(20) 同書、八〇―八一頁〔志水速雄訳『人間の条件』ちくま学芸文庫、一九九四年、四九―五〇頁〕。
(21) マンフォード『個性と歴史』、一八頁〔『解釈と予測Ⅱ』、一九頁〕。
(22) 見えない者、資格なき者を、政治という観点で明示的に注目したのはジャック・ランシエールである（ランシエール『政治的なもののへりで』キル、二〇〇八年）。

第七章

フェティシスト：愛の存在論あるいはフェティシズムへの招待

魅惑と愛

有機体の境界は靴の皮よりも強く丈夫だ。皮膚のようにやわらかい質感の場合においてさえ、それを通して描かれる境界の輪郭は、とても「明瞭ではっきりしている」。骨は皮膚を突き抜けられず、血と汗はあふれ出すときにも皮膚の張力に勝てない。霊魂は身体から自由であるが、どこにいっても皮膚のような個体性の皮膜に包まれている。外延を失ってバラバラになったり、入り混じることから保護されようとするように。あるものたちが結合し、一つのように作動する場であれば、どこであれ存在するのが個体性であるが、個体／個人という言葉とともに、わたしたちはいつでも有機体へと戻っていく。あたかもそれだけが唯一な個体だというように。それ以下に降りていく試みは、死のような解体の試みだとして恐怖の対象になり、それ以上へ昇っていく試みは自由を抑圧する全体主義だとして危険視される。自由も幸福も喜びも悲しみも、あるいは競争も衝突も苦痛も快楽も、有機体の個体性周辺をぐるぐる回っている。いや、そうであるべきだと信じている。

　しかし、あらゆる個体は個体性をつねに超えていく。有機体の皮膜に包まれている時でさえ、わたしたちは個体性を絶えず超えていく。皮を破らないまま、皮膚に傷口ひとつ残さずに、個体の境界を超える。なぜなら個体の生存が、個体性の境界を超えることを頻繁に要求するからだ。つまり生存と命名される存在者の欲求が、世の中にはただ個人――有機体！――だけが実存するという信よりも、強く一次的なのだ。しかし、単に生存の「必然性」という重力に基づくから、そう言えるのではない。存在の他者性という、よく見えない不可避性ゆえのみでもない。有機体的な信念がある時にも、わたしたちは他人へ対し、頻繁に手を差し出す。わたしたちの「霊魂」は、あまりにも簡単に他者に引き寄せられ、あまりにも頻繁に他者を引き寄せる。そうでなければ生きられないかのように。何がわたしたちを、そのように個体性を超えて存在させているのか？　いつわたしたちは、与えられた個体性を、有機体的な個体性を、個体として－存在することを超えて存在するのか？　これは、存在者をして自分の与えられた状態を超えさせること、新しい存在者を構成させるものは何なのかと問うことだ。そのようにしてわたしたちは、不在する存在者を存在の平面へと招待し、「到来する」存在者を呼ぶ。存在者を生成の内にあらしめさせる、つまり、生成として－あらしめ－させるものを。

　有機体的個体性を超え、他者に近づいていくものたちは、何よりも有機体単位で活動し生存する動物たちだ。運動性がないものたちが、そのような欲望を持たないと、断言できるわけではない。ただ、それを確認する術がないだけだ。遠くにある別の個体に近づくために、香りと蜜を用いてハチとチョウを呼びよせる植物をみれば、運動性がその欲望の前提ではないことを確認できる。ウェイクフォードが「ウッドワイドウェブ wood wide web」という素敵な言葉で要約したように、植物が地中のネットワークを通して、とくに菌糸たちを通して他者たちと巨大な集合体を作っていることを知るなら、植物にとって有機体的個体性を超えようとする欲望は、たんに生殖的なものに限らないことが理解できるだろう。にもかかわらず、有機体的個体性を超えようとする欲望が最も明らかに確認できるのは、有機体単位の生死が最も鮮明で、それゆえに有機体的単位の境界が強い動物たちだ。動物のなかでも、「個人」という個体性に対する信念が最も強いがゆえに、哲学や経済学、文学や政治学など、多様な知識形態によって個体化された信を持つ人間が、その欲望を最も強く持ったということもまた、アイロニーである。魅惑は、このような欲望の最も魅力的な表現だ[1]。

　魅惑とは、ブランショの言葉を若干変えて表現すれば、わたしの外部にある何かが隣接する距離でわたしに触れることである[2]。思いもよらぬものが、わたしに近づいてきて、わたしを掴んで引っ張ることだ。ある偶然の遭遇に掴まれることであり、その引力にどうする術もなく巻き込まれることであり、引っぱられていくことだ。「それ」に導かれ、わたしの経路を失い、見当違いな軌跡を描くことだ。魅惑はいつでも思いもよらない時にやってくる。魅惑されようとして魅惑される者はいない。魅惑しようとする者すら存在しない場合が一般的だ。なにかの「陰謀」でないならば、わたしが魅惑された者もまた、わたしを魅惑しようしなかっただろう。自分が誰かを魅惑したという事実さえも、かれにとっては全く思いがけないことであろう。

　魅惑によって「わたし」はそれに、わたしの外部にあるなんらかのものに巻き込まれていく。自分が確固として堅持してきた位置を失い、わたしの外にあるそれへと引き込まれる。そしてそこに手を差し出す。手を差し出すのは「わたし」だ。魅惑する者は手を差し出さない。その手がわたしに触れたに過ぎない。それに導かれ、私は手を差し出したのだ。自分の皮膚の近くへと、あるいは皮膚の中へと引き込むのだ。魅惑はそのようにして、わたしたちをして、有機体の境界を、「わたし」の境界を越えさせるのだ。

したがって「魅惑」という言葉は、つねに受動形でのみ用いられる。わたしが魅惑された場合にも、「わたし」は「魅惑された」という言葉の主語ではあるが、魅惑される行為には主体がない。魅惑の受動性は、主語と主体を同一視する文法の幻想を壊してやってくる。わたしたちは頻繁にその言葉の能動的主語になろうとするが、それは決して成功できないと、よく知っているのではないか？　それがもし成功したとしても、そのように企画され意図された魅惑とは、魅惑というよりは「誘惑」であると言わねばならないだろう。それは、映画や小説でしょっちゅうあるような、ある目的のために作った行為という点で「陰謀」に近いのだ。

わたしに近づき触れてくる「それ」は、決して人間だけに制限されない。魅惑という事態において、ただ一人の人間が別の人間に巻き込まれることしか思い浮かべられないならば、未だに「人間」以外を見ることができない小さな世界に閉じこめられているのだ。人間だけではなく、事物たちが手を差し出し、ある空気がわたしを思いのままにする。じっさい、頻繁に見るもの、あるいは毎日そこにあるそれが、いきなり近寄ってくる瞬間が、魅惑の瞬間だ。おそらくそのときそれは、以前とは別の姿、別の形象でやってくるに違いない。毎日会っていた人が、ある日、胸に入りこんで刺さるとき、別の顔として、別の感応として近づいてくるように。

魅惑が「情がわくこと」と違うのは、このような理由による。ある動物の魅惑とは、親しみや居心地のよさとは別のものであり、あるいは「友達」や「家族」という人間の形象に重ねてそばに「置く」ペットに対する感情とも違ったものだ。それはむしろ、そばに置きがたいような感応によって、自分の立場を離脱して引っ張られていくことだ。モービー・ディックに魅惑されたエイハブがそうであり、狼王ロボに魅惑されたアーネスト・シートンがそうであったように。それは見慣れた鯨の形象を壊し覆いかぶさってきて、エイハブを浸水させる力であり、人びとのもつ通常のオオカミ観念を超え、人間の平凡な一生をごく小さなものにしてしまう、孤独で「高貴」なまでの、ある超過の力だ。ナウシカを魅惑した「王蟲」や、遠くから一度目があっただけでアシタカの心を捉えるもののけ姫「サン」、そして草薙を死のような深淵へと引き込んでいく人形使いの魅惑もまたそうである。

別のものに巻きこまれる時、わたしたちは至高さから離れる。わたしの至高さ、わたしという個体の至高さを放棄する。なによりも大事だと思い、なにものにも譲れないと感じてきた個体性が瓦解する。わたしにとって至高なものからは、自ら離れることができない。それはわたしにとって最も至高なものであるからだ。至高なものを超えさせるものは、いきなり出現し、わたしを掴んだまま、その至高さを忘れさせる、ある出来事である。魅惑、それは、あるものがわたしに浸透し、わたしの至高性を離れさせる出来事だ。わたしの個体性の至高さを離れ、別のものの一部としてまきこまれることであり、それと「合体」して、また別の個体化をはじめることであり、そのようにして構成された新しい個体性のなかへはいっていくこと、その一部として「加担／部分化（participation）」されることだ。それは、わたし自身を部分として含む別の個体の「下」に、進んで入らせることだ。

「愛」という言葉が、このような魅惑を表現するために最も頻繁に使われる。この意味における愛とは魅惑によって引き起こされた感情だ。わたしを魅惑するもの、つまりわたしに浸透し、わたしを引き掴む何かに巻き込まれていく時に発生する喜びの感情だ。決して能動的表現を使えない魅惑とは違って、愛はあたかも自分の能動的選択であるかのように能動的表現を使うが、この場合においても、それは魅惑に対する反応を表示するだけだ。愛は決心によって発生する感情ではなく、決断によって阻止できる感情でもない。ありふれた比喩のように、むしろそれは疾病のようにやってくるものであり、わたしはそれがやってくれば嵌りこむことしかできず、それが去れば、それをつかまえるために大変な思いをしてついていくしかない。やってきたそれについていき、そのようにしてわたしから離れることだ。わたしの個体性を、わたしの境界を、わたしの同一性を。

何かに魅惑されて愛することとは、それがどんなに感情を高揚させるといえども、じっさいは上昇と高揚の運動ではなく、下降と沈没の運動を引き起こす。愛するということは、高尚になったり至高になることではなく、至高さを離れ、快くどこまでも降りていくことであり、準備が充分でない状態で水に落ちることであり、堕落し汚染される危険を顧みないことだ。しばしば命まで賭ける危険を。そのままでは決して背負えなかったであろう代価を背負うことなのだ。まともな状態であれば、決して払わなかったであろう高い対価を支払う変容である。したがって、愛に「至高さ」や強度のようなものがあるなら、それは自分をどれだけ高められるかではなく、自分をどれだけ低められるかによって決定される。それは「自我」を求める旅ではなく、自我から離れ、思いもよらぬところへ行く旅なのだ。魅惑の強度、愛の強度は自分から離れたその距離によって定義されるのだ。

愛が恥じらいの紅潮から始まるのは、外部のそれがわたしに浸透してくるからであり、それによってわたしが低いところへと沈降するからだ。それによってわたしの至高さが瓦解するからだろうし、その瓦解した位置で裸になったわたしが、わたしの小ささが、わたしがもつ個体性の矮小さがあらわれるからだろう。そのようにして、わたしの皮が剥がされるからだろう。愛の告白が恥を、ときには侮辱感さえも伴うのは、低くなることを甘受せずには始めることができないからだろう。そうして、告白する者は「奴隷」になる。愛を告白することは、自ら低くなることを請うことであり、低い位置を受け入れることだ。告白を阻止する最大の敵は自尊心であり、あるいはその変形である恥だ。または低くなることの予感だ。

そのようにして愛は魅惑に導かれて自分自身から離れさせる。愛はひとつの危機としてやってくる。「わたし」が、以前の立場には今後立てなくなるという危機。それは変転の契機であり変換の機会だ。しかし愛はいつも魅惑なのではない。「好き」が確定されたものとしての愛があるからだ。魅惑の受動性が、かの遠くにあったものがいきなり近づいてくる出来事を指すならば、「好きだ」という言葉の能動性は、わたしのそばにいるものを、わたしの「心」にかなうものを、ずっとそばに置き続けようとする態度を意味する。その意味での愛することは、わたしの延長、わたしの至高さに合うもの、その至高なわたしの趣向や習俗に合うものだ。それは、便利であり、慣れたものであり、わたしの肉親のように大事なものであり、わたしを巻き込むものが与える困惑もなく、わたしの至高性を壊して入り込んでくる距離感もなく、それゆえに自然な愛着を感じさせるものだ。わたしにとって合うものだから、ずっとわたしに合わせようとし、わたしに従わせようとする「能動性」の力が作用する。わたしの「本性」を変えることがないままに、わたしの個体性のなかに、ある対象を当てはめようとする力、わたしの至高さに他者たちを合わせようとする、そのような意志に従う愛だ。魅惑なき愛だ。自分の恋人を、子どもを、あるいは動物や植物を、自分の意のままに合わせようとする愛が、むしろありふれているのは、逆から言えば魅惑による愛が思っているよりもわずかであることを示している。

魅惑による受動的な愛が他者に巻き込まれ我を忘れる愛ならば、能動的な愛は他者たちを自分のそばに束縛する「我を忘れない」愛である。本性を異にするふたつの愛は、しばしば「愛」という一つの単語のなかで一種の弁証法を稼動させる。一方で、我を忘れない愛は、自分の個体性の外にいるものを束縛するがゆえに、それを解いてやらねばならないことを、愛の対象を自分の身体のそばに置くためには、その他者性を認めねばならないことに頷くだろう。他方で、我を忘れる愛は、いかんともしがたい魅惑の力が緩和されたり、魅惑の対象に充分に近づけば、受動性から抜け出ようとして、つまり奴隷的な沈降から抜け出ようとして、「我を取り戻し」、そして自我を回復し、自分の至高性を取り戻すためのゲームをはじめる。自分が魅惑されていた対象を、自分のそばに捕まえたままにしたがり、それに自分の意志を投影しようとする。自我と他者の弁証法のなかで、魅惑は「愛」に、「わたしの愛」に位置を譲ることになるだろう。時間は、魅惑よりも「精神」の側だということだ。

愛が魅惑によって引き起こされた感情だとしても、その場合においてさえ、時間が経つにつれ魅惑とは別の何かになるということは、この弁証法を通してであろう。魅惑が自分の個体性を否定するような「高い」個体性に加担させることであるならば、愛が魅惑とは違って、主体と対象、否、主体と主体間の関係になるのも、この弁証法を通してのことだ。また、愛が人間と人間の関係を、多くの場合は性的なものに帰着する人間関係を意味することになるのも、これと関係するだろう。しかし、個体性を超えさせる魅惑の力を、わたしたちが他者たちとともに新しい関係を構成させるこの力を思惟するためには、愛をして性的関係から、人間間の関係から離脱せしめるものが、何であるのかを見なければならない。存在者を、その与えられた個体性を超えて存在させるものは何なのかを見なければならない。到来する存在者を、新しく生成せねばならない存在者を、そのような存在者の存在を。

脱生殖化された性欲

欲望は抑圧の上を流れる。あるいは抑圧からあふれだして流れる。抑圧に飼いならされた欲望、抑圧に押しつけられた欲望が形成されもするし、抑圧を欲望する欲望もまたつくられる。抑圧をそらしたり、抑圧に抵抗したり、抑圧に押しつぶされながらはみ出していったり、抑圧の端にしがみついて新しい誘惑についていきもする。このようにして、抑圧は新しい種類の欲望を産出する。欲望と抑圧が別々にあるのではないように、抑圧された欲望と解放された欲望が別々にあるのでもない。抑圧の様相以上に多様な欲望がある。抑圧なき欲望はなく、抑圧にだけ汚された欲望もない。

欲望を通して愛を解明しようとしたのは、よく知られているようにフロイトだった。その欲望は何よりも性欲だった。それは母に向かうゆえに、最初から抑圧を運命のように背負って生まれた欲望だった。去勢の威嚇の前で欲望は抑圧され、急いで別の対象へと目を向けるが、充足されえないその欠如によって、どこにおいても満足できず、それゆえに数多くのものへ向かって流れていくものが、フロイトが見つけ出した欲望の軌跡だった。去勢と抑圧が、母でない誰かを愛する理由だったという言葉は、愛するためには抑圧は必要だったという言葉に聞こえる。抑圧と欲望の、この逆説的関係が、人間の世界に入るための門だ。

しかし、ここでの抑圧はあまりにも根源的であり、いかなる場合においても、あまりにも同型的だ。母、父、わたしの三者関係が存在する限り、さらにはそのような関係が現実的に欠如している場合にも、抑圧は存在する。同一の本性を持ち、常に既に存在する。また、愛や欲望は、それが誰に向かうにしろ、常に既に母という対象にほれ込んでいる。母の欲望の対象である男根という対象へ。

あらゆる欲望を、常に家族へと、男根へと還元する、このような観念の内では、いかなる欲望であれじっさいは男根的欲望に過ぎない。母の男根になろうとする欲望、母の男根として認められようとする欲望。しかしわたしは欲望が性欲に還元できるという言葉を信じないし、性欲もまた男根へ還元されるという言葉も信じない。さらには男根的根源をもつ場合においても、それがいかにして、そこから離脱して遠ざかったのか、その経路を注視せねばならない。それを、「実際それの本質は……」の形態を用いて、常に男根へと再帰させることほど不毛なことはない。この場合、欲望に関する質問の答えが常に決まっているからだ——「男根」。〔この還元が〕常にしなければならないことは、この極度なまでに奇異で多様な欲望や症状を、「結局は男根」へと帰着させることとなる。

性的抑圧による性欲の変化についても同様である。重要なのは、それがすべて結局は男根に対する欲望だと確認することではなく、そのような変化を通して性欲が生殖から、生殖器から、いかにして離れていったのか、離れていきながらいかなることが起こったのか、である。「ビクトリア朝」と呼ばれる一九世紀西欧の禁欲主義によってもたらされた性欲の変化は、とりわけこのような観点から注目する理由がある。すでにフーコーの研究によって有名になったことだが、一九世紀は性に関する言説が爆発的に増殖した時期だった(3)。多くの場合、精神医学的報告や研究の形を取ったこれらの言説が増殖した理由は、「抑圧仮説批判」に対する誤解とは違って、禁欲主義に反するものではなく禁欲主義に起因するものだった。

家庭が以前とは違って家族のみの聖所になり、そのような「私的空間」としての「内密性のカーテン」に囲まれた一九世紀において[4]、他人の視線を排除するこの分厚いカーテンのなかで、なにをしているのか知ろうとする意志（volonté de savoir）、〔すなわち〕覗き見の欲望が、禁欲主義の道徳家や衛生改革者たちにとって、特別強かっただろうことは疑問の余地がない。その欲望に添って寝室という内密性の空間を覗き見たのは医者たちであった。女性たちの「ヒステリックな」性欲、子どもたちの肉体と精神に対して致命的な自慰行為、そして同性愛、獣姦、服装倒錯、オートエロティズム、フェティシズム等々、数多くの「精神病的」性行為についての医学的報告書が溢れだした。このような報告書が、女性や子どもたち、そして自分や配偶者の身体と欲望を医者の視線で見ることをもたらし、これを通して「生命」という概念を軸にする正常化の権力を稼動させたことは、すでにフーコーの本を通してよく知られている事実だ[5]。

「健康」の形態で正常性を生産するこのような権力の作用は、あるいはより直接的に言うならビクトリア式の禁欲的体制は、別種の欲望を産出した。たとえば首と手首、足首に至るまで身体を服で隠さねばならなかったビクトリア時代の衣服は、逆説的に、スカートの端に一瞬あらわれる足首を見るだけでも快感を得ることのできる性欲を出現させた。闇の中でも裸を見せてはならない道徳は、夜の寝室でも体を隠す下着を発展させたが、それは逆に、隠されつつあらわれる身体を通し、性欲を触発する強力な刺激になった。また、倒錯的欲望を精神病理化する戦略のなかで書かれたクラフト＝エビングの『性の精神病理学(Psychopathia Sexualis)』は、刊行直後、かなりの人気を得てベストセラーになった。この本に人びとがそれほどまでに引きつけられたのは、性の規範を樹立してくれる教科書を求めようとする道徳的な命令ゆえではなく、その反対に、新しい種類の性欲に対する好奇心と欲望ゆえであったことは、長々と説明する理由もないだろう(5)。

この本は、逆説的に新しい種類の性に対する欲望を大衆的に刺激する契機になっただろう。それはむしろ新しい性欲の発見であるのみならず、性欲の新しい発展が全面的に始まる契機であったと言わねばならないのではないか？　ビクトリア時代の抑圧的禁欲主義が自分でも気づかないままに他人の寝室を覗こうという窃視症的な欲望を伴なったとするなら、倒錯的欲望を精神病理化した医者たちの報告書が倒錯的欲望を刺激する契機になったのだ。オスカー・ワイルドを同性愛者であるという理由で監禁し、倒錯を病理化していた性的抑圧が、その陰から新しい種類の欲望をつくりだし発展させたのだ。とても多彩な（！）様相を持つこの新しい性欲は、性交を生殖から遠ざからせ、性欲を性器から脱領土化する強い潜在力があった。性的な愛の美しさや、性欲を肯定する文学作品や美術作品が出現しはじめるには、それからさほど時間はかからなかった。

性欲が陰の位置から抜け出て「発展」していく決定的な契機は、おそらく一九二九年の大恐慌だろう。全世界に波及した前例ない規模のこの恐慌は、プロテスタント的禁欲主義とフォード工場のアセンブリー・ラインに象徴される大量生産間の矛盾が、これ以上共存できない臨界点に到達したことを示す徴候的な事件だった。ここから抜け出ようとするなら、もはや節約ではなく消費を促さねばならない。消費のために「需要」に必要な金をばら撒かねばならない。ニューディールがそのための「政治的」な出口であったとするなら、ケインズ主義はそのための新しい経済学だった。双方ともに大衆の消費を投資誘因に据えること、そのために大衆の欲望を刺激することを直接的目標にしていた。禁欲主義という抑制された欲望の体系から、欲望を刺激する体系への転換が必要だったのだ。

資本はいまや、吝嗇な禁欲の神に代わって豪胆な消費の神が、自分の新しい守護者であることを知ったのだ。第二次大戦以降から一九六〇年代末までの「資本の黄金期」を、ボードリヤールのように「消費の社会」と命名するのは、とても適切なことだった。このような消費の最も重要な対象が身体であり、身体によって欲望を引き出す性というものであることは再三言うまでもない。性欲の抑制や抑圧ではなく、刺激が資本の新しい命令語になった。経済的消費対象と性的消費対象を重ね合わせる多様な技術が登場した。一九四八年と一九五三年、大衆の性欲や性的行動についての統計調査報告書（「キンゼイ・レポート」）が刊行されるなか、性生活が公開の論議の舞台に上がったこともまた、明らかに徴候的だった。

この新しい欲望の体系が、性的行為や欲望を、生殖から抜け出した消費へと導いたであろうことは明らかだ。しかし、陰で進行していた性欲の拡張が白日のもとにされされたとき、それを通して脱生殖化した性欲が前面化しうるとは、だれも予想できなかっただろう。正常の観念と正常化のための制度が存続する条件において、性欲の刺激がもたらす結果を、誰かが合理的に推論していたなら、「正常な」性の量的拡張とでもいえるものを予想していたかもしれない。家族的な性からあふれ出る性的交渉の量的拡大、あるいは性の商品化、セクシーな身体の生産などとして。しかし脱生殖化された性欲が、すでに一九世紀に生殖器から脱領土化し新しい領土を開拓していたことを知るなら、これはあまりに純真な計算であったと言わねばならない。それはすでに、異性愛主義や性器中心の性欲から離れていたのみならず、男女の二項性を壊し、人間と動物の境界、人間と事物の境界を越え、あらゆる領域へと進んでいた。性欲が資本の欲望とともに日のあたるところに出てきたとき、それは最初から、異性愛的性欲はもちろん、「人間的」性欲の限界を超えていたと言わねばならない。

性や性欲、そしてその前提となる男性中心主義に対する批判のなかで、性自体について、男性性と女性性についての根本的な質問と思惟が新しく始まったことを、このような脈絡において理解できるのではないか？　六八年革命における愛と革命、性と革命の問題が、それまでとは別のやり方で提起され、欲望の抑圧ではなく、欲望の肯定に基くことで、革命自体を思惟し直そうとする試みがはじまったのもまた、このような脈絡から理解できるのではないか？　したがって、その時期以降、同性愛に対する抑圧や非難は、あるいは倒錯的性欲に対する非難は、すでに敗北した戦争を起こすことであったと言わねばならない。

ジェンダーと性

愛の欲望は、性（sex）を跳び越える。男性と女性という二項的な性的分割を跳び越え、男性と女性の異性愛的なペア作りを跳び越える。服装倒錯者の後裔であるドラァグ（drag）は、男性と女性の性的分割に対応する服装の分割と対立を横断する。女性の服を着て、女性の立ち居振る舞いをする男性は「生物学的」性に対し、服装や外貌、行動を対応させねばならないという社会的要求を拒否し、自分の新しい女性性を「享有」する。この転倒した服装と行動のなかで自分の感覚と欲望を女性化する。これによって、トランスジェンダーは「女性」と「男性」のどちらにも属さない新しい位置を作り出す。さらに、身体を変えるために女性ホルモンを身体に投与する「トランスセクシュアル」たちは、自分の欲望を通して自分の生物学的身体に、自分の性の「自然性」に挑戦する。手術を通して生殖器の形態を変えれば、かれは男性だろうか女性だろうか？　女性化しているにもかかわらず、「生物学的」女性とは言えないだろう。女性ではない女性になるのだ。同性愛者たちは身体を変えないまま生物学的性欲から離脱した性欲（sexuality）を肯定する。ブッチ（butch）とフェム（femme）という二項的分割を再び持ち込む場合においてさえ、ブッチは生物学的男性ではなく、フェムは生物学的女性ではない。

生物学的な性を離れたセクシュアリティを扱うために、現在では多くの人びとが「ジェンダー（gender）」概念を用いる。男性と女性の二項性へと再帰することもあるが、その場合にもジェンダーは生物学的概念である性（sex）ではない。性が「自然に」与えられたものとするなら、ジェンダーは社会・文化的に構成されたものだ。ジェンダーは「自然な」実体と見なされる性から、感覚と欲望、思考と行動が離脱する場において誕生した。もちろんジェンダーは性と対応する場合が多いし、そのように要求され強制もされるが、その場合においてすらジェンダーが性と一致するなら、強いて別のものとして存在する理由がない概念だったろう。「ひとは女に生まれない、女になる」というボーヴォワールの有名な命題は(7)、「生まれる」の形態で与えられた「性」の自然的本質とは別の地点において、ジェンダーとしての女性は構成されるのだと表現する。それゆえにジェンダーは、二項的な場合においても、性的二項性とは別の多様性を内包する。ドラァグクイーンとフェムは、同じ女性的表現を選択したが、「女性」という単語からこぼれ落ちる異質性と差異をもつ。

いわゆる生物学的「性」が神の手によってつくられたものとするなら、ジェンダーは人間の手によってつくられたものだ。ジェンダーは生物学的本性の観念を伴う性と違い、人為的なだけに可変的であり、文化的な差異と同様に多様で異質的だ。ジェンダーは、生殖から離脱したセクシュアリティが走破する欲望の多様性にしたがって変異し、増殖する。しかしながら、そのあらゆる多様性が、繰り返し男性と女性の二項的分割に再帰することは否定できない事実だ。わたしたちは性に対応する方法で、男性ないしは女性として作られていて、それに合うように感覚し欲望し行動する。それは、わたしたちを男性／女性というジェンダーとして作り出す社会・文化的強制のせいだろう。「大の男がそれくらいで泣くな！」このような非難の中でわたしたちはできるかぎり泣かない男になる。ピンク色に惹かれれば「小娘」のようであり、化粧品に関心をもつ男は「頭のおかしい」やつになる。さらに男どうしで手を繋ぎながら歩いていれば、確実にからかわれる。このような強制的対応の実行を通し、わたしたちは生物学的な性に相応すると見なされる特定ジェンダーの主体としてつくられる。バトラーのいうように、ジェンダー的実践が、わたしたちをジェンダー的主体へとつくりあげるのだ(8)。ジェンダー的実践の遂行を通してジェンダー的主体としてつくられる過程の中で「権力」の作動を発見するのは、フーコーを読んだことがあれば、とても簡単なことだろう。

ジェンダーは性欲が性を抜け出す地点で生まれたが、性的分割によって二項的なものとしてつくられる。あるいは、性的「本性」から抜け出た概念として生まれたが、性的「本性」にしたがって異性愛的欲望としてつくられる。異性愛を抜け出たセックスが、性的次元では「失敗」に終わるが、ジェンダー的次元では非難され処罰される。ジェンダーは処罰と矯正の技術を稼動する権力の場である。性的「本性」は破ることのできない「自然」であるが、ジェンダー的「本性」は破ってはいけない「禁止」なのだ。だからジェンダーの分岐線を多様に描こうとするあらゆる試みには血と涙が含まれている。ジェンダーは、性的分割と結合の生物学的モデルに重ねられる方法によって作動し、それを通して性的「本性（nature）」を与えられる。破れないし、破ってはならないという正常の規範が、生物学的権威を得るのはこれゆえだ。さらには性的分割を批判する場合にも、ジェンダーが男／女の二項性を再導入し、そこへ回帰する傾向をもつのは、これゆえだ。性はジェンダーの神である。自分の姿によってジェンダーを作り出し、自分の姿を超越的モデルとして崇拝させる。

生物学的な性のモデルから自由になろうとする人びとが、性とジェンダーを分離することは、このような点で一種の無神論的異端であると言える。ジェンダーと性は、いかなる必然的連関も持っておらず、生物学的本性と無関係な規律的権力の構成物だ(9)。ジェンダーは性ではなく、ウィティッグのいうように「レズビアンは女性ではない」(10)。バトラーはここからさらに進み、性自体もまた自然的本性を持たず、文化的に構成されるという点でジェンダーと違わないと主張する。性がジェンダーと同様に文化的構成物であるなら、性という概念はジェンダーといかに区別されうるのか？　相違した文化的構成物？　だとすれば、性的範疇はジェンダー的範疇と、いかにして別の定義づけができるのか？　性をジェンダーと同様に文化的構成物だと言うならば、性という概念は、事実上ジェンダーへと還元されるだろうし、独自的意味のない剰余的な概念になるだろう。バトラーはこのような立場を明示的に取っているようだ。「セックスは言説以前の解剖学的な事実性だと言うことはできない。実際セックスは、定義から言っても、これまでずっとジェンダーだったことが明らかにされるだろう。(11)」

しかし、ジェンダーと区別される性、生物学的性格の性が存在しないと言えるのだろうか？　性の二項性が構成的だと強調することは頷けるとしても、性の生物学的物質性を否定することは決して簡単なことではないと思われる。性欲が生殖から抜け出たからといっても、生殖という生物学的活動が消えるのではない。ジェンダーが性から抜け出て、独自性を確保したからといって、それが生殖という機能を解明できるものではないだろう（それを解明しようとするなら、ふたたび生物学的な性の概念に捕われるだろう）。

同性愛者が子どもを育てられないという考えは間違っているが、同性愛者が子どもを産めるという考えも間違っている。トランスジェンダーもまた同様である。

性の「自然性」にジェンダーが帰属し、重ねられることを批判するために、自然的なゆえに変化できないと仮定される性の概念を批判するために、性の概念から自然的な自明性を除去しようとすることには充分に同意できる。しかしそれが性の概念に含まれる生物学的な物質性を否定することに妥当性を提供するわけではない。「物質」概念や「自然的本性」概念に対する「脱構築主義的」批判が(12)、生物学的物質性を超えさせてくれるのでもない。性や性的身体が構成的なものであることを明確にするために自然という領域を消し去ることは適切な解決策ではない。そのような発想には、自然的なものは不変的であり、文化的なものは可変的であるという観念が前提されている。

しかし自然的なものとは「手の加えられていないもの」ではなく、なんらかの条件によって特定の方法で構成されるものであることを知るならば、自然的なもの、生物学的なものに対する敵対感から、少しは自由になれるのではないか？　性の「自然的本性」が、実際は条件による多様な様相で形成されるものであり、その二項性は人為的なものとして「構成」されたのだ。性の二項的観念を批判するために必要なものは、それを文化の領域に置くことではなく、自然的な性の概念が「生物学的次元」で構成されたものであることを見ることだ――性的二項性が構成されたものであることを言うために、生物学的性質や機能を追放してしまうのではなく、生物学的次元においてもその二項性が不適切であることを示すのである。

数多くの性

性とは、有性生殖を通して繁殖する生物たちに適用される生物学的概念だ。強いて区別するなら、女性と男性がジェンダー的な範疇ならば、メスとオスは性的範疇だといえる。「女性」という言葉のかわりに「メス」という言葉を用いるときに人々があらわす感情、「男性」とは言わずに「オス」と称して誰かを叙述するときの居心地悪く乱暴なニュアンスは、人びとが生物学的な性の概念に対して、ちょっとやそっとではない距離を維持していることを示している。それはつまり、「人間学的」な距離だろう。「「人間」にメス／オスの生物学的用語を使うなんて！」反対に、ニワトリやライオン、クモには男性／女性という範疇を用いない。動物たちの世界にはジェンダーがなく、ただ生物学的な性のみがあると人びとは信じるのだ。このような点から見るとジェンダーは文化的のみならず「人間学的」であり、性は自然的で生物学的だ。そして人びとの生においては、ジェンダー的範疇がはるかに強い現実性を持っているようだ。

しかしながら、この二種類の概念は、対になった側の概念を通して反射し重なる、二重の作用によって作動する。〔一方で〕生物学的な雌雄概念は、男女の人間学的イメージを通して人間の二項的範疇を生物一般へと拡大し、〔他方で〕ジェンダー的な男女概念は、生物学的な雌雄の機能を通して男女概念に自然学的必然性を付与する。たとえば女性が子どもを産んで育てるというジェンダー的事実に対応してメスがヒナを産み育てるという生物学的事実を取り出し、その生物学的な事実によって女性の育児に自明性が付与される。これによってオスがヒナが孵化するまで卵を抱いて巣を守る種が多くあるという事実は忘れられる。雌雄の生殖的機能は異性愛的な愛に生物学的必然性を付与し、異性愛は男女間の愛の生物学的自然性をもつモデルとして再帰する。精子の運動性と卵子の「受容性」を「根拠」とし、これを男性の積極性と女性の受動性に重ね、逆に男性の浮気心を精子の多数性に重ね書きする。オスが主導的役割をする動物を根拠に、家父長的関係を「生物学化」し、逆に家父長的男女関係のイメージを雌雄の生物学的関係に、率いる者と保護される者のイメージへと変換し、重ね書きをする。慣れ親しんだ男女関係を通して雌雄の行動を見て、通念的な雌雄関係を通して男女関係を規制する。二重の反射を通して作動する対応性によって、通常のジェンダー的観念に反する生物たちの行動は見えなくなったり、あったとしても極めて例外的なものと見なされる。

それゆえ、最初は「例外的」と見なされていたであろう数多くの自然学的な事実から分かることは、生物学的な性が、男女という人間の形象をモデルとしている雌雄の二項性から抜け出ている地帯が、「思っている」よりもはるかに広いということだ。サンゴ礁に生息するスズキの一種であるハムレットのように、両性でありながら他家受精をしなければならないゆえにペア探しをするものがいる。両性であるにもかかわらずペアを探すのだ。哺乳類にも二つの性の間にある「間性」が少なくない。オジロジカやオグロジカの一種は、体の大きさや角の有無において中間的なものがいるし、カンガルーやワラビーには子宮に準ずる袋と陰茎を、乳腺と精巣をすべて併せ持つ種がある。げっ歯類に属するカンガルーネズミもまた、膣と陰茎、子宮と睾丸をすべて併せ持つ「間性」が多い。南太平洋のニューヘブリディーズ諸島には「七つの性」を持つブタがいるし、その地の住民は「メス／オス」の二つではなく、この七つの性を区別する独自的な名称を持っているという。クマやサル、クジラなどにも二項的な性を超える何個もの性を持つものたちがいる(13)。

雌雄がペアを組むがゆえに雌雄の二項的な概念が作動する場合においてさえ、メスやオスの範疇と同一にならない「性」が複数存在する場合が多い。たとえばウシガエルのメスやイサリビガマアンコウは、大きくて鳴くオスと、小さくて鳴かないオス、すべてと交尾をする。ワキモンユタトカゲには大きさと色、行動パターンを別にする三種のオスと二種のメスの五つの種がある。相違する種類のオスたちが、求愛競争をする。サンフィッシュの一種であるブルーギルは四つの性を持つが、メスが三種類の「オス」すべてと交尾するのみならず、中間の大きさのオスは大きなオス（遺伝型が違う）、メスと一緒に暮らし、両方と交尾をする(14)。両性愛だというべきか？　このようにメスやオスにいろいろな種類があるなら、これらが雌雄という二つの性を持つと言えるだろうか？　そのように言う時でさえも、メスの中に複数の性が、オスの中にもまた複数の性が存在すると言わねばならないのではないか？　明らかなのは、「二」という数字は性の区別を表示するさいに不足しているということ、異性愛的二項性は生物学的なペアを把握するさいに不充分だということだ。

じっさい生物学的次元においてメスとオスをいかに区別するかということは、予想以上に難しく、予想以上に強く男女の二項的観念に捕われている。体の大きさや形の差異、統制力の如何や「浮気をする（配偶者選択機会の最大化）」などの差異を雌雄の性に付与しようとすることは、生物たちの自然学的な世界に入る瞬間、全く無意味な区分であり、ただ人間自身の姿に過ぎなかったということを確認することになる。おそらくこれ以上に説得力があるように思われるのは、生殖器官の構造を通して区別することだろう。しかしブチハイエナのメスは陰茎を持っていて、この陰茎を通して子を産む（だからたくさん死ぬ！）。マレーシアとボルネオのオオコウモリは、オスが乳腺を持っている。植物はトウモロコシのように雌雄すべての生殖構造を持つものと、ギンナンやナツメヤシのように雌雄が別になっているものがある(15)。

ラフガーデンはこのような通念の不適切性を指摘しながら、生物学的な次元における性の区別とは、有性生殖をする生物がつくる生殖細胞の大きさの差異によって定義できるだけだと言う(16)。大きな生殖細胞をつくるのがメスで小さな生殖細胞をつくるのがオスである。しかし多くはないが生殖細胞の大きさが三種類以上のものがいて、この区分さえも確固としたものではない。ショウジョウバエの一種であるドロソフィラビフルカ〔Drosophila bifurca〕は、精子の大きさが三種類であり、四種の大きさの生殖細胞をつくる。原生生物であるクラミドモナスは生殖細胞をつくる細胞が四—六四回まで分裂するのだが、分裂回数が増えるほど生殖細胞の大きさが小さくなる(17)。至極多様な大きさの生殖細胞を持つということだ。このような動物は性が二つなのではなく、n個なのだ。

このようにいくつかの大きさを持つ場合にも、わたしたちは雌雄の二項性に合わせて卵子と精子の二項性を直ちに再生産する。ドロソフィラビフルカの場合なら、メスが一、オスが三あると言える。いつのまにか大きさ以外のなんらかの基準が、より上位にあるものになってしまう。それはおそらく、オスは動いて卵子に接近し、メスは受精された胚を孵化させるというような通念だろう。人間の思考の「地平」をなす、人間自身の性区別と性役割に対する観念が、「前提」として付け加えられるのだ。そしてこのような雌雄の区別は不変的で持続的だという信が、そこに加えられるのだ。

このような現象的な区別ではなく、性染色体によって雌雄を区別する遺伝学的な性概念において雌雄を確実に区別できるという考えが、現在では一般的だろう。しかしこれもまた、二つの性区別が、予想以上に難しいことを示す。おおよその動物は性染色体によって雌雄が決定されるが、ミツバチは発生が受精卵からなる場合メスになり（これは幼虫時のエサのちがいによって、ハタラキバチと女王バチにわかれる）、未受精卵から発生すればオスになる。すなわち性染色体ではなく、受精されたかどうかが雌雄を決定し、エサの差異がハタラキバチと女王バチを決定する。ハタラキバチと女王バチの差異を無視し、「メス」として一つにまとめることも、雌雄の二項性に対する人間学的な「地平」のせいである。バッタはミツバチと同じ昆虫だが、雌雄の区別は性染色体によってなされる。しかし、Y染色体によって性の差異が決定され、それゆえXXをメス、XYをオスであると信じる人間とは違って、X染色体を二つ持てばメスになり（XX）、一つだけ持てばオスになる（Oと表記する）。ガやチョウの性決定の仕組は、昆虫よりも鳥類に近い。これらも性染色体によって性が分化されるが、哺乳類と反対に、オスはXX、メスはXYを持つ。これらは、精子ではなく卵子が子どもの性を決定する。

人間の場合においても、性染色体の決定性は思うほど単純ではない。通常はXXがメス、XYがオスであるが、性染色体がXひとつだけの（XO）人がいる。かれらは表現型としては女性になるが、XXとXYがもつ多数性を「正常」だと見なす標準的な解釈においては、「身体的には若干非正常であるが精神的には正常であり一般的に不妊」であると見なされ、「ターナー症候群」という名前を与えられる。XXYである人もいて、背が平均よりも大きく、男性であり、不妊であり、「クラインフェルター症候群」と呼ばれる。これとは別に、性染色体はXYなのに表現型では女性である場合もあり、XXなのに男性である場合もある(18)。その反面、ショウジョウバエはXXがメス、XYがオスになるという点で人間と同じだが、Y染色体がないXOの場合、ショウジョウバエは人間と反対にオスになり、不妊であるほかには別のオスとほとんど区別できない。またXXY染色体を持つショウジョウバエは「正常」であり、不妊のオスになる人間と違って生殖力を持つメスになる。ショウジョウバエの性を決定するのはX染色体と常染色体セットの比率であることが知られているが、これはY染色体の一部（SRY）が決定的役割をする人間の場合と全く違う。このような諸事実は、XおよびYで表示される染色体の機能が、人間（哺乳類）とショウジョウバエにとって全く別のものであり、特定の染色体によって性を一義的に決定できるという考えが、実際の生物学的な事実に合わないことを意味する。

雌雄の染色体間に差異が全くなく、卵が育つときの温度によって性が決定される場合もある。ワニやカメの一部の種やトカゲがそうであり、季節性の魚類がそうだ。染色体上の差異ではなく発生条件が性の差異を決定する生物から見えるものは、性の差異が遺伝子的に先決定されるという考えが、どれほど単純かについてである。他方で、雌雄の性が分化されて以降に性を変える生物も少なくない。それらは、性を分かつ壁は生物学的に越えられないという観念が、いかに凝り固まったものであるかを見せてくれる。たとえばブルーヘッドのなかにはメスであり続けるもの、オスであり続けるもの、メスだったがオスになるものの三種類の性がある。性が換わるものは、最初からオスであったものよりも体が大きく、それらに対して敵対的であり、好む生態環境も異なる(19)。ホンベラはメスたちを率いるオスが除去されると、最も大きなメスが性を換えてメスたちを率いるようになるのだが、求愛などの行動はもちろん、一〇日以内に精子を生産するようになる(20)。スズメダイのように、オスがメスへと換わる場合もあり、沖縄に生息するハゼは、メスがオスへと、オスがメスへと換わり、一部は元の性へ戻ることもある(21)。

有性生殖は、バクテリアや無性生殖をする生物から進化したものであり、染色体を半数体へと分割し再び合わさる過程によって進行するがゆえに、半数体を区別し表示するために雌雄の二項的概念を使用することもあるが、雌雄が実際に区別され分化する様相はもちろん、雌雄のあり方は、すでに考察してきたように、制限された事例のみにおいても多様である。雌雄同体という言葉は、この二項的な概念が、実際は二項的分離をしない種に対しても重ねられてはたらいた結果であろう。雌雄が分離された生物の場合においても、雌雄を決定する方法は至極多様である。また、ミツバチのように「メス」という言葉でひとつにたばねる場合にも、生殖を行わないハタラキバチと生殖を行う女王バチの間にあるへだたりは、普通の雌雄の区別よりも大きいと言わねばならない。

遺伝的観点での雌雄区別が示しているのは、「分析的」観点での雌雄の区別について、根本的に再考することの要求だろう。つまり雌雄の決定要因が至極多様であるのみならず種によっては相反することもあり、それゆえ、同一のメス・オスという言葉を使用しながらも、メスといえども同一なメスではなく、オスといえども同一なオスではないという事実だ。同一のXXYでありながら、メスであるものとオスであるもの、XYであるオスとXOであるオス、またXXのメスとXYのメス、染色体によって誕生したメスと、温度によって誕生したメス等々、数多くのメスと数多くのオスがいるのだ。

したがって二つの性があるのではなく、数多くの性があるのだ。ドゥルーズ・ガタリが言うように「n個の性」がある(22)と言わねばならない。現象的にあらわれる雌雄の多様な様相は、雌雄を決定する何層もの分析的諸要因が結合した結果であると言わねばならない。分析的次元においても現象的次元においても、数多くの「メス」がいて、数多くの「オス」がいる。オスのようなメスがいて、オスでもあるメスがいて、メスたちがひしめいているオスがいて、メスに転換するオスがいる……。このような点でメスとオスは、性的なものは、有機体を分割する概念であるのみならず、有機体以下の水準において、遺伝子はもちろん染色体や性染色体、そしてそれ以下の水準で存在し作動する「分子的」概念である。この分子的なものたちが集まって個体化する様相にしたがい、性を区別する染色体が形成されもするし、環境的要因が規定のなかで胚の表面に曲線を描きながら、別の生殖器官を作りだすこともあり、それらが再び個体化しながら性的に分化した有機体をつくることもある。また、その分子的組成の変化によって別の性的身体へと変換する、また別の個体化が進行されもする。それのみならず、一つの有機体を別の有機体へと引きずり込み、別のものと結合させ、また別の個体性を形成する過程のなかへと、まきこまれもする。

生殖的な性は一つの性の中でも、お互いに接近し、引きよせ、求愛を「競争」する。そのような複数の性がひしめく性的身体が、ただ一つの性的「本性」のみで、メスやオスのどちらか一つのみで維持されうるという考えほど、純真なものはないだろう。さらには一つの性的な生殖器官をもつ身体といえども、そのなかの分子的な性の組成が、一つの性として単一だとは考えられない。その分子的な性の組成が変化するにしたがって、一つの性が別の性へと変換され、精巣や精子をつくりだす場合さえあるならば、一つの身体もまた絶え間のない性的変異状態の中にあるというほうが、実際の事実にはるかに一致するだろう。だとすれば「男性」の身体が「女性」ではない「男性」の身体に惹かれ、「女性」の身体が別の「女性」の身体に惹かれるということも、決しておかしなこととは言えない。わたしたちの身体は、数多くの分子的な性によって構成される複合的な個体であり、それゆえに至極多様な性的組成を持っているのみならず、それが変化するにしたがって、いろいろな「中間的」状態を行き来する可変性のなかにあると言わねばならない。

だが、結局は男性ないし女性へと、ペア作りへと、メスとオスへと、それらのペア作りへと帰結するのではないのか？　そこから抜け出る個体化とは、極めて少ない一部分に過ぎないのではないか？　おそらくは受精へと帰結する交接の出来事だけに注目するならば、そうだと言えるだろう。しかし受精から独立した性欲を否定することは、人間のみならず（人間の「本性」を別の動物と区別することが好きな人々の観点から見るならば、最も人間的なことの一つが受精と無関係な性欲、受精と無関係な愛の行為ではないか！）動物に対しても妥当性を持たない。性的行為は、ただ受精という目的に帰着する手段ではない。しかしながら受精という目的を離れる術を知らない目的論的思考は、あらゆる愛の行為を「結局は二つの性」へと分割し、異性愛へ帰着させる。生殖ないし受精は、どのようになされるのかという質問で始める限り、それは避け得ない結論のように思えるだろう。

それは、人間のようにジェンダー的構成の領域をもつ場合に、そのような二項的な雌雄の受精モデルに、感覚と思考、行動と身体すべてを合わせることを要求する。異性愛主義が生殖という領域を抜け出て性欲を見ようとしないことも、有機体の生殖器官を抜け出てその中に数多くの分子的な性がうごめいていることを見ようとしない人びとにとって、異性愛主義が「自然的本性」、「自然的実体性」に見えるのは、このような理由からだろう。しかしエルキュリーヌ・バルバン（Herculine Barbin）の事例のように、両性の生殖器官を持つがゆえに男女のどちらか一つのジェンダーへと同一化できなかった人の身体(23)、乳腺と陰茎を持つ「中間的」な身体、あるいは反対の性の遺伝子を持った女性や男性にとって性とは、人間のジェンダー的な二項性に、数多くの分子的な性を、多様な中間的な性を、重ねあわせようとする試みに対する、生物学的物質性の抵抗を意味するのではないか？　それは、与えられたジェンダー的規範の実行が失敗する諸地点に、性的多様性が、n個の性が、数多くの分子的な性がうごめいている身体があることを示すのだと言わねばならないのではないか？

人間が発展させた、困惑するほどの多様な性欲、生殖から遠く離脱した性欲は、性的欲望や行動が生殖へと還元されえないことを示す。それは雌雄の二項性から抜け出て、ときには人間と動物の種的な壁を越えて進んでいき、生殖器とは全く別のものを性的快楽の領域にしていく。日常的な訓育と実践、教育と同一視、強力な非難と処罰までも伴うジェンダー的遂行性に反して、男性／女性の二項性と受精をモデルとする異性愛主義を越えていくこの「過度な」性欲や性的行為を、いかに理解できるだろうか？　有機体的身体の境界を越え、二項的な生殖の境界を越え、種的な壁はもちろん生物と非生物の境界さえも越える性欲、ひょっとするとそれが決して生物学的な性へと還元できないものだとしても、これほどまで多様な分子的性の動きを通して逆に理解できるのではないか？　分子的な性の多様な様相の総合と横断がなければ、その強い習俗と訓育の権力さえも退かせるほどの、この過度な性欲の氾濫を理解できないのだと、言わねばならないのではないか？　非性的な愛を理解しようとするならば、狂った性欲のように見えるこの地帯を迂回するのではなく、反対にそのなかへ入り込まなくてはならないのではないか？

二つのフェティシズム

若干堅苦しい言い方であるが、物に対する性欲は、生殖に縛られた性に対する嘲弄である。性交の可能性のない対象に対する性欲は、至極倒錯的である。同性愛も、動物に対する性欲も、変形された形式の性交を含蓄する。それに反して、生殖器もなく、性感帯もなく、愛撫の手つきに反応しうる何らかの感覚もないであろう「物」に対する性欲は、性交の可能性が最初から遮断された対象に惹かれるという点で、生殖から最も遠く抜け出た欲望であることが明らかだ。他方で、それが単に物に対する愛着や欲望ではなく、「性欲」であるという事実は、物に対する所有欲へ帰着する欲望とは別の経路によって、物に対する愛を思惟させてくれる。

しかし精神医学や精神分析学はそのようには考えない。フェティシストの事例を自分の有名な本に収録した精神医学者クラフト＝エビングは、フェティシズムを「性的な感覚を誘発したり、性的な感覚を増加させる」(24)補助手段と見なした。クラフト＝エビングがフェティシズムを「官能的快楽よりは一種の軽い快感を惹起する触覚的感覚」と言うのは、このような理由による。フロイトが分析した人もまた「フェティッシュのおかげで自分の性生活は楽しいものになったと歓迎」したという(25)。これに対してフロイトは、より体系的な解釈をした。あらゆることから性欲を発見し、あらゆることから男根を発見するかれの立場から見るなら、フェティシズムは性交や生殖と無関係な性欲ではなく、生殖器を代替する何らかの対象に対する性欲である。

フロイトによれば、フェティシズムの対象は生殖器の別の代替物と違って「女性（母親）のペニスの代替物なのである。(26)」去勢され喪失したペニスを、その代替物を通して復活させ保存しようとする欲望が、フェティシズムを誘発する。復活・保存しようとする理由は、ペニスの不在が去勢を想起させるからだ。だから母あるいは女性にペニスがないことを既に知りながらも、それを否認するために、別の代替物を女性のペニスだと見なすのだ。去勢を想起させる女性の生殖器に対する反感を消し去るために、何らかの対象を生殖器として選択し、あたかもペニスであるかのように性欲の対象にするということだ(27)。足や靴をフェティッシュとして選んだ患者は、幼いころに女性の性器を少し離れたところから、すなわち膝の下からこっそり除き見た経験によって説明される。毛皮やビロードを選択する場合には女性の陰毛によって、女性の下着は服を脱いだ瞬間の光景によって説明される。陰毛が見えるその瞬間が、女性が性器を持っていた最後の瞬間であったということだ(28)。

クラフト゠エビングが報告した事例や、フロイトが分析したフェティシストの事例は、すべて男性たちのものだった。その当時まで、女性がフェティシストとして知られた事例はなかった(29)。だからフェティシズムは男性たちの固有な症状であると見なされた。フェティッシュが、去勢不安を呼び起こす女性器を代替することにより、去勢という事実を信じようとしないための対象というフロイトの解釈は、「患者」が男性という仮定の下で提示されたものだ。いくら複雑な軌跡を描くとしても、女性がそのようにして、去勢に対する知覚を否認できるとは言いがたいからだろう。

最初の女性フェティシストと面談して報告書を作成したクレランボーもやはり、その点に注目した。だからかれは男性フェティシストと女性フェティシストを別のやり方で解釈し説明する。かれによれば、女性フェティシストは男性との性交を補助する手段としてフェティッシュを利用すらしない。さらには夫との性交を妨害する場合もあったことから、性的快楽を誘発し増加させる男性たちにとっての「補完剤」というよりも、むしろ性交を代替する「代替剤」の機能をする場合もある(30)。クレランボーも女性たちのフェティシズムが「男性器の挿入に関心なし」だと指摘した。そこには「相手の性がもはや存在せず」、そのような点で「無性的（asexsuée）享楽」である(31)。これは女性たちのフェティシズムが男性たちのそれと根本的に違う「本性」を持つことを意味する。「物に対する性欲」としてのフェティシズムを理解するために、通常の性交の補助物である男性のフェティシズムではなく、それに還元されない面をもつ女性のフェティシズムに注目しなければならないのは、これゆえである。

クレランボーの報告によれば、女性のフェティシズムは多くの場合、絹のような柔らかい織物をフェティッシュにした。しかしかれが観察した事例において、織物は生殖器の代替物ではなく、「男性の肉体を代理するものとして介入したものではないことが明らかだ。なぜなら、織物は男性の肉体のいかなる特質ももっておらず、それを想起させもしないからだ。[32]」これに反して男性的フェティシズムにおけるフェティッシュは、「その機能が完璧になるためには、人と関係されねばならない」。すなわち毛皮はそれ自体でも女性の体を想起させるが、女性の体に掛けられた毛皮とビロードに触ることで、毛皮を着る女性と性関係をもつことを通して最高の快楽を得るのだ[33]。このような点において、「フェティッシュのなかの人格の不在」が、男性的フェティシズムと区別される最も一般的な特性だとまでいうのだ[34]。

また、通常のフェティシズムは過度の空想を伴うが、クレランボーは自分が扱う「三人の患者からはこれを発見できなかった。」患者たちが「絹を触るのは、絹を着る人に憧れるからだとか、多様で豊富な絹によって快楽を補充しようとするからではない。」理由の核心は、絹の「触覚的特質」である。所有の快楽を表現する強力な握り締めや、あるいはいじりまわすことのように、男性たちに現れる特質は現れない。かのじょらは触ったり、いじったりすることはもちろん、当てるだけでも充分な快感を得るのだ。織物をしわくちゃにすること、裂くこともまた、サディズムの加虐性と関係ない。それは「織物の固有な諸特質を、もっとしっかり感じる方法であるのみだ」。熱狂的にしわくちゃにする場合があるならば、それは「平凡な日常性に賦課される感動の結果であるだろう。」

このようなフェティシズムは、「性の差異を知ることができず」、相手の性に関心を持たない。相手の性を求める能動性を持たず、むしろ物に魅惑され、我を失い、盗みをするという点で、かのじょらは「受動的な位置にいる」。だからかれは、この行為が「フェティシズムとは完全に別」だと述べ、それをフェティシズムから全く区別して、「織物愛(hyphéphilie)」ないしは「接触愛(aptophilie)」という言葉を用いるよう提案した(35)。しかしクラフト゠エビングの事例のなかで、連想作業を経ずに、ただ毛皮に接触するだけで快楽を得るという男性の事例があることを発見し、両者のあいだに中間的形態があることを受け入れる(36)。また、後に追加された四番目の患者は、ハンガーにピーンとかけられた絹の服に愛着を見せ、男性に対する連想を伴い、別の患者とは違いマゾヒズムの要素を伴うという点で、女性の場合にも中間的形態があることが発見された。したがって両者は完全に別個というよりは、フェティシズムの相反する二つの極であるというのが適切だろう。

男性のフェティシズムは、物さえも生殖器へ帰結させ人間身体の代替物として感じ、そうするために性的空想や連想を強く伴い、それを掴んでもてあそぶことで、自分の所有物であると確認することを、自分の思い通りにできる「能動性」を特徴とする。物の所有者になるとは、「傲慢に、自分たちの思い通りに物を使用し、それに暴力を加える」ことなのだ(37)。男性たちのフェティシズムに伴われがちな、サディズム・マゾヒズムだけが、所有に含蓄されたこのような暴力性を意味するのではない。「掴んでもてあそぶ」ことは、物を自分の手中へ「掌握」することであり、自分の手中にあることを確認し、楽しむことである。触るときでさえ、物の感触を受け止めるのではなく、触ってもてあそぶという事実を楽しむのだ。それは触覚的快感の形態を取るときにも、感触ではなく自分の意志を、自分が掌握していることを確認する動作を楽しむことなのだ。

その反面、女性のフェティシズムは人間という「人格」と無関係で、人間の身体とも無関係であり、性的な対象にも、相手側の性器にも関心がないがゆえに「無性的」である。一度用いた織物は、他人にあげたり、あるいは捨てる。それは織物が持っている感触を、その事物性を感じる触感的なものであり、それゆえに男性のフェティッシュが「操作され、蹂躙され、汚された後に保存される」[38]こととは反対に、新しく新鮮なものに愛着をもつがゆえに、「生理的な匂いがついた服は、その価値が落ちる」のであり「新しいものの一貫したさわやかさが、とくに高く評価される」[39]。この点もまた、男性のフェティシズムでは匂い等の嗅覚的要素が重要である点と対比できる。

男性のフェティシズムが、フェティッシュにおいて絶えず性を求め、性的な相手を求めるのとは違って、女性のフェティシズムは事物性に魅惑される。クレランボーが出会うことができた「患者」は、すでに「犯罪者」であるしかなかったことを考慮しなくてはならないが、その物の魅惑は、あまりにも強く、盗みまでさせるのだ。場合によっては盗みで手に入れた絹でないと快感を得れない人もいるし、別の人の場合も盗む時により大きな快感を得るという報告について、解釈する方法は様々だろう。明らかなのは、そのようにして盗んだものを持ち続けようとはしないがゆえにそれは所有欲と関係ないこと、もてあそんだり掌握することによって自分の力と意志を確認する領有の方法とも距離が離れているという事実だ。クレランボーのいうとおりに、それはかの女が物に魅惑され禁止の線さえも越えてしまったのだと、その禁止の線を越えるほどまで物に魅了されることを楽しむ「受動性」を意味するのだと言えるのではないか？　おそらくブランショであればここで、物に魅惑されることにより人格的な「わたし」が死ぬという、非人称的な死を発見したかもしれない。

男性的なフェティシズムが、生殖的淵源をもつ人間化された欲望、男女の異性愛的欲望、性的対象を領有し、所有しようとする「能動的」欲望の極であるなら、女性的なフェティシズムは、生殖のみならず、異性愛からも抜け出た欲望、非‐性的であるのみならず非－人間的な欲望、物化された欲望であり、物に魅惑され禁止の線を越える「受動的」欲望の極である。この二つのフェティシズムをフェティシズムの二つの極であると言うなら、そしてクレランボーが認めたように両者の間に中間的な諸欲望が存在するなら、この二つの極をつなぐ線は、わたしたちの欲望の投影されている一つの連続的な漸移地帯を表示すると言わねばならない。またこの線は、わたしたちが生殖的起源をもつ欲望から脱領土化された欲望の地帯を表示すると言える。わたしたちが男性的フェティシズムから女性的フェティシズムへと進んで行くにつれ、わたしたちは脱生殖的であり脱異性愛的な欲望、脱人間化された欲望へと向かって、人間ではない物に向かう欲望へと、進んで行けるだろう。そしてこの線に沿って、わたしたちは女性的フェティシズムを越え、さらに遠くへと進んで行く線を描けるだろう。脱生殖的性欲から脱性欲化された欲望へと、非性的性欲から性欲すら離脱した欲望へと、物に対する非性的な愛へと。このときわたしたちは、生殖に縛られた性欲、性化され性欲化された愛のほかに考える術を知らない人びとを眺めながら笑えるようになるかもしれない。

また可能でもあるだろう。女性のフェティシズムさえも越えていくフェティシズムの脱生殖的軌跡を通して、動物に対する愛を、生殖的欲望や二項的な性的結合の欲望から脱領土化し、非人間化し物化する方向へと押し進めることが。いや、もしかするとその欲望の線はすでに存在していたのかもしれない。自分が欲望する女性に近づくために、ウシやハクチョウの姿を借りたゼウスとは違って、いかなる動物の真似もせずに、ただ自分が乗ったウマに魅惑され、その動きに自分をまかせ、その速度にしたがって、狂ったように駆けていくモンゴル人の、馬に対する愛がそれだろう。自分の名を自分が好きなウシからもらい、なにかのテーマについて話していたのにいつもウシの話になり、幸福感を得るのはいつもウシとともにいる時で、あらゆる関心がウシに向けられているのみならず、その関心がウシの用途や機能ではなく感性的で詩的な芸術に属する、ウシに対するヌアー族の愛もまたそれだろう(40)。「人間とウシを隔てるような高度の文化的障壁は、ウシと居住を共にする彼らの家には存在せず、それどころか、真っ裸でウシに混じって暮らす彼らの姿やウシとの親密なつきあい方は、古典的な未開人の像を彷彿させる。(41)」また、人間に対する愛を超過する『もののけ姫』のイヌに対する愛(そしてサンに対するイヌの愛)もやはり、この脱性欲化された愛の欲望として理解できるだろう。

この脱人格化、脱性欲化のベクトルを、人間に対する愛の欲望へと逆転させてみればどうだろうか?実際わたしたちは男女間にも、とても多様な魅惑と愛が存在することをよく知っている。わたしがある女性に魅惑されるとき、あるいはある女性を好きになったとき、その欲望は単なる性欲であるとだけ言うことはできない。わたしたちが誰かを好きになるのは、ただ性的な理由だけではなく、わたしたちが誰かに魅惑されるのは、ただ性的な魅力に惹かれるからだけではない。魅惑の理由は常に知りえないものだ。自分の欲望であるにもかかわらず知りえないのは、それが数多くの理由を持つからであり、なにか一つのものとして確定できないからだろう。さらには性的結合を通過する場合においても、生殖的で性的な欲望のみを持つのではない。逆に、非性的な魅力に惹かれ、性的な結合にまで至ることもある。魅惑の力が充分であれば、それが何に因るものなのか知りえないままに、性的な「壁」を越えさせることは、とても簡単なことだろう。それを性的欲望へ還元するのは、「結局は」性的結合として終わるのかどうかだけに関心をもつ視線のせいであって、魅惑された欲望ゆえではない。

分子的な性、分子的な欲望の組成は、それが性的な二項的有機体の単一な形象のなかにある場合においても、そこに閉じこめられてはおらず、それを思いもしない方向へと押し進める。しかし生殖的愛や性欲でのみ欲望をみる異性愛主義によって、わたしたちは「性的」帰着点を通して魅惑と愛の過程を遡及的に単色化し、「結局は」の目的論にしたがって愛の過程を帰着させる。あるいはそれが恐ろしくて避け、距離をおきもする。そして性的な愛の図式が「結局は」立証され、勝利することになる。

同性間の魅惑や愛も同様ではないか？　性的含意をもつ二項的な同性愛へと同性間の魅惑や愛を帰着させることは、その魅惑と愛の内に存在する、魅惑に引きこまれる有機体の中でうごめき動揺し、ときにはこっちへと、ときにはあっちへと動いて流動する分子的な諸欲望、その数多くの性を見れないのではないか？　n個の性は、ただ有機体のなかでうごめく分子的な性の複数性だけを意味するのではなく、その数多くの分子的な動きの複合体である有機体が行う愛と好感の多様な様相を意味する、と言わねばならないのではないか？

フェティシズムへの招待

女性のフェティシズムすらも越えて描かれたフェティシズムの線を、性とジェンダーはもちろん、人間と非人間、生命と非生命の壁を越えていく物に対する愛を、「一般化されたフェティシズム」と命名できるだろう。物の触感を、物がもつ即物的な事物性に魅惑される女性の欲望を通して、それは物に対する通常の所有欲とは全く別の地帯に至る。一般化されたフェティシズムを通して、なんらかのものに対する愛、わたしをしてわたしの個体性を跳び越えさせる欲望は、あらゆる対象へと一般化される。異性の対象から同性の対象へと、同じ人間から人間ではない別の種へと、生命から生命なきものまで。そのようにあらゆるものが可能な愛の対象という名で一つにまとめられるようになる。あらゆるものが「愛」という名の平面上に置かれるのだ。それは一つの存在者が、別の存在者に惹き寄せられて愛するようになるような、お互いに接続し、一つの別の個体化へとまきこまれていく、存在論的な平面だ。愛の対象として、あらゆる存在者は一つの平面にいる。愛の平面上で、もう一つの存在論的平等性を発見する。一般化されたフェティシズムは、そのような個体化において、越えられない壁は無いのだということを示してくれる。自分の個体性を越えて、何かに導かれて愛するようになる限り、ましてや性欲へと還元されない愛の対象を持つ限り、わたしたちは皆この愛の平面にいるのだ。逆にこのように言わねばならない——その存在論的な愛の平面に至るために、わたしたちは皆フェティシストにならねばならない!

しかしフェティシストほど一貫して否定的に非難されてきたものもないだろう。クラフト゠エビングや一九世紀の精神医学者にとって、それは性欲を刺激し性交を補充する、軽い「精神病」の一種だった。フロイトにとってそれは、男根の去勢を否認するための虚構のペニスだった。それは肯定的に理解されるときにも、去勢された性器としての女性の生殖器に対する嫌悪を防ぎ、男性たちが同性愛に踏みださないように阻止してくれる(42)倒錯的な動作であった。クレランボーが女性のフェティシズムを発見したとき、男性のそれと違った、ある新しい面を見つけたのであるが、その肯定的側面を発見したとき、かれはフェティシズムの代わりに別の名称を提案した。

これと別の脈絡で、マルクスはフェティシズムを、人間間の関係を代替する事物間の関係の神秘的な「幻想」であるとして批判した(43)。これは物に対する崇拝である古代的自然崇拝や、人間に代わる抽象的人間としての神に対するキリスト教的信仰と同様に、人間に代わる物に対する崇拝であるという点で「神学的」分析の対象である。しかし、それが性欲とは全く別の脈絡において人びとが物に対して持つ決して正常とは言えない商品や貨幣に対する愛着と「崇拝」を狙いにしていたことは明らかだ。物に対する愛、崇拝の境地にまで至る愛着と愛という点において、そのような物に「狂ってしまう」という点において、それはたんに経済学的現象に留まらない、なんらかの欲望の極限的な表現であり、そのような点で正確に精神医学者たちがフェティシズムだと命名した欲望と、かなり近くにある。

マルクスが分析したフェティシズムの要諦は簡単だ。それは商品が自分の価値を表現するために選択した貨幣が価値尺度の位置を占めるようになり、あらゆる商品が自ら「価値があること」を証明するために、それとの交換可能性を立証せねばならないという逆説的転倒によるものだ(44)。自分の価値を「再現」するための媒介物が、それを通してのみ自分の価値をあらわし、「再現」を可能にさせる神の位置に立つということだ。確かに商品世界での貨幣は、あらゆる商品の神であり、あらゆる商品所有者の神だ。あらゆる商品は貨幣という金の鏡を通してのみ、自分の価値を立証できるのだ。その鏡に映った商品は「値段」という同一の色、金色の顔をしているのだ。

貨幣との交換可能性を立証できない商品は生き残れない。貨幣は、あらゆる商品の生殺与奪権を、フーコー的にいえば「死なせるか生きるままにしておく権力」を掌握した専制君主なのだ。このような世界では、あらゆる商品はじっさい貨幣の代替物である。貨幣で代替できないものは、商品世界でもはや存在する資格を持てない。貨幣は、あらゆるものが商品化された資本主義世界において、諸事物が、あるいは人びとや別の存在者が存在する在り方なのだ(45)。また、貨幣とは、資本主義世界における、あらゆる欲望が向かおうとする、たった一つの実体的対象だ。貨幣の「特性の普遍性はそのものの万能性にある。それゆえに、それは万能なものとして通用する。……貨幣は必要と対象のあいだ、人間の生活と生活手段のあいだの取締役である。(46)」あらゆる商品が、あらゆる商品所有者が、その認定を欲望する。

精神分析家ならば、あらゆる商品の価値を再現するこのシニフィアンを、それなくしては、いかなる欲望の対象にすらなれなくさせる、この根本的シニフィアンを、ためらわずに「男根」だと言うだろう。商品とは、この中心的シニフィアンである貨幣を得るための、自分が持つことのできない男根的シニフィアンに到達するための媒介に過ぎない。貨幣が商品の代替物なのではなく、商品が貨幣の代替物なのだ。資本主義における商品に対する物神的な欲望とは、精神分析の男根的欲望にぴったりと一致するのだ。商品とは、いかなる物質性を持っていようが、自分が持つことのできない男根の代替物なのだ。したがって、商品フェティシズムは、本質的にその男根である貨幣に向かう欲望であり、貨幣に対するフェティシズムだ。貨幣に対する欲望が、商品所有者をして他人たちに交換の世界へと手を差し出させるならば、その増殖に対する欲望が、資本家をして他人たちに、他人たちを雇用し生産手段と出会うようにさせるのだ。

商品フェティシズムや貨幣フェティシズムは、本質的に物に対する愛とは距離がある。それは、物に対する欲望、物に対する愛の形を取る時すら、実際は常に、その後方の貨幣に対する欲望であり愛であるのみだ。物の物質性も、物の形態も、あるいは物の触感も、そのような〔商品や貨幣に対する〕フェティシストを刺激することができないし、興奮させることもできない。ただ貨幣のみが、代替物を売って得る貨幣に対する欲望のみが、かれらを興奮させ、勃起させる。貨幣に対する狂った欲望のなかで商品がもつ事物性は、その魅力は、貨幣の光り輝く光彩に隠されて見えない。商品が光り輝くのは、その「価値」ゆえであり、その顔である貨幣ゆえである。「わたしが人間としてできないこと、したがってわたしのあらゆる個人的本質力にとってできないこと、それがわたしには貨幣のおかげでできる。したがって貨幣はこれらの本質力のどれをでもそれの本来の力とはちがったもの、換言すればそれの反対物たらしめる。(47)」

したがって、貨幣フェティシズムほどフェティシズムに反するものはなく、物に対する欲望を壊すものはない。それはフェティシズムと呼ばれるが、じっさいはフェティシストの欲望を押しつぶし、貨幣に対する欲望へとただちに変換させてしまうという点で、フェティシズムに反する。貨幣フェティシズム、それは男性的フェティシズムと同じく、物に対する欲望、物に対する愛を壊してしまう男根主義的欲望に過ぎないのだ。物の魅力を、それがもつ「知りえない力」を消し去ってしまい、その位置に貨幣の魔力を、明白に「知りえる」力を打ち立てるのだ。

わたしたちはこれこそが、マルクスがフェティシズム批判を通して言いたかったことであるとよく知っている。マルクスのフェティシズム批判は、正確に貨幣フェティシズムを狙ったものであったし、男根的フェティシズムをターゲットにしたものだった(48)。だとすれば、マルクスの批判的言辞を、貨幣的男根から抜け出た欲望へと、物を物として愛する欲望に対する欲望へと、男根から離脱した愛に対する愛へと、返してやることこそが、かれの問題意識に値するだろう。

知られているように、ルカーチはこのようなフェティシズムから主体性が消えて物が支配する現象を見て、ゆえにそれを「事物化（Verdinglichung）」と名付けた(49)。貨幣を神学的対象として扱おうとしたジンメルの(50)生徒であったために、商品フェティシズムに対する批判が貨幣という神に対する批判であったことを、よく知っていたにもかかわらず、それを「事物化」という世俗的概念に変換することによって、ルカーチは再度その批判の標的を、貨幣から物へと移動させたわけである。貨幣化されたもののなかで事物性が消え去ったことを見ることができず、生きている人間と死んでいる物、主体的人間と客体的物の素朴な弁証法のなかで、事物化を非難することによって、貨幣的男根から抜け出して物の魅力にはまりこむ道を、再び封鎖してしまった。この逆を言わねばならなかったのだ。必要なのは事物化されることであったのだ、と。本当に重要なのは、商品に対する崇拝のなかでも、わたしたちが充分に事物化されていないことであり、物の魅惑に充分に巻き込まれておらず、物を充分に愛せていないことなのだと。

貨幣なきフェティシズム、貨幣に反するフェティシズムは、単純に交換価値と対比される使用価値へと方向を変えたり、所有に反する使用として理解することで充分なのだろうか？　たとえばアガンベンは、人間の自由な使用から「分離」し、神に属するものへと帰属させることを、聖なるもの、宗教的なものだと述べて、それを世俗的なものと対比する(51)。このような分離は「所有」と「使用」の分離に相応する。資本主義は、このような分離を、もはや分離するものが無くなるほどにまで押し進める。すなわち所有へと、使用から分離された領域へと、あらゆるものを押し進める。「商品においては、分離が対象の形式自体に内在していて、対象が使用価値と交換価値に分かれて、とらえがたい物神に変化する」(52)。この分離された領域が消費だ。分離され陳列されたスペクタクルのみが残り、そのスペクタクルの「消費」が使用に代わる。博物館、観光が代表的なケースだ。そこでの消費とは、使用不可能性の遂行に過ぎない(53)。ここでアガンベンは所有から抜け出た使用を「世俗化」という名で提案する。世俗化とは、神に属するものを人間が自由に使用できるよう返すことなのだ。

これが貨幣的物神に対する礼賛に反して、物に目を向けさせるという点は事実である。しかし物に目を向けることが、たんに交換価値に反する使用価値、所有に反する使用を意味するのであれば、そこに「目的なき手段」という言葉が付け加えられたとしても、物に対する愛としてのフェティシズムに至るには不充分である。たとえば絹に魅惑され盗みをはたらく女性たちは、服の使用価値や絹の使用価値に魅了されたのではなかった。なぜなら物に対する愛は、その道具性や使用価値に対する愛ではなく、その「語ることのできない」事物性に対する愛であり、物の「知りえない」魅惑にひきこまれることだからである。もちろんその物を、自慰をしたり快楽を得る際に使用したであろうが、そこで本質的なことは、使用に先行するのみならず使用を超過し、「わたし」の「我を失なわせ」、タブーの線を越え、盗みにまで引きこんでいく、知りえない魅惑なのだ。

おそらくブランショなら、これとは反対に物の使用価値と対比させ、それが使用価値ないしは用途（使用）から「物を救うこと」と言っただろう(54)。しかし、それをハイデガーのように、天と大地、神と「死にうる者」が宿る、物に対する存在論的称揚であると言うならば(55)、「救う」という言葉に騙され、再び物の魅惑を裏切ることになるだろう。〔ハイデガーのように〕人間の目に映った四方域を物に押し込む「神聖な」行為のなかで物を再び神学的対象へと据える変形された崇拝ではなく、〔重要なのは〕あらゆる物をその「知りえない」事物性のなかへと引き込んでいくことであり、その事物性のなかに隠された秘密を何度も求め続けることこそが物に近づく道であるからだ。

そのようにして物の闇のなかへと入っていき、わたしたちはそこで見知らぬものたちと出会う。見知らぬ人びと、見慣れた人びと、見知らぬ諸生物、見慣れた諸生物、見知らぬ諸物、見慣れた諸物、それらとともに新しい個体化のなかへ巻き込まれていく。新しい個体化のなかへと引き込む「連帯の快楽」へと(56)。その連帯の快感を通してつくられる来たるべき世界へと。そのような連帯のなかで、そのように到来するその世界を通して、物は自らの事物性のなかに隠れている潜在性に出会うだろう。物を救うこと、それは実際、物に対する愛のなかで、わたしたちが自らを救うことであろう。それは事物性の知りえない魅惑を通して、与えられた世界から離れることだ。見知らぬ世界のおぼろげな予感のみがある「知りえない」深淵のなかへと入っていくことであり、その深淵のなかで新しい世界の端を発見することだ。自分がまだ払い落としきれていないもの、自分に付いてきたものを、その端に割り込ませ、物のなかで発見した世界を「完成」することであり、新しい個体性、新しい世界の誕生を証言することだ。「愛の存在論」と言いうるものがあるとすれば、それはなにかに魅惑され、それまでには知らなかった諸物の世界の中へ入りこみ、その深淵のなかで新しい関係へ向かって、個体的限界を超えるために掴み寄せる連帯の快感に巻き込まれ、その快感のなかで新しい世界を創造させる、そのような存在論的な愛の魅惑を意味すると言えるのではないか？

註

（1）他者たちに簡単に魅惑されること、その魅惑に引き込まれ、以前までの生の経路から抜け出ることについて言うならば、簡単に一列にならべることはできないとしても、人間は他のいかなる動物よりも弱くないだろう。

（2）ブランショ『文学空間』チェクセサン、三五頁（グリンビ、三三頁）。〔粟津・出口訳『文学空間』、現代思潮新社、二七―二八頁。〕ここでブランショが言う魅惑は、人ではなく物と関連したものだ。物がわたしにやってきてふれることだ。しかし物のみに制限する理由もないだろう。反対に、人に対して使うといって、人に対してのみ制限して理解する理由もまた、ないだろう。
(3)フーコー『性の歴史 1』ナナム、一九九〇年、三六頁(渡辺守章訳『性の歴史 1 知への意志』新潮社、一九八六年、二五頁)。
(4)これに対しては、李珍景『近代的住居空間の誕生』グリンビ、二〇〇七年(改定版)、三二五頁以下参照。
(5)「生命への、肉体への、健康への、幸福への、欲求の満足への「権利」、あらゆる弾圧や「疎外」を超えて、人がそうであるところのもの、人がそうありうるところのすべてを再発見する「権利」、古典的な法律体系にはかくも理解を超えた「権利」、それはこのような権力の新しいやり方のすべてに対する政治的反応であった」(フーコー、前掲書、一五五―一五六頁(前掲書、一八三頁))。
(6)「『性の精神病理学』が非常な人気をかち得たのは、この書が、それまで成人の生殖器機能に限定して考えられていた人間の性的夢想がもつ広範囲な潜在性を検討したためであるとみて差しつかえあるまい。『性の精神病理学』は、「良いたしなみ」と道徳の域を越えた性の冒険を、自分に代わってやってもらいたいと願っている読者にとっての、観淫的快楽の書であった。」(スティーブン・カーン『肉体の文化史』ウィアム出版、一九九六年、一九一頁(喜多迅鷹・喜多元子訳『肉体の文化史』法政大学出版局、一九八九年、一七九頁))。
(7)ボーボワール、『第二の性』(バトラー『ジェンダートラブル』文学トンネ、二〇〇八年、九九頁から再引用)(竹村和子訳『ジェンダートラブル』青土社、一九九九年、三一頁)。
(8)「フーコーにとって性別化されるということは、一連の社会規制に従属するということであり、この社会的規制を、セックスやジェンダーや快楽や欲望を形成する原理として、かつ自己解釈のための解釈原理として存続させようとする法を、所有してしまうことになるのである。」(バトラー、前掲書、二六六頁(前掲書、一七五頁))。このような実践の遂行的性格に対しては、同書三四一頁参照。
(9)バトラー、同書、三三九頁。サラ・サリー『ジュディス・バトラーの哲学と憂鬱』エルピー、二〇〇七年、九三頁(竹村和子訳『ジュディス・バトラー』青土社、二〇〇五年、九〇頁〕。
（10）チョ・ヒョンジュン「訳者解題」、バトラー、同書、一九頁から再引用。
（11）バトラー、同書、九九頁。〔同書、三二頁〕。
（12）バトラー『意味を再現する肉体』人間サラン、二〇〇三年〔*Bodies that Matter: On the Discursive Limits of "sex"*, Routledge, 1993. 未邦訳〕。
（13）ジョアン・ラフガーデン『進化の虹』プリワイパリ、二〇一〇年、五五―六八頁〔Joan Roughgarden, *Evolution's Rainbow: Diversity, Gender and Sexuality in Nature and People*, Univ. of California Press, 2004. 未邦訳〕。ラフガーデンは生物学におけるこのような異性愛的モデルを批判するために、性の代わりにジェンダー概念を導入・使用するが、これは先に述べたように生物学的な性概念を無効化させるのみならず、生物学的な事態を説明できないジェンダー概念の限界を甘受せねばならないという代価を要求する。自然的次元において生殖と関連した個体の差異については性という言葉でこれからも呼び、ジェンダーは言葉の意味のまま文化的次元の概念として使うことが適切だと思われるので、この本を引用する場合においても、ジェンダーを「性」という言葉に換えて引用する。
（14）同書、五六―一四〇頁。
（15）同書、四八―四九頁。
（16）同書、四二頁。
（17）同書、四二―四三頁。
（18）ウィリアム・パーヴィス他『生命：生物の科学』教保文庫、二〇〇三年、一九五頁。これはY染色体の一部を少し欠いていたり（前者）、別の染色体に付着したY染色体の小さな断片をもつ場合だというが（後者）、この遺伝子はＳＲＹ遺伝子（Y染色体上の性決定領域 sex-determining region on the Y chromosome）と命名された。これがつくるタンパク質があれば胚に精巣が発達し、なければX染色体上のＤＡＸ１という遺伝子が抗精巣因子をつくり、男性化を阻止する（同書）〔D・サダヴァ他著、石崎泰樹・丸山敬監訳『カラー図解　アメリカ版大学生物学の教科書第二巻　分子遺伝学』講談社ブルーバックス、二〇一〇年、一四一頁〕。

(19) ジョアン・ラフガーデン、前掲書、五三頁。

(20) 同書、五四頁。

(21) ラフガーデンの本には、強いて性転換でなくとも、二つでない複数の性、二項的概念がふつう支配的なために「中間的な」と見なされる性、雌雄の二項性のなかに統合再分類される複数の性が、自然の生物学的世界にどれほど多いのかを教えてくれる数多くの例が詰まっている。そのような事例をこれ以上羅列する必要はないだろう。すでに事態は、正常と例外に分けられる事例の比率を越えるものであることを理解するに充分だからだ。

(22) ドゥルーズ・ガタリは欲望（セクシュアリティ）の観点からこのように述べる。「いたるところに微細な横断的性愛が存在し、これによって女の中には男と同じように、多くの男たちが存在し、男の中にも多くの女たちが存在することになり、これらの男たちが他の男たちと、また女たちが他の女たちといっしょになって欲望生産の関係の中に入ることができる。この欲望生産の関係は、まさに両性の統計的秩序を転覆するものである。愛をかわすことは、一体となることでもなければ、二人になることでさえもなく、何十万にもなることなのだ。（中略）一つの性も、二つの性さえも存在しないのであって、n……個の性が存在するのだ。（中略）欲望的革命の分裂分析の定式は、まず、それぞれに複数の性がある、ということだろう。」(G.Deleuze/F.Guattari, "Anti-Oedipus", R.Hurley et.al.tr., University of Minnesota Press, 1983, 295-296〔宇野邦一訳、『アンチ・オイディプス』、下巻、河出文庫、二〇〇六年、一五二頁〕)。性欲の次元でn個の性が存在するということは明らかだ。しかしn個の性はただ性欲のみではなく、生物学的な性自体においても発見されると付け加えねばならない。

(23) ミシェル・フーコー編、*Herculine Barbin, Being the Rcently Discovered of a 19th Century Hermaphrodite*, Richard McDugall tr., Colophon, 1980〔フーコー、浜名恵美訳「両性具有者エルキュリーヌ・バルバンの手記に寄せて」『書物

の王国 九巻 両性具有』国書刊行会、一九九八年)。バトラー『ジェンダートラブル』、一二八―一二九頁(日本語訳、五六―五七頁)、二六七頁以下(日本語訳、一七六頁以下)参照。
(24)クラフト゠エビング『性の精神病理学』、クレランボー『女性のエロティックな熱情とフェティシズム』図書出版スプ、二〇〇三年、一二四頁(日本語版抄訳。柏木・和田訳、「女性における布への性愛的情熱」『現代思想』、一九九四年一二月号)。
(25)フロイト、「切片淫乱症」『性欲に関する三篇のエッセイ』ヨルリンチェクドゥル、一九九六年、二七頁(石田雄一訳、「フェティシズム」『フロイト全集 第一九巻』岩波書店、二〇一〇年、二七五頁)。
(26)同書、二八頁(同書、二七六頁)。
(27)同書、二九―三二頁(同書、二七六―二七九頁)。
(28)同書、三二頁(同書、二七九頁)。しかし鼻の光沢が好きで鼻をフェティッシュにした患者に対して、鼻の上の光沢を表すドイツ語 Glanz auf der Nase が英語では鼻への視線を意味するという解釈(同書、二八頁(同書、二七五頁))は、女性の性器といかなる関連も見出せない。
(29)クレランボー、前掲書、一二五頁。
(30)クレランボー報告の最初の患者である V.B. がそうである(クレランボー、同書、五一頁)。三番目の患者Bもそうだ。「立派な夫なのです。しかしわたしは性行為がひどくいやだったのです。反対に、いろいろなイメージ、とくに女性的なイメージについての考えが、わたしの頭を離れませんでした」(同書、六六頁)。
(31)同書、九二、九四頁。
(32)同書、七七頁。
(33)同書、一一〇―一一二頁。
(34)同書、一二二頁。

(35) 同書、七六―九六頁。
(36) 同書、一〇九―一一〇頁。
(37) ブランショ『文学空間』チェクセサン、一八三頁(グリンビ、一九一頁)(粟津・出口訳、一八三頁)。
(38) クレランボー、前掲書、九四頁。
(39) 同書、八一頁。
(40) エヴァンズ゠プリチャード『ヌアー族』タムグダン、一九八八年、二七―六五頁(向井元子訳、『ヌアー族』、平凡社ライブラリー、一九九七年、第一章)。
(41) 同書、五五頁(同書、八三―八四頁)。「若者の場合には、誰か少年に頼んで、自分と同じ名前の、お気に入りの雄牛を連れて朝のキャンプ地を一巡させ、自分は飛び跳ね、歌をうたいながらそのあとについて歩く。夜になると、彼は雄牛の鈴を伴奏に、親族や恋人、雄牛への賛歌を歌いながら牛を見て回る。夕方牧草地から自分の雄牛が帰ってくると、彼は優しく撫でてやり、背中に灰を塗ったり、腹や陰嚢についている茨を取り除いてやったり、肛門にこびりついている糞をとってやったりする。ヌアーにとって、自分の雄牛の姿ほど満足感と誇りを与えるものは他にはないからである。」(同書、五二頁(同書、七九―八〇頁))
(42) フロイト「切片淫乱症」一九九六年、三二頁(「フェティシズム」、二七八頁)。
(43) マルクス『資本論』一巻(上)、九一頁(『マルクス゠エンゲルス全集 第二三巻 第一分冊』、九八頁)。
(44) 「商品の価値性格の確定に導いたものは諸商品の共通な貨幣表現にほかならなかったのである。」(『資本論』一巻(上)、九五頁(『マルクス゠エンゲルス全集 第二三巻 第一分冊』、一〇二頁)。
(45) 李珍景「価値形態論における貨幣と虚無主義」『未‐来のマルクス主義』グリンビ、二〇〇六年。
(46) マルクス「一八四四年経済学哲学草稿」『カール・マルクス゠フリードリッヒ・エンゲルス著作選集一』パクジョンチョル出版社、一九九〇年、八六頁(「一八四四年の経済学・哲学手稿」『マルクス゠エンゲルス全集 第四〇巻』

大月書店、一九七五年、四八五頁)。
(47) 同書、八九―九〇頁(同書、四八七頁)。
(48)「勇敢さを購うことができる者はたとえ臆病者であるにしても勇敢である。〔……貨幣は〕もろもろの不可能性を睦み合わせ、矛盾しあうものを否応なしにくっつかせる。〔しかし〕世の中にたいする彼のあり方を人間的なあり方として前提するならば、きみは愛をただ愛とのみ、信頼をただ信頼とのみ、等々、交換することができる。きみが芸術を楽しみたいならば、きみは芸術的な教養のある人間でなければならない(マルクス、同書、九一頁(同書、四八九頁))。
(49) ルカーチ「事物化とプロレタリアートの意識」『歴史と階級意識』コルム、一九八六年。
(50) ジンメル『貨幣の哲学』ハンギル社、一九八三年。
(51) アガンベン『世俗化礼賛』ナンジャン、二〇一〇年、一〇七―一〇八頁(堤・上村訳「涜神礼賛」『涜神』月曜社、二〇〇五年)。
(52) 同書、一一九頁(同書、一一八頁)。
(53) 同書、一一九―一二六頁。
(54) ブランショ『文学空間』チェクセサン、二〇六頁(グリンビ、二一八頁)(粟津・出口訳、二〇九頁)。
(55) ハイデガー「物」『講演と論文』イハク社、二〇〇八年、二三二―二三五頁。
(56)「従来、階級連帯に関する前衛の説得はおおよそ利害の一致という点に集中されてきた。そして個人の小利を棄てて集団の大利につくことが義とされた。だが〔中略〕利益と正義の接続法にはなんとしても無理がつきまとう。そして悲痛な正義の底にあるモラリズムには案外古風な色が漂っているのを戦後の大衆は手もなく看破してしまった。そこで大衆が選んだのは利益でもなければ正義でもなく、連帯の快楽であった。」谷川雁、「政治的前衛とサークル」岩崎・米谷編『谷川雁セレクションII 工作者の論理と背理』日本経済評論社、二〇〇九年、三六三頁。

第八章

プレカリアート：プロレタリアートの不可能性

帰属と離脱

所属と包含から離れて存在を思惟できるか？　ある存在者が存在するということは、普通どこかに所属しつつ存在することを意味する。なんらかの位置や地位に、位置－付いて－いる、なんらかの集団に所属していること、あるいはなんらかの集団の一部として包含されて－いる等等(1)。集団や地位を抽象して〔考えを〕推し進めるといっても、一つの存在は、ある空間的な位置上に、特定の時間的制限の中に存在する。カントが、空間と時間こそあらゆる経験の前提条件だといったことを、いかなる経験の対象も時間と空間の形式のなかに位置づけなければ経験されえないと強調したことを、このような意味で理解してもよいだろう。だから「所属」や「包含」の如何は、存在を扱う存在論の重要なテーマになりもする(2)。

しかし、ハイデガー的にいえば、それは存在と存在者を混同したものだと言えるのでないか？　なぜなら所属や包含の問題は、存在者に属する特性であって、存在自体を規定する条件ではないからだ。しかしそう簡単に解決できるものではないだろう。ハイデガーの視点でいえば、現存在（Dasein）が存在の意味に目を向けるようになるのは、そこ（da）という、それ自体としては規定性を持っていないが、わたしたちに状況から避け得ないことを受け入れさせ、そのような状況に「処されていること」〔Befindlichkeit〕を耐えさせる、なんらかの状態のなかでのみ(3)、そのような状態に属して－いることを規定する条件でのみ可能だからだ。したがって、存在者の存在は、「歴史」という言葉で誘導される所属と包含を、あるいはそのような所属と包含の場を前提すると言えるだろう。じっさい「それが存在を与える（Es gibt Sein）」という言葉によって存在を扱う時さえ(4)、存在は存在を与える「それ（Es）」、「エアアイグニス（Ereignis）」と命名される出来事から、その「出来事」と結びついたなんらかの「処されていること」から、わたしたちが投げ出されている、なんらかの状況から抜け出せないのではないか？　だとすれば、死へと先駆する決断によって到来した存在の意味や、「四方域」を一つに集める「出来事」もまた、その状況を通して一つの時間と場所へ帰着してしまうのではないか？

　このような点から見るなら、存在でさえ所属と包含の問題から抜け出ることはできないと言わねばならない。所属と包含が存在論の根本範疇であることは間違いない。しかしそれは存在さえも、時間と場所へ帰属させ、状況や場所へと領土化する思考を、存在論の根本方向として作ってしまうのではないか？　その反対に、出来事すらも状況から抜け出させ、存在を場所から脱領土化することが必要なのではないか？　結局は帰属へと帰着する存在論ではなく、その反対に、常に既に離脱のベクトルを稼動する存在論は不可能なのだろうか？

「それが……を与える（Es gibt……）」というドイツ語を離れ、粗雑かつ単純に、質問しなおすことができるだろう。「時間が存在する」というとき、わたしたちはその言葉が特定の時間的規定や空間的制約を越えて妥当であることを知っている。それは時空を超越したある超越的実体としての時間が存在するということを意味しない。時間が存在するということは、ある存在者が存在する時間的規定をそのままにはしない、その与えられた時間的規定を越える何かが「時間」という名で存在することを意味する。また、ある存在者があたかも永遠なもののようにある空間を占めているが、実際はそうでありえず、そのように見えるときでさえ、空間に足を踏みしめる部分が常に－絶えず摩滅していることを、そのように空間的規定が消滅していることを意味する。「時間が存在する」ということは、そのように時間的・空間的規定を越えるなにかが、常に既に存在することを意味する。

「それが存在を与える」という言葉で存在を思惟するときも、存在がそのように存在を与える「それ」と無関係ではないといえども、必ず「それ」に、その出来事（Ereignis）の時間や場所に帰着せねばならない理由は無いのではないか？　その反対に、「それ」と呼ばれるある出来事を通して、自分の帰属していた位置から離脱する方法によって、自分が属していた状況から抜け出るやり方で「存在」が与えられることも、充分に可能なのではないか？　「時間に対する忠実性」さえその出来事に、その出来事を引き起こした状況に帰属するのではなく、その反対に、その出来事やそれを引き起こした状況から離脱する方向へと進み出ねばならないのではないか？　たとえば、「九・一一」と呼ばれる出来事において、それが与える「存在」や、その「出来事への忠実性」が、必ずしもその出来事を引き起こした敵対的状況のなかへ没入させたり、自分の「祖国」や「隣人」の下へ帰り、それを危機に陥れさせる敵対者たちに向けた断固とした決断へ駆け出させるような帰属のベクトルを稼動させる理由はないだろう。それは充分に可能であり蓋然的であるが、決して必然的ではない。重要なのは、むしろこの蓋然性に反する方向へと、「それ」の領土性から離脱する方向へと進み出ることなのだ。「それ」が所属と包含の帰属性を持つとしても、それが与える「存在」が、必ずその帰属性に従う理由はないのであり、むしろ反対にそれから離脱しうるのであり、またそうせねばならないということだ。

存在を、必ず「所属」や「包含」という範疇を通して扱わねばならない理由はない。存在を所属と包含の範疇によって扱わねばならないなら、所属と包含から抜け出るやり方によって扱わねばならない。しかし、それはたんに存在に対してだけではない。存在者を扱う際にも、わたしたちは同じく言わねばならない。まず、デリダのように「幽霊」の力を借りて(5)言うことができるだろう。すでに述べたように一九八〇年代、わたしとともに生き、わたしとともに街路を駆け抜けた幽霊たちがそれだ。全泰一の幽霊、一九八〇年の光州市民たちの幽霊、実際に死んだかれらの幽霊は、自分が死んだ出来事に、その出来事の時間と場所に留まっている。かれらの年齢はその時間止まったままであり、かれらの霊魂は死んだ場所を離れない。だとすれば、幽霊たちもまた状況に帰属すると言わねばならないのか？　しかし、わたしは全泰一が焼身したその時間に、かれを知ることはできなかったし、かれを知ってからも清渓川の平和市場の前の、〔焼身した〕その場所へ行かなかった。「光州事態」の、あの時間に、わたしはその出来事を知りえないまま、ただ過ごしていて、その話を聞き、涙を流して怒る時さえ、光州に行けなかった。本来の出来事から抜け出た時間、本来の状況から抜け出た場所においても、その幽霊たちを避けることはできない。かれらは自分が属していた時間と場所に留まっているが、そこから抜け出て離脱するやり方で、わたしたちの生の中へ入り込み、そのようにして自分の存在を、死以降の存在を、幽霊としての存在を持つ。かれらは自分を幽霊にさせた、自分たちを〔そこから〕離れることができないように釘で打ちつけた出来事に属するが、常にそこから抜け出るやり方によってのみそうであり、その状況からはじまった別の諸状況に含まれて存在するが、決してそこに縛られないまま別の諸出来事をつくり、抜け出て、増殖する。一九八〇年代の韓国社会運動の歴史、幽霊たちがつくったといっても過言ではないこの歴史は、一九七〇年の焼身、一九八〇年の抗争という出来事にもたれかかっているが、それとは別の諸出来事の連鎖でつくられたものであり、その出来事から離脱する方法でつくられた諸出来事の「集合」なのだ。

幽霊のみではない。たとえば非正規労働者は労働者という範疇に含まれるが、同時に労働者という範疇から抜け出た存在者だ。部分的にのみ含まれるとも言えるが、その場合「部分的」という言葉は、労働者の地位さえも与えられないまま労働者として暮らしていかねばならない存在者という点で、労働者という範疇の境界を行き来することを指すに過ぎず、労働者という範疇に属する時間の量的長さを意味しない。またすでに一〇〇万名を越える移住労働者は、韓国の人口／住民（population）を調査するときに一緒に計算されるが、その人口／住民に属さない者として数えられ、計算される。かれらは韓国の人口／住民に属さないやり方で所属している。そのなかでも、いわゆる「不法滞在者」たちは、韓国で労働して暮らしているという点で労働者に含まれるが、労働する資格がないという点では労働者として数えられないやり方によって、排除された労働者たちだ。すなわちかれらは韓国の労働者という範疇に含まれないやり方によって含まれているのだ。ドラァグクイーンは男性という範疇に帰属することを拒否する男性であり、女性になったトランスジェンダーは女性という範疇に含まれないまま女性という範疇へと押し入る存在者だ。かれらはすべて所属と包含のはっきりした外延を汚し、消し去り、曖昧にしていく。じっさい厳格に言うなら、変化の過程のなかにいるあらゆる存在者は、すでにかつて自分が属していた状態から抜け出て、まだ自分が所属していない状態へ向かう途中にある。かれらを所属や包含によって扱うことは、かれらが変化を始める前の「身元」へとかれらの変化を還元することであり、かれらが「結局は」帰着する結果へかれらの存在を帰属させることだ。しかし変化や変異において本質的なことは、かれらが与えられた位置から離脱するということだ。明らかなのは、変異と変化を自分の「本性」にする存在者は、帰属ではなく離脱のベクトルを通して、その存在を把握せねばならないということだ。

大衆あるいは「所属」と「包含」の問題

どこかに所属しながら、それに所属せずに抜け出る者たちがいる。与えられた位置、所属した位置から抜け出ることによって、自分の存在を始める者たちがいる。あるいは、間違いなく何かの一部であるが、そこから抜け出る者たちがいる。いまなおその何かの一部であろうとするが、そうなれず、それから排除される者たちがいる。一ではなく多数であるがゆえに集団であることは間違いないが、集団というには余りにも異質で可変的な集団がある。巨大な身体を持ち、一つのように動くが、余りにも頻繁にバラバラに切断され、あるいは別の集団とくっ付いて、いつのまにか一つになってしまう水銀のような集団がある。大衆という存在者がそれである。

大衆は言葉のとおり、多くの数の個体が一つの「かたまり（mass）」をなす集団を指すが、かといって住民（population，人口／個体群）ではない。人口／住民とは、自分の所属によって数えられる諸個体の集合だ。大数の法則による統計的同一性が、人口／住民／個体群を把握し叙述する。それぞれの個体はそれぞれ異なる生存と死を迎えるが、進化生物学における生存と死、適応と不適応は、個体群単位としてのみ、個体群単位の同一性を通してのみ把握される。人口／住民も同じくそうである。個々人の生存と死は、人口を扱う国家人〔homme d'État〕たちにとって問題にならない。かれらとしては、出生率と死亡率、有病率と幼児死亡率などを管理するばかりだ。生存と死の単位は、住民／個体群なのだ。住民／個体群における個人／個体は、住民／個体群という集合に所属していて、その所属を理由に、その巨大な集合の別の「元素（個体）」と同一に扱われる。

その反面、もっともありふれた形象である「示威大衆」の場合、大衆はそのような住民として行動するのではなく、それから離脱する動きによって定義される。住民として個々人に与えられた位置から離脱することなしに、すなわち自分の職業や地位などの与えられた地位から離脱することなしに、本来は空いていなければならない空間に、あれほどぎっしり詰まった多くの人が集まることはできないだろう。そのようにして大衆のなかに入っていく限り、個々人は、自分の所属はもちろん、名前まで消し去り、匿名の分子になる。人口／住民のなかで、個々人は匿名の「要素／元素」になるが、決して所属は消されることなく、所属によって人口／住民になる。その反面、大衆は、所属にしたがい定められた住民の生から離脱した者たちである。

大衆はしばしば労働者階級を構成する人々を指し、その点では全体の人口／住民の「部分」として扱われるが、かといって労働者階級ではない。階級は人口の部分であるが、別の部分との関係のなかで規定される、なんらかの位置や機能によって定義される集団である。階級もまた、それに所属する構成員をもつ。

その反面、大衆はあれこれの階級に属した人びとが集まって、一つの「かたまり」を成すという点で、特定の階級の外延を越えて入り混じった人びとによって構成される。かれらは大衆として一つになるが、そこにはトラック運転手もいれば、広告会社のホワイトカラー、IT会社の管理職、書店員や派遣労働者もいて、清掃労働者と日雇い労働者、正規労働者と非正規労働者が入り混じっている。また、知ってのとおり「プチブルジョワ」も、ワイシャツを着たホワイトカラーも、中産層も、大学生や大学院生も、大学教授もいる。

労働者が個別企業や産別労働組合によって組織され、非正規労働者が企業別の非正規労働組合に組織される場合、それは階級的な規定の同一性を共有するやり方で「一つ」になる。かれらは大衆のなかに参与したり集会をしに集まる場合にも、そのような同一性を表示する服を着て、同質的な隊伍を維持する。労働者大衆という言葉は、労働者である大衆、労働者としての同一性をもつ人びとの集合を意味する。労働者に属する大衆、かれらは大衆というよりは労働者であると言わねばならない。その反面、ろうそく集会の大衆であれ、〔一九八七年〕六月抗争や光州抗争の大衆であれ、「大衆」は、所属から離脱した者たちであるのみならず、人口の特定部分を定義する外延をゆるがし、入り混じりながら形成される。

このような点で大衆は、あえてバディウの用語で言うなら、状況に所属するが所属から離脱する者たちの「集合」であり、状況の部分に包含されるがその部分から抜け出る者たちの「集合」である。所属と部分の境界を離脱し、入り混じる群の「集合」だ。すなわち大衆を構成する者たちは、なんらかの所属を持つが所属から抜け出た者たちであり、なんらかの「部分」をなすが一つの部分であることを中断した部分である。大衆は、なんらかの「状況」から抜け出るやり方によってその状況に属し、なんらかの状況の部分であるが状況の状態から抜け出るやり方で群をなした部分だ。常に移動し、離脱中である存在者たちの群、常に入り混じって混合する存在者たちの群は、最初から所属と包含の整然とした存在論から抜け出た者たちだ。それは複数の点の間の、一対一の対応を通して思考する集合論とは違って、最初から点から抜け出る点であり、線を描く存在者たちだ。離脱の線を描く。

　存在者を数える場合、あらゆる存在者は一つの数として、あるいは一つの点として扱われる。それをまとめて数えるのであれ、バラバラにして数えるのであれ、違いはない。点を数えるこの計算のなかで、それぞれの点を結ぶそれぞれの線は消し去られる。点の間に起こることは点の状態に帰属する。点のような諸元素を集合として扱うことは、すでに「集合」を定義する選別の規則のなかに、選別されたものの同質性に存在者を閉じ込めることだ。集合を表示する括弧の外延の中に、そのように与えられた位置の中に、存在者を切断し、はめ込むことだ。もちろん、このように数えられるものたち、このように選別され整列できるものたちがいる。しかしそうでないものたちもいる。所属によって数えられるものがいるが、所属から離脱するものもまたいて、部分として残るものもいるが、部分の外延から抜け出ることでつくられるものがいる。線的なもの、離脱するものを、計算の存在論として、点的集合論として扱うとき、それに本質的な線は切断され、線は点になってしまい、離脱は帰属する点に服属する。むしろ逆に扱わねばならない。点的なものの間に描かれる線を通して、諸部分が入り混じってつくられる部分ではない部分を通して。若干単純化して対比するなら、前者が「帰属の存在論」に属するなら、後者は「離脱の存在論」に属すると言えるのではないか？

　出来事が正常なことから抜け出ることである限り、所属と包含という概念によってそれを扱うことは不可能である。それを別のものと一緒に一つの数として数えてしまうと、出来事のそのような本質を最初から削除することになるのだ。それは最初から離脱の線を描くこと、あるいは侵犯の線を描くこととして扱わねばならない。これは、なんらかのものを、所属しているが所属から抜け出たものとして、あるいは所属から抜け出るやり方で所属するものとして扱い、部分から抜け出るやり方で部分を成すものとして扱わねばならないことを意味する。これは「元素」と部分集合を扱う集合論において致命的な二律背反（「逆説」）を引き起こす(6)。それゆえなのか、所属と包含の概念を最も緻密に発展させたバディウは、「正規」や「突出」、「特異／単独」を、所属と包含の交差を通して定義し、とりわけ重要な概念である「出来事」を、この「特異」と対応させるのだが、実際の出来事を扱うさいには、もはや所属しない方法で所属するものを通して定義される「出来事的な場所」という概念を、全面に打ち立てるのだ。

少し付け加えると、バディウが出来事と対応させる「特異なもの」は、状況に所属する元素であるが、状況の部分には含まれないものとして定義される。しかし数学的にはなんらかの集合（集合Sとしよう）の元素でありながら、その集合の部分集合に含まれないものが、いかにして可能なのかわたしは分からない。部分集合をつくる時に、それを除外して数える（明らかに数学的な誤りである）のでないならば、次の二つの場合においてのみ可能であろう。第一は、集合Sの元素であるが、「まだ」部分集合として数えられていない場合。これは、まだしっかり数えきれていない場合、あるいはまだ数えている途中であることを意味するが、数学的には納得しがたいことだ。なぜなら無限の数すら一瞬に数える数学者の世界では、決して許されない怠惰であるからだ。第二は、集合の元素でなかったものが、いきなり集合の元素として出現し、それゆえ「まだ」部分集合として数えられていない場合。「まだ」数えられていない場合という点では同一であるが、新しい元素が出現したということが、第一の場合と違っている。これもやはり数学的な思考のみでは理解しがたい。むしろ、数学というよりは、なにも入っていない帽子から鳩が出現する手品に近いだろう。

かれがこのような場合を想定するのは、かれにとっての出来事とは、以前にはなかったものが「出現」することだからだ。このような出来事の出現を扱うために、かれは所属／包含の交差概念の代わりに「出来事的な場所」という概念を使用する。出来事的な場所とは、出来事が出現するその「場所に属する元素と出来事自体を元素とする集合」として定義され、「出来事の数学素」という名を付与される(7)。場所に属するという点では状況に属するが、状況から抜け出る出来事自体を元素にするがゆえに状況に属さない(8)。このような理由から、出来事がはじまる出来事的な場所は、状況や状況の状態から抜け出るものとして定義される。かれが、出来事的な場所から出来事が構成されるのは、結局「自分自身を元素とする集合」を(9)構成するやり方でなされると言いながら、「出来事を受け入れることができる存在論的マトリックスはない」と言い、したがって「出来事について存在論はなんら言うべきことを持たない」と(10)言うのは、このような意味から(11)であろう。これは、離脱や侵入を扱うことができないという、所属と包含の概念がもつ難点を意味するだろう。しかしながら、それは所属と包含を通して存在を把握する「帰属の存在論」に限定されると言うべきではないのか？　なぜなら離脱や侵入の線を扱う存在論、変異や生成、出現や消滅を扱う「離脱の存在論」が可能ならば、それは所属から抜け出るやり方で形成される大衆についても、所属から抜け出るやり方で所属する出来事についても、充分に言うことを持っているからである。

大衆と階級

平穏で安定した社会では、人びとを自分だけの生に没頭させ、それゆえ自分の目の前の日常や些細なものに限りなく没入させる奇異な平和がある。激動の時期を生きてきたある日本のドキュメンタリー監督が、自分が生きる社会を「馬鹿みたいな平和」という言葉で批判したとき、かれが見ていたものはおそらくこのようなものだっただろう。その反面、権力者たちの無能と腐敗、あるいは独善によって人びとの平穏な暮らしができなくなる社会、否応なしにも「我を忘れない人」ならば、問題になるあれやこれやの場所で立ち上がらざるをえない社会もある。平和や平穏というものを奥深い山中にも探しだせない世の中、門を閉ざし座禅をくんで修行をしていた修行者さえも「焼身」するに至る世の中。しかし、人民の意志や意思が権力者によって常に折られたり衝突する、そのような社会においては、人びとを街頭に出ていかせる苦痛と同じくらい、知りえない人びとと、出会うことなく出会う喜びが、名を消しながら集まる合流の栄光がある。どちらがよりましだろうか?

平穏でない社会で簡単に発見できるもの、人々の生が困難で苦しい場であればどこでも発見できるもの、それは大衆という存在者だ。大衆とは離脱する者たちの群だ。しかしそれは一つのように動く人々の「かたまり」だけを意味するわけではない。多くの数の諸個体が集まって「一つのように」動くのであれば、すべて「大衆」という言葉に該当する。とてつもない量の諸貨幣が、それぞれの「所属」を持ちながら、「回転」しながら、巨大な一つのかたまりのように作用する貨幣大衆(monetary mass)もそれであるし(12)、そのときごとに生産および変調されるなんらかの位置を持つが、その位置からいつのまにか抜け出て、ネットワークをめぐり、そのときごとに一つの「かたまり」のように作動する情報大衆（information mass）もそれである。しかしこの場合「一つのように」動くということは、いままで述べてきた個体化とは別の意味を内包する。

個体化とは複数の個体が集まって一つのように作動することであるが、大きく異った水準の個体化が存在する。何人かが集まって作られるサッカーチームや劇団のように、構成諸要素の位置（ポジション）分配を備えるが、その位置が固定されておらず、時により役割（機能）が変わり、別の位置の要素がその役割を代替するような個体化がある。その構成と解体は比較的簡単であり、要素の行き来もまた簡単である。あるいはフラッシュモブに集まった人びとのように、一時的に集まってこれといった機能や位置の分配をしないまま、即興的になされる個体化もある。

その反面、身体的諸要素が、生命という一つの中心のために器官としての機能と位置を割当てられ、その機能と位置がとても強く固定されており、作動の様相すらも強い「安定性」を持つような個体化もある。この場合、諸器官は、「分離できない」わけではないが、通常の方法では分解や構成が困難で、諸要素の行き来も困難だ。これは固定性と結束力が最も強い個体化に属する。有機体以下においても個体化はあるが、これは細胞やタンパク質のように有機体的結束力の水準に属するものもあり、遺伝子のヌクレオチドのように「機械的」代替と変形が可能な場合もある。同じく、「共同体」や「コミューン」と呼ばれる個体の場合にも、近代以前の生産共同体のように、諸要素の位置が相対的に固定されて再生産され、その機能もまた相対的に安定している場合もあるが、最近つくられている様々な「非近代的」な共同体のように、位置と機能の固定性が相対的に弱く可変的であり、その担当者もまた可変的という場合もある。

大衆が一つのように動くときは、この反対に、それぞれの諸要素に定められた地位や役割が分配されず、それぞれは最初に自分が属していた立場と役割から離脱するやり方によって大衆に加担する。労働者が大衆になるのは自分が所属した工場や事務室の立場から離脱しながらであり、貨幣が貨幣大衆になるのは自分が属していた位置（たとえば口座）から抜け出て移動しながらである。すなわち、それは離脱の線を描きながら作用し、常に既に線的な成分として存在する。いくつかの要素において、地位や役割が分化する場合もあるが、それも大体は一時的で暫定的であるだけで、大体はそうならずに一つの大衆／かたまりとして機能し、かたまりもまた定められた位置を持たない。移動性と流動性は、大衆を特徴付ける最も本質的な成分の一つである。

大衆が一つの「かたまり」として機能する時、そのかたまりは時には組織化され、なんらかの可視的な実体性をもつが、その場合にも大衆とは、かたまりの中でも流動し続け変化する質料的な流れであり、組織的形態として実体化されたものとは区別される。また大衆は一つのように動くときにも、絶えず新しい諸要素が出入りし、複数のかたまりへと分割され、それぞれの動きを持ちもすれば、別個のかたまりが合流して一つに融合されもする。すなわち大衆は、明瞭な内包も、はっきりとした外延も持たない。したがって大衆に参与／部分化する際には、いかなる資格も必要ない。それは資格の条件がないために自分が既に持っている諸資格や諸条件を喪失して参与する。すなわち既存のあらゆる資格が無効化する。

階級は大衆と違う。階級は別の階級との関係のなかで規定される位置と役割を持ち、それらを自分に属する諸要素へ分配する。所有者と経営者、管理者と労働者、監督と補助、組立工と塗色工等々。この点は、労働組合のように労働者たちによって組織された階級においても違わない。委員長と執行委員長、組織部長、教育宣伝部長、あるいは代議員等々。地位が特別に割当てられない労働者も、組合員という地位と役割を持つ。それは点的な存在だ。それらは、一つの「かたまり」のように動く時も、明確に分化された地位と役割体系にしたがって、あたかも有機体のように「一糸乱れず」動く。そのように動いて闘争するとき、構成諸要素の「かたまり」が直接作用するのではなく、それを担保にする代表者たちの「交渉」がそれを代行する。ここでも重要なのは、与えられた位置という「点」である。大衆のなかの諸個人がそこへ帰っていく時、かれらは消されていた地位を取り戻し、忘れられていた役割を取り戻す。すなわち線から点へ回帰するということだ。それは、組織の加入資格を通し、はっきりとした境界線を持ち、加入のための選別規則を通して、その境界を管理する。すなわちそれは資格なき者は参与できない個体化のやり方なのだ。

したがって、階級が帰属の方法によって自分の存在を確認して「作用する」のであれば、すなわち「存在する」のであれば、大衆は離脱の方法で自らの存在を構成し作用する。すなわち存在する。大衆のなかの個人は、移動する点、線を描く点であり、線のなかにある点である。労働者のなかの個人は、位置を移動したり、地位や役割を別のものにするとき、点に帰属する線であり、点に従属した線である。もちろん労働者は簡単に大衆になり、大衆もまたそうだ。しかし労働者が大衆になる時、かれは自分の所属と組織から抜け出て、ただ大衆の一部になる。大衆が労働者になる時、かれは自分が失くしてしまった所属を取り戻し、組織へと帰っていく。二〇〇八年のろうそく集会の後半、街路で見たように、労働者が大衆のなかに組織的に参与しながら自分のアイデンティティーを確認し維持しようとする場合があったが、その場合、労働者 - 大衆は、大衆の流れと入り混じることのない独立したかたまりとして動き、離れてふるまい、層流化した。大衆が労働者になる場合、そのかたまりは解体され、一つ一つ数えられ選別され、定められた地位と役割に対応するやり方によって、自分の場所を得る。

資本主義は大々的な大衆の存在を自らの存在条件とする。マルクスが明らかにしたように、土地の付属物として固定された位置を持っていた生産者たちがそこから離脱し「自由に」流動できるようになったことが、その一側面であったとするなら、身分的隷属が負荷する諸役割の体系から離脱し自由に移動できるようになったことは、もう一つの側面であった。これを通して、自由に移動し、自分の意思によって労働者として雇用されることができる大衆が創出された。これがいわゆる「本源的蓄積」の重要な一契機であったとマルクスは指摘する(13)。

このようにして創出された大衆を、マルクスは「無産者」という意味で「プロレタリアート」と呼ぶが、このプロレタリアートは労働者階級ではない。それはなによりもまず、土地と生産手段を失い、食べるものを求め路頭に迷わねばならぬ浮浪者であった。イギリスのエンクロージャーが、このような浮浪者を大々的に産出し続けたことは、よく知られた事実だ。このような大衆の創出は、所属と地位から離脱した人びとの群を作り出したという点で、所属によって個々人を帰属させたり組織的に統制できない群の創出を意味するのだ。かれらは、その当時の社会で最も重要な「不穏要因」であり、社会全体を不安にさせた者たち、わたしたちの言い方では「不穏なるものたち」であった。これは、かれらを統制するためにつくられた、いわゆる「貧民法」の過酷さや(14)、収容施設(たとえばフランスの「総合病院」のような)に閉じ込められた人々の、とてつもない比率によっても確認できる(15)。フランス革命直前に、フランス全域をまきこんだ、いわゆる「大恐怖」もまた、それと無関係ではない(16)。

これらの創出が「本源的蓄積」であるのは、それが資本主義的生産と蓄積の前提条件であるからだ。このような大衆、自由なる労働者の流れなくしては、資本は自由に雇用して生産させる労働者を見つけることができない。初期には、創出される速度に追いつく雇用能力が現れなかったゆえに、「浮浪者」という否定的現象をとるしかなった大衆は、その後産業革命を経るなかで、急速に労働者階級へと変換されていく。また資本主義的蓄積は、資本の有機的構成が高度化されるにしたがい、換言すると労働者という可変資本を機械などの不変資本で代替していくにしたがい、絶えずこれに準ずる無産大衆を、失業者ないしは産業予備軍を創出する。

最初の大々的な無産者大衆の創出と、資本主義的蓄積による周期的な失業者大衆の創出、この二つの契機の間に労働者がいる。資本に包摂された存在者として、可変資本としての労働者がいる。資本によって割り当てられた地位と役割に帰属した者として労働者階級がいる。しかし厳密に言うなら、そのような無産者大衆は、資本が存在するどこであれ常に既にいると言わねばならない。なぜなら資本による雇用が、雇用の追加が、繰り返し行われるということは、無産者大衆なしには不可能だからだ。すなわち無産者大衆は、資本が存在するための恒常的条件であり共時的条件である。このような理由によって、わたしたちは皆この離脱の線を描く大衆として資本主義と対面し、そのような無産大衆として「生まれる」と言わねばならない。就職をしようとする者は全て無産者大衆の一員として存在し、就職する以前の全ての人は自由な労働力として、その大衆として、自分の社会的経歴を始めるからだ。階級が組織・構成されるための前提条件として存在する無産者大衆は、まだ階級に包摂されていない群という点で、「非階級」だと言えるだろう。

無産者大衆、かれらは資本主義社会において労働者階級を形成する質料的な流れだ。定義上は、どんな職業も、どんな所属も、どんな位置も持つことができるが、じっさいにはまだどんなものも持たない「質料」としての大衆だ。非階級は階級の質料的な流れだ。それゆえ階級の外部に存在する「大衆」だ。かれらは、資本主義社会において資本が、剰余価値増殖のために作り出した生産や流通などのあらゆる組織が、あるいは国家が自らの体制を統制し作動させるために作り出したあらゆる組織が、労働力によって満たされ、実質的に稼動するための前提条件である。それは、ドゥルーズ・ガタリに倣って言えば、資本主義社会の「器官なき身体」である。それらを選別し、必要な位置へ帰属させること、その位置と役割をしっかり守り維持させること、これこそが資本家や支配者が行うことである。線を点へと還元することが、資本や国家権力と結びつくのは、このような理由による。

資本主義が蓄積の高度化にしたがい失業者大衆を、再び労働力として採取される無産者大衆を創出するということは、資本主義がこのような質料的大衆なくしては存在できないということ、換言すると、絶えず器官なき身体へと回帰する作用なくしては存在できないということを意味する。資本は、無産者大衆という非階級を、絶えず階級として包摂するが、同時にまた、絶えずかれらを取り逃して放流し、非階級へと帰すのだ。階級的権力の外に存在する大衆という流れを必然的に前提して生産するのだ。かれらがフランス革命をはじめとする数多くの革命で、政治の一次的な過程を形成したことは、よく知られている通りである。

対抗階級あるいは可能なる階級

階級以前に非階級が存在する。大衆という未規定的な質料が、色々な労働者と色々な職業によって規定可能な質料が存在する。階級の存在は非階級の存在を常に既に前提とする。したがって大衆は、資本主義社会において潜在的状態で常に既に存在する。資本はこの無産者大衆を資本化する。可変資本として資本化する。あるいは労働者として階級化する。資本は蓄積とともに、ふたたび「失業者」と呼ばれる無産者大衆を生産する。失業のおどしはあらゆる就業者の精神と身体に作用し、マルクスが言うとおり、あらゆる労働者をヘーパイストスの楔で資本家の意志へと打ちつける。労働者階級の存在には、常に大衆化、無産大衆化に向かうベクトルが作動しているのだ。「階級化」と「大衆化」というふたつの相反するベクトルが、資本の運動周囲に常に既に存在する。大衆が可視的に形成されるのは、資本主義の下に常に存在する、このような大衆化のベクトルに起因する。社会が労働者として包摂できる大衆をつくり供給し、資本が既存の労働者を大衆として輩出して作動する、この二重の過程のなかで、労働者は、否、あらゆる人は、潜在的に大衆であり、常に大衆化の磁場の内にある。だからどんな社会よりも簡単に大衆化され、可視的な大衆を形成する。

大衆の流れ、それはただ潜在的存在ではなく、抑圧に抵抗するために数多くの人が自分に与えられた立場と所属から離脱する理由を発見するときになれば、可視的に形象化される顕在的存在である。フランス革命は、このような大衆の流れが政治的なかたちで明確に可視化され、それが政治的な場を形成する一次的過程になったことを見せてくれる。そのとき大衆は、労働者としての包摂が制限的であったという条件によって、労働者より多様な種類の職業をもつ平民たちで、政治に参与する資格を持たない多様な層の人々で構成されていた。「サン・キュロット（sans culotte, キュロットを穿かない）」という否定的な規定は、支配に参与する身分と資格を象徴するキュロットの不在を通して定義される至極多様な層の人びとが自らの立場を離脱して混合し、つくられたものである。それは一つないしはいくつかの階級なのではなく、階級や職業、身分的地位から抜け出て、一つに集まる者たちの集団であった。それは明らかに非階級としての大衆であった。ホブズボームが「革命の時代」と命名した(17)一九世紀が、この大衆によって政治全体の転覆を繰り返す激動を経験したことは、よく知られたことだろう。もちろん一九世紀中盤以降は労働者階級の比重が増加し、組織化された労働者も増加した。しかし大衆が全面に浮上する革命的時期には、労働者もまた自分の所属から離脱し、大衆になるやり方で参与する。一九世紀はこのような意味で「大衆の時代」だといってもよいだろう。

しかし組織化されてなかったり、組織から抜け出した大衆の流れは、既存の権力を転覆したり破壊することはできても、権力を掌握し、新しい種類の体制をつくることは不可能だった。大衆の流れが巨大な波として過ぎた後に、その空になった権力の座へと登り、その座を占めるのは、いつも政治的に組織された貴族やブルジョア階級だった。その結果、権力の掌握を革命の成功として見なす観点からの言い方であるが、革命は常に座礁し「失敗」に終わった。労働者階級を、資本の包摂から抜け出た別の階級へ組織しようとする試みが始まったのはこれゆえである。一八四八年のマルクスが「コミュニスト同盟」という組織に加担したのは、巨大な革命がブルジョアジーや貴族の権力へ帰着してしまうという、繰り返される「失敗」のなかで、このような組織化の必要性を切に感じたからだろう。革命のためには、大衆では、ただ大衆のみでは充分ではなかったのだ。

マルクスが『共産党宣言』において、「万国のプロレタリアートよ、団結せよ！」と叫び、プロレタリアートという階級への組織化を提案したのは、「プロレタリアート」という名で組織された一つの階級を新しく発明したのは、このような理由によるだろう。それは革命的な大衆の流れから、その流れを革命的権力の掌握ないし構成へと導く明確な階級へ組織せねばならないという、切迫した感情によるものだろう。プロレタリアート、それはいまや既存の支配階級に対抗し、また組織されたブルジョワジーと対決し、権力を掌握する新しい階級である。これを新しい階級という理由は、これは労働者たちを念頭において提案された概念であるが、資本に包摂された存在者としての労働者とは全く違った集団へと構成せねばならないからだ。それは労働者の階級的地位から抜け出て、別の次元で新しく組織されねばならない階級だった。それが大衆ではなくて階級なのは、大衆とは違って組織化されねばならない勢力であり、その組織化のなかで明確な地位と役割の体系が樹立されねばならないからだ。それはブルジョア階級に対抗するための階級であり、ブルジョア階級に包摂され資本化された労働者（可変資本）とは別のやり方で組織化されねばならない階級であるのみならず、階級の存在自体に対抗するための階級という点で、対抗階級（counter-class）あるいは反階級（anti-class）と言わねばならないだろう。

対抗階級は、それ自体で一つの独自的階級だ。独自的階級になるということは、自分自身が、自分の生や、自分の属する世界を理解し、そのなかで行動していく方向に対し、独自的思考と判断能力をもつときにのみ可能である。すなわちそれはプロレタリアートに対して自分の独自的階級意識を持つことを要求する。プロレタリアートの階級意識とは、現実の労働者が実際に持つ意識、かれらが経験的に獲得した個別的な意識や、それらの総合もしくは平均などではない。それは労働者の階級意識、階級としての意識である。プロレタリアートの階級意識において、「問題は、プロレタリアートがなんであるか、また彼の存在におうじて歴史的に何をするように余儀なくされているか、ということである。(18)」プロレタリアートとはいかなる存在なのか、プロレタリアートという存在にふさわしい行動とは何であるのかを明らかにすること、それが階級意識概念に注目する理由である。ここで、プロレタリアートと階級意識の循環論理を見つけ出して、それを批判するのは、意味のないことだろう。肝要なのは、労働者階級とは別の存在としてのプロレタリアートを、いかに把握するのかである。

プロレタリアートの存在におうじて何をするべきかを知るためには、プロレタリアートの存在自体に接近せねばならない。対抗階級としてのプロレタリアートの存在の意味、それはマルクスがその概念を発明したとき、明白に宣言したように、あらゆる階級的抑圧から、否、階級自体から人民を解放することである。それはプロレタリアートが存在する位置と相関的である。ルカーチはこのように書いている。「生産過程のなかの一定の類型的状況に帰属させられ（zugerechnet）、それに合理的に適合する反応が階級意識なのである。(19)」階級意識とは、個人ではなく生産関係のなかに含蓄された政治的状況に「帰属」する意識だ。プロレタリアートの存在条件に帰属する意識。たとえば資本主義的生産様式の分析で導出される「適切な反応」が、そこから出てくる革命的政治のやり方が、それであるだろう。「共産主義」や「科学的社会主義」がこれを表象する概念だろう。この階級意識が「総体性としての階級の歴史的に意味をもつ行為……を規定」する(20)。

総体性としての階級、一つの全体としての階級、これは現実のなかの「労働者階級」とは違った、プロレタリアートの階級概念を構成する一要素だ。「労働者階級」は実際のところ総体的階級ではない。それは資本化された階級であり、資本の一部分（可変資本！）である。それは資本によって与えられた位置に帰属した人びとの集合であり、資本の運動法則にしたがって動かねばならない義務をもつ。その反面、プロレタリアートはブルジョアジー全体、あるいは階級自体と対決せねばならない対抗階級だ。それは資本に依存しない独自性を持たねばならず、資本と無関係な一つの全体でなければならない。一つの独自的で統一的な全体、それが総体的階級、全－階級としてのプロレタリアートを規定する。反階級は全－階級でなくてはならない。ルカーチは、ここに普遍性を追加し、プロレタリアートを普遍的階級として規定する。労働者だけでなく、ブルジョアジーを含めて、あらゆる人民の解放を追求する階級という意味において。

プロレタリアートという存在条件から導出された階級意識、それは経験的に認識されたり意識されるものではなく、個々人の経験が新たにそれによって規定されねばならない「先験的」意識である。個別的経験と無関係にプロレタリアートを革命的階級として規定するもの、それは労働者個人が意識できないという点で「無意識」であるが(21)、構造的に可能であり、先験的に演繹できるという点において意識化されうる意識だ。ルカーチはこれを「可能なる意識」と命名する。これは、社会構造から導出されたがゆえに、決して恣意的ではなく、必然性をもつ点において客観的だ。主観的に空想した可能性、それゆえに具体的ではなく「抽象的」である可能性とは反対に、これを「客観的可能性」と定義する。構造から客観的に導出された可能性の最大値、それがプロレタリアートの階級意識である。その可能性が、まさに革命的階級としてのプロレタリアートが到達しうる最大値、最大限の可能性なのだ。生産様式に含まれたプロレタリアートの「利害（interest）」を最後まで追求して、導出することができる社会的総体性」である(22)。

このように社会経済学的構造に含まれた客観的可能性を通して定義される階級としてのプロレタリアートを、「可能なる階級」と命名することができるだろう。この概念の意味を極大化するためには、「可能なる」という言葉が次のような意味で理解されねばならないだろう。まず、それは構造的理由によって客観的に構成可能な階級であることを意味する。対抗階級であるプロレタリアートは、すでに「在る」階級なのではなく、まだ不在の、作られねばならない階級である。まだ無いが、作りうる客観的可能性を持つという点で「可能なる階級」なのだ。次にそれは、諸個人が「階級意識化」を通して到達可能な限界値という点で、「可能なる階級」を意味すると言わねばならないだろう。最後に、それは解放の可能性を担う階級という意味を付け加えることもできる。プロレタリアートに、ブルジョアジーに代わって社会を支配できる能力や資格が付与されうるということだ。「ある階級が〔社会を——著者〕支配する資格があるという意味は、社会全体をその階級の利害に応じて組織することが、かれらの階級利害、かれらの階級意識に依拠し可能となる、ということを意味」する(23)。

この階級概念に含まれる客観的可能性の概念を、すなわち客観的可能性としてのプロレタリアートを大衆と比較するならば、客観的可能性とは、それ自体としては現実ではなく、現実としては現れていないが、構造的分析によって明確に規定されうる可能性の最大値である。その反面、非階級としての大衆とは、あらゆる資本主義社会に、常に既に潜在的に存在する現実的存在者であるが、階級やあらゆる所属を消し去って形成されるものだという点で、明確に規定できない潜在的現実である(24)。

一つの対抗階級として、独自的かつ積極的な規定をもつプロレタリアートは、「神聖家族あるいはその批判的批判に対する批判」におけるマルクスの文章のように、プロレタリアートの存在自体を問題化し、その存在自体に階級を定義する要素を求めていくという点で、明確に存在論的である。だが、プロレタリアートの存在自体に注目するとは何か? これについてルカーチは、その階級意識を、客観的構造に帰属させるやり方で、プロレタリアートの存在を把握する。その帰属した構造から導出される可能性の最大値がそれだと言うのだ。これを、マルクスのプロレタリアート概念と違うと批判することはできない。少なくとも、そこに含まれた一つの概念的可能性であることは間違いない。それが帰属の論理に従うのは、対抗階級もまた、一つの階級であるからだろう。ここで再び、離脱のベクトルで定義される大衆と違ってプロレタリアートは、対抗階級である場合にも帰属のベクトルによって把握される存在者であることが確認できる。事実これは当然なことだ。なぜなら最初に対抗階級としてプロレタリアートを発明させたのは、ただ離脱のベクトルを通して形成される大衆の流れのみでは革命を成功させえず、なんとしてでも権力を掌握し、革命を推し進めることができる階級を構成せねばならないという、骨にしみる痛感だったからである。したがってこのような階級が社会全体を「支配する資格があること」を主張することもまた、最初の問題意識から見れば、当然だと言えるのだ。

可能なる階級を現実的な階級にするには媒介が必要だ。その媒介は諸個人に最も適切な役割と位置と機能を付与し、それを統合して作動する党的な組織である。この場合、「党」は近代以降の通常のブルジョア政党とは別のものだ。権力の掌握を目標とし、そのために集合的行動を組織するという点では同一であるが、ブルジョアジーが代議的表象と選挙という手続きを通してそれを稼動させるとすれば、プロレタリアートの党は代議的表象がなくとも、選挙とは全く別の過程を通してでも、革命的行動を組織するからだ。このような差異を極限まで推し進め、ブルジョア的政党や民主主義の観念から自由な、革命の武器としての党を創案したのはレーニンであった。レーニンの党は、代議や代表の観念がなくとも、プロレタリアートという階級の身体を、一つに統一して動かす中心になろうとしたし、その身体を動かす神経網（「全国的政治新聞」の配布網）を作り出していくことによって稼動した(25)。

歴史は、そのような階級を通して権力を掌握することも、その権力を通して革命を押し進めることも、現実的に可能であることを示してくれた。また、その権力が持続されることによって、革命が再び革命の対象になることも示してくれた。同時に歴史はそのような「総体的階級（全－階級）」が、与えられた位置や役割から離脱することを許容せず、大衆化を封鎖し、組織化された労働者階級へと閉じ込めておくということも、その組織を党という組織の「伝達ベルト」へ帰属させるということも教えてくれた。離脱の成分が除去された「勤労大衆」が、一糸乱れずいかに無力でありうるのかについても、革命の線を推し進める動力ではなく権力の一部分をなす支持基盤になりうるかについても、教えてくれた。最後に歴史は、「可能なる階級」概念に含まれた可能性が、また別の可能性を、ただ一つの「客観的」可能性に帰属させてしまうことがありえるし、プロレタリアートから離脱する線がもつ潜在力を除去することによって、新しいプロレタリアートが到来する可能性を完璧に消去してしまったのではないかと問わせてくれた。大衆の流れがもつ限界にもかかわらず、対抗階級、可能なる階級に留まることができないのは、大衆の流れが繰り返し注目されるのは、これゆえだろう。

プレカリアート：非階級化する階級

不安定な労働者が突然登場したのではない。じっさい資本主義社会において不安定は常にあった。資本主義は、浮浪する者たちを、巨大な不安定を、大々的に創出すると同時に始まった。資本はその不安定な者たちを糧にしている。あるいは不安定な者たちを排泄する。安定した立場とは、資本の口と肛門のあいだに、少しの間だけ存在する。より悪いのは、その腹の中でも潜在的な不安定が、あたかも大気のように、人びとの周辺をとりまいているということだ。このような不安定こそが、資本主義を動かす動力なのかもしれない。

新しい情報と技術の時代がやってきたという福音とともに登場した情報通信網とコンピュータ化した諸機械は、このような不安定性を資本の腹の中にも全面的に導入した。自動化した諸機械の拡大は、むしろ素朴なことになった。ネットワークを通して一つに連結された消費と生産、流通と保管は、生産過程を全社会へと拡張し、市場の変化に対して迅速対応し、フィードバックする生産体制を作り出した。情報通信網のおかげで可能になった生産の脱領土化は、このような連結を、国境を越えて全地球的範囲へと拡張した。それに従い、熾烈な競争の支配する市場の圧力が急激に増加した。「大量生産大量消費」における標準化された同一な形態の商品に飽きた人びとは、あるいはすでに購買速度をはるかに追い越してしまった生産速度に追いつくために導入された多品種少量生産は、消費の速度を上げた代わりに、消費者の「きまぐれ」が資本の適応速度を越えるようにした。さらには価格比較サイトのみならず、類似した商品はもちろん、代替可能な商品までが一つの画面で比較できるインターネット・ショッピングモール、そして商品に対する消費者の評価が流通する数多くの情報は、価格競争はもちろん、品質競争も極度に強化した。これによって市場の変化に対応し生産費用を下げるための過度な競争が本格化した。生産の柔軟性、労働力と機械、原料需給の柔軟性、雇用の柔軟性が避けられない現実となり、その結果「柔軟性」を特徴とする蓄積体制が全地球的なスケールで作られた[26]。

「プレカリアート（precariat）」、不安定を意味するprecariousとプロレタリアートを合わせてつくったこの単語が出現したのは、以上のような条件からであった[27]。賃金を下げるために同一労働に対して低い賃金と労働条件を提供する契約職労働者や、必要な時だけ呼ばれ、短期間だけ使われる派遣労働者をはじめとして、かつて労働者に提供されていたあらゆる正規性と安定性が除去された非正規労働者の急速な増加がそれである[28]。労働者のうち、半数に近い人が非正規労働者として生きる時代、「不安が霊魂を侵食」するのではなく「不安定が霊魂を、否、身体までを侵食する時代」が到来したのだ。それとともにプレカリアートが労働者階級を侵食していき、労働者階級全体の存在のあり方を変えつつある。

労働者のうちの非正規労働者の増加は、労働者階級を、方向を別にする二つの部分へと分割し分解している。かつて「階級分解」といえば、中間階級であるプチ・ブルジョアジーが労働者階級と資本家階級へ分解されることを指したが、現在わたしたちが大々的に目撃している事態は、一つの労働者階級が別の二つの労働者層へ、正規と非正規へと分解しているということだ。もちろん二つの部分へ分解することを、無条件的に二つの階級への「分解」であると呼ぶことはできないだろう。そのような分割が起こっているにもかかわらず、いまなお「労働者階級は一つ」という断言を繰り返す人びともまた少なくない。しかし階級的な差異の問題を経済的要因へ還元することはできないが、非正規の賃金が正規職の半分にも満たないということ、さらにはこの一〇年間に両者間の格差が持続的に拡大しているのは[29]、「一つ」の階級のなかに存在する間隙が、「一つ」とは到底言えないほどまで広がっていることを意味するのではないか?

たんに経済的格差だけの問題ではない。正規労働者が非正規労働者に対して見せる無関心であったり排他的な、ときには敵対的でもある態度が、二〇〇〇年以降、いわゆる「民主労総」の周辺でも一貫して現れていることを、わたしたちはしばしば目撃してきた。最近、正規職の地位を自分の子どもに譲れるようにしてくれと団交案件で要求した現代自動車労働組合が、組合に好意をもつ人びとすらも憂慮と批判を表明したにもかかわらず、結局はこの要求を固守すると決定したのは、とても徴候的な出来事に見える。経済的格差や非正規労働者に対する正規職労働者の態度は、この二つの労働者層を、一つの階級の中で連続性を持つ二つの層であると言うことが、本当に適切なのかという疑問を抱かせる。すでに述べたように、階級と階層の違いは敷居の存在によるのであるが、正規労働者の態度は、両者の間に越えることの困難な敷居を、繰り返し作ろうとする試みであるかのように見えるからだ。

プレカリアートとは、労働者階級のなかにおいて不安定性を担保する、新しい階級の名であると言えばいいだろうか？　プレカリアートは、労働者でありながら充分に労働者たれない存在者たち、階級に属すると同時にそこからすでに「半分ほど」抜け出た存在者たちだ。非正規の大部分は、一年はおろか、一ヶ月や一週間、甚だしきは一日さえも充分に労働者になれず、非階級として生きる存在者である。かれらは階級と非階級を果てなく往復する。非階級化のベクトルを持ってはいるものの、期間契約職や常用臨時職のように持続的な所属を持つ人びとは、むしろマシなほうだ。派遣労働者のように、労働する場で雇用されもせず、それゆえに機能的位置と法的所属が一致しない人、特殊雇用のように実情は労働者と変わらないがトラックなどの所有者であることを理由に「社長」とみなされ、ストライキをする権利さえ剥奪された人など、所属自体が二重であったり、分裂したり、不一致である場合が、むしろ一般的なのだ。位置の固定的分配と、それに割当てられる作業／機能の持続性など、「所属」を通して集団を組織する伝統的な階級規定との間隙が、かれらを労働者階級から、あるいは「階級」それ自体から、だんだんと遠く引き離していくようだ。望んだわけではないが、所属から離脱し、階級的部分から抜け出る途上にあるのだ。

プレカリアートは、明確な所属、そしてはっきりとした区別を特徴とする労働者階級と、その所属や位置から離脱する線を描く非階級大衆の間にいる。それは労働者として雇用され、与えられた位置と作業を遂行するという点では、まだ所属なき非階級ではない。しかしそのような所属の安定性がとても低く、簡単に代替され、必要によって作業や位置を移動せねばならないがゆえに、つねに潜在的離脱のベクトルを抱えている。したがってプレカリアートとは、非階級になっていく過程にある階級だ、と言うのが適切だろう。それは瓦解し始めた労働者階級であり、瓦解した地点から階級の境界外へと流れ出す労働者階級である。それは、いまなお労働者階級に含まれるが、労働者を「一つ－ではない－もの」へと変換させていく過程にある。それは安定した労働者の地層から、質料的な流れへと戻っていく過程にある労働者だ。プレカリアート、非階級になっていく、この階級なき階級は「脱階級（post-class）」と命名できるのではないか？この場合「脱」という言葉は、postという言葉が表現するように、労働者階級の「次」に来るものを指すと言ってもよいが、「抜け出る」を意味する「脱」という単語そのままに、顕在的な階級的条件に含まれた離脱のベクトルを指すと言ってもよいだろう。

階級から離脱すること、それは既存の階級によって強いられるものだが、まさにそれゆえに、既存の階級から抜け出させる、あるポテンシャルを持つ。それは否応なしに、既存の階級的境界を越えさせるものである。安定性の欠如、所得の欠如などの「欠如」形態によって与えられた境界から溢れ出させることだ。それが自分の意志であれ他人の意志であれ、与えられた所属からの離脱であり、与えられた安定性を超過するという点において、その欠如は「欠如」であるほど「過剰」なのだと言わねばならない。階級的に与えられるものが少ないがゆえに欠如であるが、それゆえ与えられた位置を越えさせる、ある力が氾濫する過剰の状態であると言わねばならない。一九世紀に労働者が、なにも持つものがないがゆえに、与えられた世界から簡単に溢れ出る氾濫と転覆のポテンシャルを、超過と過剰の力を持つ存在者であったように。

「非所有」が、与えられた世界と所有が支配する世界を氾濫させるように、「氾濫」あるいは「溢れること」は、所属を消し去り、与えられた規定性を空にする力であると言わねばならない。「溢れることは満ちることを意味しない。それは反対に空になることを意味する。過剰を意味する。溢れることに比べるとき、たっぷり満ちてていることは未だ欠如の状態である。(30)」

そのようにしてプレカリアートは労働者階級を超過する。「一つ－ではない」が意味するのは、まさにこれである。「脱階級」としてのプレカリアートは、労働者階級を溢れさせ、労働者階級を空っぽにする。空っぽにするということは、既存の規定性を消し去ることであり、既存の位置を揺るがすことだ。階級の境界を溢れさせること、そのような過剰は、ブランショが言うとおり、「空にすること」であり「消し去ること」である。階級的に規定された条件を消し去ることであり、それをもって階級的規定を空にすることだ。「脱階級」とは、「非階級になってゆくこと」とは、このようにして階級的規定と、それが付与する条件を空にし、消し去る地点を表示する。脱階級が、空にするにもかかわらず、欠如ではなく過剰なのは、そのような溢れることのポテンシャルによって、離脱のベクトルを引き入れるからであり、その離脱のベクトルにしたがって進み出ていける新たないくつもの場所を、新しい生き方を、引き入れるからだ。

プレカリアートは欠如した労働者、過小な労働者ではなく、氾濫する労働者、過剰である労働者である。与えられた境界のなかに捕らえられた労働者ではなく、その境界を消し去り、外へと出て行く労働者である。同様に次のように言えるだろう。脱階級とは、階級的地位と所属が不足した労働者階級なのではなく、それが消し去られ空になることで、別のものたちが、別の生のベクトルが入り込みはじめた階級だ。資本に包摂されたまま、階級が消滅に向かって進みはじめた階級だ。脱階級、それは離脱のベクトルを通して、階級的規定性から抜け出はじめた階級である。

プレカリアートとは、不安定な労働者階級なのではなく、不安定にさせる階級である。労働者階級を不安定にさせる階級であり、階級的規定自体を動揺させ、消し去る階級だ。空っぽにするポテンシャルによって、労働者階級を階級から離脱させる階級だ。階級であることを中断した階級だ。したがって、ここに「不穏なるもの」という名を付与するのは、極めて妥当なことだろう。プレカリアート、それは不安定のなかで誕生し、不安定性を拡散させながら拡散した存在者であるが、その不安定性を稼動し、労働者階級を不安定にさせる存在者であり、階級自体を不安定にする存在者なのだ。そのようなやり方で不穏性のベクトルを稼動する存在者だ。プレカリアートの存在において、不安定から不穏性へと至る力の移動可能性を発見できるのは、これゆえなのだ。

不可能なる階級、プロレタリアート

プレカリアートは顕在的に実在する現実だ。それは離脱の潜在性をもつ階級であるが、潜在的というよりは顕在的／現行的な階級だ。それは現実の構造から導出されうるが、「可能なる階級」というよりは、すでに充分に現実的に存在する階級だ。いまここに現存する現実的な階級だ。しかしながら、労働者階級の規定性にもう一つの規定性を追加するのではなく、既存の規定性を消し去り空っぽにする存在者であり、それゆえにそれ自体を、「明確ではっきりと」規定できない、「曖昧模糊とした」階級である。階級なのかどうかさえ曖昧なのだ。それは、規定可能ながらに不在する「可能なる階級」とは違って現実的に現存する曖昧な階級であり、規定不可能ながらに潜在的に常に既に存在する「非階級」とは違って、規定不可能ながらに顕在的である、模糊とした階級なのだ。顕在的に存在する規定不可能な現実的階級、それがすなわち顕在的階級と潜在的非階級のあいだにある階級としての、可能なる反階級と現実的階級のあいだにある階級としての、プレカリアートの存在論的位置である。

したがってプレカリアートは、労働者階級の境界をあふれ出し、その規定を消し去り空っぽにしたように、対抗階級としてのプロレタリアートに対してもそうするだろうと、信じてよい。いや、そうせねばならない。それを通し、プロレタリアート概念に存在論的変異を加えなければならない。労働者階級内部に流動性を引き入れるプレカリアートの離脱のベクトルを通して、労働者を階級と非階級のあいだの空間へと押しやるその「空っぽにすることのポテンシャル」を通して、プロレタリアートを再定義し、ふたたび思惟させなければならない。

離脱のベクトルが労働者を、かれが属する立場から、かれの所属から離脱させるように、それは対抗階級としてのプロレタリアートを構成する諸要素を、かれが属する立場から、かれに割当てられた役割と機能から、離脱させるだろう。ブルジョワジーに対抗して、権力掌握を目標にする場合においても、与えられた立場で与えられる命令を、厳格な規律によって一つの有機体となり、一糸乱れず貫徹する「労働者の軍隊」ではなく、そのときごとの状況と条件、出会いの様相のなかで、離脱のベクトルを稼動し、思いもしない役割へと巻き込まれていく、そのような（反）階級がありえるのではないか？　与えられていない新しい役割を創案し実行するかれらによって、絶えず離脱のベクトルを稼動させるプロレタリアート、そのようにして脱有機体化し、脱器官化するプロレタリアートがありえるのではないか？　組織によって確保された統一性から、絶えず抜け出すことで獲得される「統一性」、脱組織化の線を描くやり方で稼動される組織化、それゆえに器官（organ）の役割をする集団の場合さえも、器官から離脱し、別の「機械」に変換されていき、脱領土化される闘争機械がありえるのではないか？　そのようにして、階級的規定におい
て大衆の無規定性を作動させる階級が。組織の中にまで大衆的流動性を有効に稼動させる、そのような階級が。

対抗階級を構成する組織の作動法についても、なんらかの根本的変換が必要なのではないか？　大衆が、帰属のプロセスを通し元素的性格へと還元されずとも、組織のなかへと簡単に入り込み、脱所属のプロセスを経ずとも簡単に出て行けて、それゆえに「資格なき」大衆が簡単に出入りできる組織。対抗階級として、権力の掌握と支配を放棄しない場合においても、支配する資格のない者たちが、明示的な資格のない大衆であるがまま、大衆として作動しうる、そのような組織。それゆえに、「支配する資格なし」が支配する資格になる組織。ここにおいて、「支配する資格なき者たち（デモス）の支配」という民主主義（democracy）の(31)「根源的」逆説を、現実的に稼動できるのではないか？

「消し去ることのポテンシャル」が、労働者階級の規定を消し去ってしまう過剰であったように、それは対抗階級、可能なる階級としてのプロレタリアートの規定を消し去るという、消し去ることの力を稼動する。社会経済的な構造から「科学的かつ合理的に」推論されるプロレタリアートの可能なる規定を消去し、可能性の限界として描かれるプロレタリアートの輪郭を消し去るのだ。「可能なる」最大値を表示する境界は消し去られるだろうし、わたしたちは可能性の果てを見れなくなる。だれもが、決してその「果て」へ至れないし、その果てては曖昧模糊とした無規定性の闇の中に、存在の深淵の中に埋もれて、消えてしまう。したがって、可能性に向かって果てまで進み行くことによって獲得されるプロレタリアートは、消滅

し不在になる。その可能性の線として描かれるプロレタリアートは、どれも完結できないだろうし、したがって完結されえないだろう。その代わりに、カフカ的にいえば、「無限に延期される」限界が、無限に延期される可能性が、そこから出現するだろう。無限に延期されるプロレタリアート。いまやプロレタリアートは、総体性を持つ完結した全体ではなく、決して完結されえないという点において、全体化されえない階級になるのだ。非‐全体としてのプロレタリアート。

既存のあらゆるプロレタリアートの規定性を、繰り返し空っぽにし、消し去ってしまう、この暗い曖昧模糊さのなかで、いくつもの違った可能性、果てに到達したと仮定された可能性によって排除されたり封じ込められたりしていた別の可能性が、必ずや息を吹き返すだろう。その闇のなかで新しく出現するプロレタリアートを、新しい反階級を、繰り返し発見するだろう。無規定性の闇によって胚胎されうる、その別の可能性を通して、絶えず変異する、そのすべての変異によって開かれたプロレタリアートが出現するだろう。しかしそれは決して完成されることはなく、決して可能性の限界に至ることのできない階級だろう。それは可能性の果てという名によって特権化される、一つのプロレタリアート規定を、繰り返し空っぽにし、再び消し去るやり方で存在するプロレタリアートだという点で、「可能なる階級」ではなく「不可能なる階級」なのだと言わねばならない。「不可能なるプロレタリアート」、不可能であるがゆえに、決して完成されえない、永遠に再帰するプロレタリアート、消滅するやり方で常に再び生まれるがゆえに、永遠に存在する対抗階級としてのプロレタリアートなのだと言わねばならない。プロレタリアートを絶えず空っぽにして再誕生させる、この永遠なる反復に、わたしたちはマルクスが提案した「永久革命」という概念を与えることができるだろう。

註

（1）バディウは所属と包含を区別し、両者を存在論の根本範疇として提示する。「所属」とはなんらかの集合の元素であることを意味し、「包含」とはなんらかの集合の部分集合であることを意味する。「状況」が一つの基準に沿って、それに属する（所属）元素を数えるものであれば、その状況に包含された構造を数えることは「状況の状態」であると定義する。状況の状態とは、状況に属する諸元素によってなされる部分集合を元素とする集合である。そして現示（présentation）と再現（représentation）を、状況と状況の状態に対応させる。これを通して、かれは所属と包含の交差範疇をつくる。「正規（normal）」、「突出（excroissance）」、「特異（singulier）」がそれである。正規は状況に属し包含されること、突出は状況に属さないが包含されるもの、特異は状況に属するが包含されないものである（Alain Badiou, *L'être et l'événement*, Seuil, 1988. pp.109-119 参照）。

（2）バディウ、同書。

（3）ハイデガー、『存在と時間』、カチ、一九九八年、一八四―一八八頁（『存在と時間』、ちくま学芸文庫、上巻、二八七―二九五頁）。

（4）ハイデガー、「時間と存在」。シン・サンヒ『時間と存在の光』、ハンギル社、二〇〇〇年、一七九頁。

（5）デリダ、『マルクスの幽霊たち』、イジェイブックス、二〇〇七年。

（6）ラッセルの逆説をもたらした「自分自身を元素として持たない諸集合の集合」などがそれである。

（7）バディウ、前掲書、二〇〇頁。

（8）同書、一九五頁。

（9）このような自己－言及は、集合論に矛盾を生む。だからこれは集合論で「禁止」されたことなのだが、このような集合によって出来事が構成されるということは、それが集合論の公理系の外にあることを意味する。すなわち、出来事は集合論という数学の外にある。だとすればそれは、数学的存在論の外にあるのではないか？
（10）バディウ、前掲書、二一一頁。
（11）バディウがいう「突出」ないし「超過」の概念も、その単語の意味に背くもののように思われる。かれの言葉どおりに、状況に属した諸元素によって部分集合を構成し、それをもって状況の状態を定義するとき、状態が状況を超過するということは明らかだ。すなわち無限集合の場合を含め、ある集合の部分集合の数はその集合の元素の数よりつねに大きい。しかし状況の部分集合を「構造」と言い、状況の状態を、その構造を再び数えることとしての「メタ構造」として見るならば、超過するものは全てメタ構造に属する。このとき「超過」という言葉は、状況の状態というメタ構造（「上部構造」）が状況の構造を超過することを意味する。それは状況に込めることのできない、ある過剰の存在を意味するのではなく、状況から導出される状況の状態が、状況を包囲していることを意味するのではないか？　すなわち、あらゆる超過は、メタ構造のなかにあるものであり、そのメタ構造は、状況を充分に「超過」していることを意味するのだ。バディウはこの超過を「突出」として定義するが、突出とは、正確にメタ構造の中にあることを意味する。ここでも超過や突出は、単語の通常の意味と反対に、抜け出ることや離脱ではなく、状況の状態のなかに状況が閉じ込められていることを表示しているように見える。
（12）Deleuze/Guattari, *Mille Plateaux*, Minuit, 1980, p.270（李珍景ほか訳、『千の高原』、一巻、二三二頁）（宇野邦一ほか訳、『千のプラトー』、中巻、河出文庫、二〇一〇年、二一一頁）。
（13）マルクス、『資本論』、一巻（下）、八九九―九〇〇頁（『マルクス＝エンゲルス全集　第二三巻　第二分冊』、九三四―九三五頁）。
（14）同書、九二三頁以下（同書、第二四章第五節「一五世紀末以降の被収奪者にたいする血の立法」以下）。
（15）フーコー、『狂気の歴史』、ナナム、二〇〇三年、一五二頁（田村俶訳、『狂気の歴史』、新潮社、一九七五年、八七頁）。
（16）ジョルジュ・ルフェーブル、『一七八九年の大恐怖』、カチ、二〇〇二年。

(17)ホブズボーム、『革命の時代』ハンギル社、一九九八年。
(18)マルクス、「神聖家族あるいはその批判的批判に対する批判」『カール・マルクス＝フリードリッヒ・エンゲルス著作選集二』、パクジョンチョル出版社、一九九〇年、一〇四頁(石堂清倫訳、「聖家族」『マルクス＝エンゲルス全集　第二巻』、大月書店、一九六〇年、三四頁)。
(19)ルカーチ、『歴史と階級意識』、コルム、一九八六年、一一三頁(城塚・古田訳、『歴史と階級意識』、白水社、一九九一年、一〇八頁)。
(20)同書、一一三頁(同書、一〇八頁)。
(21)同書、一一四頁(同書、一〇九頁)。
(22)同書、一一五頁(同書、一一〇頁)。
(23)同書、一一五頁(同書、一一〇－一一一頁)。
(24)可能性(possibility)が現実性(reality)と対比される概念であるなら、潜在性(virtuality)は、顕在性(actuality)と対比され、現実の一部をなすという点で、顕在性とともに現実性に属する。このような潜在性概念については、ドゥルーズ、『差異と反復』、民音社、二〇〇四年、四四九頁以下参照(財津理訳、『差異と反復』、下巻、河出文庫、二〇〇七年、一一一頁以下)。
(25)レーニン、「どこから始めるか?」『レーニン著作集1：党創建のための社会民主主義者たちの闘争』、前進、一九八八年。
(26)李珍景、「柔軟性の蓄積体制とシミュラークル資本主義」『R　第二号　グローバル資本主義と韓国社会』、グリンビ、二〇〇八年。
(27)伊藤公雄「聖プレカリオの降臨」、櫻田和也「プレカリアート共謀ノート」『インパクション』、一五一号、インパクト出版会、二〇〇六年。

(28)韓国の場合、一九九七年を契機に急速度に増加した非正規労働者の比率は、二〇〇八年には五三・五パーセントまで上昇したが、二〇一〇年三月現在、若干下がって、四九・八パーセントになっている〔韓国非正規労働センター『非正規労働』八三号、二〇一〇年七／八月号、九八頁〕。終身雇用を経営の核心的な特徴にしている日本においてさえ、非正規労働者の比率がおおよそ三五パーセントである。「一億総中流化」を叫んだ日本で「貧困問題」が大きく浮上し〔湯浅誠『貧困に立ち向かう』、コムドゥンソ、二〇〇九年〔湯浅誠『反貧困』の韓国語訳〕〕、非正規労働運動がかなりの速度で拡散している。

(29)正規職と比べて非正規職の賃金は、二〇〇〇年には五三・五パーセントだったが、二〇一〇年には四六・二パーセントへと持続的に下落している〔『非正規労働』八三号、二〇一〇年七／八月号、一二四頁〕。

(30)ブランショ『文学空間』チェクセサン、一七五頁〔グリンビ、一八二頁〕〔粟津・出口訳、一七五頁〕。

(31)ランシエール『政治的なもののへりで』、キル、二〇〇八年、二四〇—二四一頁〔Jacques Rancière, "*Aux bords du politique*", 1990, 未邦訳〕、高秉權、『民主主義とは何か？』、グリンビ、二〇一一年、一八頁以下。

エピローグ

出口あるいは入口

1

ここまでわたしは、思いもよらないものと対面するときの、「あちらの人たち」が感じる心地悪く不安な感情ないしは気分を、不穏さであると定義し、この不穏性を引き起こすものたちを自分なりにいくつか選んで、存在自体を問い直す「存在論的」な層にまで、押し進めようと試みた。そうすることを以て実際は、存在論的思惟を通してそのものたちがわたしたちに開き見せてくれる政治的思惟の場を広げようとした。それゆえこの本では、存在自体を扱う抽象的な哲学概念よりも、その不穏なるものたちから枝分かれしていく現実の具体的事態についてより多くの言及をしてきた。しかし「存在」とは、そのような現実的諸事態のなかでわたしたちが繰り返し対面するものたちの中で作動することなだけに、諸事態の中で具体的に思惟するのが妥当だとわたしは信じる。それゆえに存在論は、その抽象的な言葉とは反対に、最も具体的で、最も政治的な思惟の場であると考える。それは、存在のような抽象的単語を用いて、多くのものを代替し、あるいは隠す場合でさえ、もしその思惟や主張がしっかりと展開されたのであれば、避け得ないことだと考える。

それゆえに存在論は、自分の思惟を賭ける存在者たちが、自分の一番最初に視線を投げかけた出発点が何であるのかによって、かなり違う方向の、かなり違う形態の軌跡を描く。わたしの視線が向かったものたち、わたしの思惟を引き掴んだものたちに対し、「不穏なるものたち」と命名しようとしたのは、これを確実に明示しようとする考えからだった。障害者、バクテリア、サイボーグ、オンコマウス、フェティシスト、プレカリアート。じっさい至極異質なゆえに、一つにまとめる理由を見い出しがたいものたちであるが、「不穏なるもの」という言葉によって、わたしはこれらを一つにまとめる線を作ろうとしたわけだ。その反対に、このようにまとめられながら、これらは自分たちが互いに出会いながら作られた一つの存在論的平面へと、わたしの思惟を引きずり込んだように思われる。これらをまとめながら、これらにまきこまれ、わたしが最初に思っていたものとはかなり違った場所へ引きずりこまれたようだ。最初の目的地から充分に離脱する旅だったので、旅の目的は充分に達成できたわけだ。

すでに述べたことだが、先ほど羅列したものたちに対して、「不穏なるもの」という位置を排他的に占有する権利を与えることはできない。数多くの不穏なるものたちがいるし、あるいは未だわたしたちの視野に入ってきていない、また別の不穏なるものたちが、無数に広がっているだろう。したがって、この本で羅列した不穏なるものたちの後には、また別の不穏なるものたちが入り込むであろう広い空間がある。必要ならば、この本の一部分を占めた何かを消して、別のものがそこに入りこめるようにしなければならない場合もあるだろう。そのようにして、その空席を満たし新しいものたちが入り込むとき、それを別のものと結び、「不穏なるもの」へとつくり変える線も、いつのまにか位置を離脱し、別の形象を描くだろう。そしてそれは、再びわたしに覆いかぶさってくる、また別の思惟の機会になるに違いない。わたしの生を、また別の場所へと引っ張っていく、そのまき餌のようなものたちに、あらかじめ余白で表示される余裕ある歓迎のあいさつをしておきたい。

本の最後に、これまで展開してきた内容を総合するような一つの明確な結論ではなく、これまで述べてきたものからすり抜けて行く出口が位置するのは、このような理由による。その出口が、万が一にも別の思惟、別の生がはじまる分岐点になりうるならば、それはまさに入口だと言ってよいだろう。明示的表示がなくとも明らかだろうが、あえていまここに題目までつけて表示板をつくっておこうとするのは、その歓迎の場所を表示しておくためである。無数に連なるであろう、到来する不穏なるものたちの連鎖を、その連鎖が入り込む場所を、可視化するためにむしろ必要な、長い空白の後に付け加えられた括弧表示のようなもの。これは空白を満たし、入り込むものたちによって、いつのまにか消し去られてしまう一つの小さな表示のようなものだ。書かれないと、決して消し去ることができないがゆえに、どうしても書かなければならないような。

2

わたしたちは不気味で心地悪いものたちと生きる。じっさい動物にとって世界とは「エサか敵か」という選択肢の集合だ。それは特別な存在者であることを誇る人間たちにとっても違わない。政治とは「友と敵を区別する問題」だというカール・シュミットの定義は、この選択肢の変形である。ただ、小さな差異があるとすれば、エサと敵、友と敵の間に、何種類かの曖昧模糊とした中間項を差し挟む能力だろう。しかし動物にこの能力がないという考えもまた錯覚である。その点において差異とは、ベルクソンがよく使う言葉のように「程度の差異」に過ぎないのだ。

慣れているもの、親しんだものに近づこうとし、見知らぬもの、正体のわからないもの、あるいはわたしを心地悪くさせるものに距離を置こうとすることもまた、動物と人間を一つに結ぶ共通性だろう。その点で、友と敵を分かつ問題は、シュミットの考えとは違って、たんに政治領域に制限されない「普遍性」を持つのではないか？　重要なのは、このように慣れ親しんだものと、見知らず心地悪いものを分かつ限り、友と敵の概念を通して作動する対決、根本的には「戦争状態」と言える対決の状態を避け得ないということだ。その「普遍性」は、その対決的生の普遍性を、あるいは恒常性を意味する。そのような態度を持つ限り、わたしたちは運命のような戦争の中で生きるのだろう。他者たちを、そして誰よりもまず自分自身を戦争の中へ追い込みながら。もちろんそれが平穏や平和のためであると信じながら、そうするのだろう。しかし「アカ（パルゲンイ）」を探し出し、除去しようとする戦争は、一生続けても終わらないだろうし、移住者たちを追放しようとする戦争もまた、何代にもわたって続けても、終わりが見えないだろう。そして　かれら全てを除去し、消してしまう瞬間、自分たちの生存もまた終わることになるだろう。

平和や平穏は、反対方向からやってくる。見知らぬ不穏なるものたちとの出会いを、快く新しい生の機会として肯定し、それらの存在自体をわたしの存在条件として、わたしの平穏な生の前提条件として、肯定する場において。見知らぬ心地悪いものたちのすぐそばに立ち、世の中を見渡すとき、それらとわたしが違わないと感じて受け入れる時、そうして全てのものの前で平穏になれる時のことだ。じっさいどこを見ても、わたしたちの目に見えるのは、そのようなものたちである。労働者たちの後には非正規労働者がいるし、その後には移住労働者がいて、その後には不法滞在者がいる。あるいは、奴隷的な生存だけが許容された動物がいるし、その後には肉としての存在理由だけを持つ動物がいて、さらにその後には生きていても見えない無数の生命がある。一つを消せば、その次のものがその場を占め、「到来する」。それは除去したとしても、すればするほど、より心地悪い存在者に代替され、到来するに違いない。除去や追放の方法は、心地悪さと不幸さを増加させるのみだ。

わたしにとって親しい世の中は、ごく一部であるのみで、むしろ一種の例外的部分としてのみ存在する。その点から見るなら、世の中の大部分は見知らぬ地であり、わたしはどこへ行っても外人であり、よそ者であり、他者である。世の中は名も知りえない木と雑草が茂る森である。あちこちに毒キノコが育ち、ヘビと野獣が隠れいて、隙を狙う。敵を探すために木を切り倒し、自分が育てるもののために無用に見える「雑草」をすべて除去してしまうとき、かれは自分の好みをあらわす小さな庭園を一つ持つことになるだけだろう。巨大なる不毛の砂漠に囲まれた、見知った者たちの孤立した共同体を。そのとき確実に知るだろう。自分がこれまであれほどの苦難の戦いによってつくってきたものは一つの巨大な災難であったことを、自分が除去しようとしたまさにそれであったことを。ヘーゲルの卓越した発明品、「理性の狡知」だと信じてきたそれは、実際には「災難の狡知」に過ぎなかったということを。ミネルバのふくろうは、夜が訪れてから翼をひろげるのではなく、災難を避け得ないほど真っ黒な穴に接近するときになって、ようやく翼をひろげる。狡猾な理性の羽ばたきが、この黒い穴から抜け出ることはできるのか?

避けたかったものが、まさしく自分の友であったことを知る時、見知らず心地悪いもの、外部者たち、ずっと「敵」だと信じていたものたちが、自分の生を支えてくれる友であったことを知る時、つまり雑草のなかで、思いもしない野獣さえもが隠れている森のなかで、生きる方法に辿り着く時、さらにはいかんともしがたい災難として襲ってくるものすらも肯定できる時、その災難の渦中で生を導く信号を発見できる時、わたしたちは、友すらも結局は「敵」としてやってくる果てしない戦争の平面において、野獣や災難すらも友としてやってくるような、また別の存在論的平面へと、乗りこえて行けるだろう。決して楽観できない、到来するのかわからない「未来」、未だ来ていないがゆえに、誰も閉じられたと言うことのできない、小さな出口に出会うだろう。

それは、自分が彼方へ、見知らぬものたちの果てに至って、そこに立つことができる時、可能であろう。非正規が無くなることを望むよりも自らが非正規の位置に立ち、移住労働者や不法労働者を追放するよりもわたし自身をかれらの立場へ押しやること、人間なる者の誇りによって動物たちの奴隷的生存を搾取するのではなく、人間から脱して動物になること、捨てられたものたちの友になることを自任すること。この「卑しい」ものたち、とるにたりないものたち、追放され捨てられるものたちの片隅に立つ時、わたしたちはそこでようやく平和と平穏を発見するだろう。おそらく到来しない希望の前でさえ毅然としていられ、そのような点で「絶対的な」ものに違いない平和と平穏を。

3

通常の用法から脱して「真摯に」言うならば、「友」とは頻繁に会う人、横にいる隣人、それゆえに慣れ親しみ、ともに調和しやすい、そのような人を意味するのではない。地域で、学校で、職場で、偶然に与えられた諸関係が、地域と学校と職場を離れると一年数回の集まりの場でなければ出会うことのない距離のなかへ消滅してしまうことは、誰もがよく知っている事実だ。その反面、たった一度出会っただけなのに、それによってわたしの生に、なんらかの巨大な触発を引き起こした人がいるならば、それこそ友という名に充分に値すると言える。わたしをして、全く考えすらしていなかった彫刻の世界へ巻き込んでいった彫刻家、あるいは読む気すらなかった詩集を首ったけで読ませ、さらには似合いもしない詩を書いてみたいという考えすらわたしに起こさせた詩人、小心者なので恐怖に震えながら、本の代わりに石を掴ませ街路を駆けさせたある先輩、かれらはわたしがかれにどれだけ頻繁に出会うのか、どれほど「親しく」つきあうのかと関係なく、わたしの生をとんでもない方向へと向けさせたこれ以上ない友であることに間違いない。あるいは、一度も会ったことはないが、雷のような叫びで、わたしの思惟、わたしの生を触発し、思いもよらぬ方向へと引きこんでいった本の著者もまた、わたしの人生において、決して忘れることのできない友であることは明らかだ。

したがって友とはわたしに好意をもつ者たちだけではない。敵対的な立場を持つが、対決を通してわたしを別の生へと導いた者たち、あるいは理解できないことを言うが、決して脱することのできない感応によって、わたしを思いもせぬ場へと引き込んでいく者たちもまた、二つとない友である。不穏性が肯定的なものでありえるならば、これと関連してである。当惑と不安を惹起する出会いのなかで、全く思いもしない方向へとわたしを引きずりこみ、卑しいと信じてきたものの海の中へ浸水させるものが不穏なるものであるならば、そのような出会いと巻き込まれを肯定し、そのなかで新しい生をつくっていくことは、まさにかれらと友になるということだ。この本の関心事が、不穏なるものたちを通して「あちらの人たち」を、おおよそは不穏なのかさえ知りえず関心も持たない「かれら」の居心地を悪くすることよりも、むしろ不穏なるものたちを通して、わたしたち自身の生を別の平面へと押し進めたかったという意味で、この本はそれらと友になる方法に関するものであり、それらと友情を交わす方法に関するものだと言ってもよい。

しかし不穏なるものたちと友になることとは、見知らず心地悪かったものたちに対して慣れ親しんだり心地よくなることだけではない。その反対に、〔不穏なるものと〕慣れ親しむよりも早い速度で、それと再び見知らぬ関係になり、慣れ親しんでいたものさえも再び見知らず心地悪く出会うということだ。それらを通して、まきこまれた平面でまた別の見知らぬ者たちと出会い、その対面から、また別の場所へとまきこまれ、また別の浸水の道を発見するのだ。見知らぬものたちと楽に出会えるようになるのではなく、あらゆる慣れ親しんだものさえも繰り返し見知らぬものとして感じるようになり心地悪さの中で出会えるようになるのだ。どんな見知らぬものとも楽に出会えるという「開かれた感覚」をもつ以上に、見知らなさ自体を自分の感覚にすることであり、あらゆる慣れ親しんだものに再び見知らぬものとして出会うことのできる「狂った感覚」を持つことだ。そうすることによって、あらゆる慣れ親しんだものを見知らぬものへと作り替えてしまうのであり、その見知らなさを通して、隣接した者たちを、一つ二つ、思いもしなかった海へと引きずりこみ、浸水させることができるようになるのだ。

訳者あとがき

本書は李珍景『不穏なるものたちの存在論（불온한 것들의 존재론）』（ヒューマニスト、二〇一一）の全訳である。原著者の了解のもと誤植などを訂正したほか、第二章の「どこから始めるべきか？」の部分は著者によって大幅に書き直されているために原著と異なっている。

この本は題名が示すとおり「存在論」をめぐるものであり、哲学的でありはするが、しかし同時に政治的であり、おのおのが持っている「自分」を揺さぶられるものである。わたしはこの本のもとになったスユノモNで開かれた李珍景さんの講義（二〇一一年春）を受講していたのだが、それまで考えすらしなかったことを開かれる体験をした。その後、この本が韓国で出版され、それを読みながら日本語に翻訳してみたいと思ったのは、わたしのなかではとても自然なことだったし、全部読み終わる前から訳しはじめていた。李珍景さんの数多い著書のなかで、はじめて日本語に翻訳されるのがなぜこの本なのか？と多くの人に質問されたが、その答えはさしあたりわたしの個人的な経験にある。しかしこの本は、李珍景さんの思考回路が抜群に展開されている本であり、『ノマディズム』など他の代表作と並ぶ本であることは間違いない。

他者との出会い方が、それまでとは全く変わってしまう読書体験というものがある。これは言い換えると自分がそれまでの自分ではなくなってしまうということだが、そのような体験をさせてくれた本は、わたしの大事な本である。そして『不穏なるものたちの存在論』もまた、そのような本の一冊である。この本は哲学や思想の本としても読めるが、哲学や思想の前提知識を持たずとも、この世界に対する疑問や違和感、居心地悪さを感じるすべての人に開かれた本だと思う。そして「すべての人」とは、わたしであり、わたしの友人たちであり、これから友人になる(かもしれない)人々のことだ。この本で提示された「存在論的平面化」という、とても魅力的でありながらも実はかなりしんどい概念は、読者を惑わせるかもしれない。しかしそのしんどさを経ることによって、他者との出会い方が変わるという経験を共有することによって、別の関係性が、しんどさの存在するまさにその場所において開かれるのだという確信を得ることができるだろう。その場所はまさにここにあるのだ。わたしは、そのような連帯と葛藤の過程において、この本が誰かと出会い「使われる」ことを望む。

さて、本書は李珍景さんの初の日本語訳書である。李珍景さんに関しては、日本において様々な言及がされてきた。もっとも早い時期のものとして、梶村秀樹は一九八八年の日付をもつ講演記録で、李珍景さんの最初の著書である『社会構成体論と社会科学方法論』に間接的であるが言及している(「韓国の社会科学はいま」『朝鮮を知るために』明石書店、一九九五年、一〇七頁)。また尹健次『現代韓国の思想』(岩波書店、二〇〇〇年)もまた、九〇年代までの李珍景さんについて言及している。それ以降、二〇〇〇年代中盤以降、『インパクション』や『現代思想』などを通して論文やインタビューが紹介されてきた。しかし、単著翻訳は本書が初であり(なぜこれまで翻訳がなかったのだろう?)、これからのより深い議論のためのたたき台になりうるだろう。じつは訳者であるわたしも、『インパクション』に掲載された記事を頼りに南山にあったスユ+ノモ(当時の名称はこれだった)に訪れた一人である。何の予告もせずに突然訪ねたわけだが、そこにいた人に「『インパクション』を見てきた」というと、「そうですか!」と歓待された。そんなわたしがこのようなかたちで、つまり『インパクション』の版元であるインパクト出版会から刊行される翻訳に携わることができてよかった。わたしにとってははじめての書籍翻訳で長くかかったが、深田卓さんにサポートしていただき、なんとかここまでたどり着くことができた。

最後に、本書の出版にさいして本当に様々な方のお世話になった。(この本の論旨とは外れるのだが)「目に見える形で」手を煩わせ、お世話になった方々の名前をあげさせていただきたい。鵜飼哲さん、申知瑛さん、境毅さん、オ・ハナさん、笠木丈さん、藤井たけしさん、何よりも原文と訳文を対照検討してくださり仕上げのリズムをつくってくれた沈正明さん、そして数えきれないほどの質問に答えてくださり翻訳を応援しつづけてくださった李珍景さんに感謝します。

二〇一五年二月一六日　延世大学ウェソル館にて　影本剛

著者
李珍景（イジンギョン）
1963年ソウル生まれ。
ソウル科学技術大学基礎教育学部教授。「研究者」たちのコミューンであるスユノモNの会員として活動している。専攻は社会学だが、大学では文化論を教えているし、書いた本は哲学に近い。本名は朴泰昊（パクテホ）
◆著書
『社会構成体論と社会科学方法論』(1986)、『哲学と煙突掃除夫』(1994)、『フィロシネマ』(1995)、『マルクス主義と近代性』(1997)、『近代的時・空間の誕生』(1997)、『数学の夢想』(2000)、『近代的住居空間の誕生』(2000)、『ノマディズム』全2巻(2002)、『哲学の外部』(2002)、『資本を超える資本』(2004)、『未-来のマルクス主義』(2006)、『外部、思惟の政治学』(2009)『コミューン主義』(2010)、『歴史の空間』(2010)、『不穏なるものたちの存在論』(2011, 本書)、『生のための哲学授業』(2013)、『マルクスはかく語りき』(2015)など多数。

訳者
影本剛（かげもとつよし）
1986年西宮生まれ。
延世大学国語国文学科博士課程在学中。朝鮮近代文学専攻。
書いたものに、「小林勝の生における二度のまきこまれ」『まきこまれの政治学』（グリンビ、2012、韓国語）など。

不穏なるものたちの存在論
人間ですらないもの、卑しいもの、取るに足らないものたちの価値と意味

2015年4月10日　第1刷発行

著　者　李　珍　景
訳　者　影　本　剛
発行人　深　田　卓
装幀者　宗　利　淳　一
発　行　インパクト出版会
〒113-0033　東京都文京区本郷2-5-11　服部ビル2F
Tel 03-3818-7576　Fax 03-3818-8676
E-mail：impact@jca.apc.org
http:www.jca.apc.org/˜impact/
郵便振替　00110-9-83148

モリモト印刷